하늬·높새·갈마·소슬바람

러시아로 불다

하늬·높새·갈마·소슬바람

러시아로 불다

초판 1쇄 인쇄일	2017년 4월 7일
초판 1쇄 발행일	2017년 4월 15일

글·사진	조정희
펴낸이	최길주

펴낸곳	도서출판 BG북갤러리
등록일자	2003년 11월 5일(제318-2003-000130호)
주소	서울시 영등포구 국회대로72길 6, 405호(여의도동, 아크로폴리스)
전화	02)761-7005(代)
팩스	02)761-7995
홈페이지	http://www.bookgallery.co.kr
E-mail	cgjpower@hanmail.net

ⓒ 조정희, 2017

ISBN 978-89-6495-101-9 03920

이 도서의 국립중앙도서관 출판시도서목록(CIP)은 e-CIP홈페이지(http://www.nl.go.kr/ecip)
와 국가자료공동목록시스템(http://www.nl.go.kr/kolisnet)에서 이용하실 수 있습니다.
(CIP제어번호 : CIP2017008503)

소 설 가 조 정 희 의 러 시 아 여 행 기

하늬 / 높새 / 갈마 / 소슬바람

러시아로
불다

글·사진 조정희

BG 북갤러리

달리기 시작하면
아무것도 보이지 않는다

학창 시절.

달리기가 정말 싫었어.

아니, 엄밀하게 말하면 '100m 빨리 달리기'가 싫었지.

항상 꼴찌를 맡아 놓고 하기 때문에?

그건 아니야. 믿지 않을지 모르겠지만 꼴찌는 상관없었어.

꼴찌를 했다는 건 달리기가 끝났다는 말과 같은 거잖아.

달리기를 끝낼 수만 있다면 등수는 정말 아무런 문제가 되지 않았지.

달리지 않을 수만 있다면 맡아 놓고 꼴찌를 주어도 괜찮았어.

정말이야. 내가 공개적으로 쓰는 글에서 왜 거짓말을 하겠어.

거짓말은 언젠가는 엉키고 꼬이게 마련이란 걸 잘 알고 있는데 말이야.

어디서 어떻게 거짓을 들통 낼 실마리가 조용히 촉수를 흔들고 있을 진 아무도 몰라. 그 촉수는 너무 작고 너무 기척이 없어서 거짓을 만든 주인도 눈치를 채기 힘들어. 그러니 아예 그런 꼼수를 둘 생각은 하지도 않는 거지.

100m나 이어진 여러 줄의 흰 선.

흰 선들을 가로지르는 한 줄의 출발선.

출발선에 섰을 때의 긴장과 불안을 견디기가 싫었어.

심장이 너무 뛰어 터질 것 같은 느낌도 싫었고 그런 긴장 속에 있는 나 자신도 미웠어.

어떤 일을 앞두고 긴장하는 건 못난 짓이라고 배웠던 지도 모르겠어.

어쩌면 자신감과 활달함을 강조했던 교육의 희생자인지도 몰라.

꼴찌를 도맡아 해도 괜찮다면서 무엇이 불안했냐고 하면 할 말은 없어.

하지만 정말 꼴찌를 하는 건 아무렇지도 않았어.

거의 꼴찌를 하다 보니 면역이 되어서 그랬는지, 포기를 하게 되었는지는.

그런데도 불안했어. 마냥 불안했다고.

너무 심할 때는,

그 자리에서 돌아서서 반대로 뛰어가는 상상을 하곤 했어.

뛰기도 전에 숨이 턱까지 차고,

정신이 몽롱해질 때쯤,

출발신호가 터지지.

땅!

심장이 내려앉을 만큼 놀라면서 내 몸은 뛰어나가.

바로 그 순간 놀라운 일이 벌어져.

달리기 시작하면 내 몸에 아무것도 남아 있지 않은 거야.

불안과 긴장은 어디로 사라져버린 걸까.

달리는 일 외엔 아무것도 없어.

오직 달리고 있는 몸만 있어.

그저 달리고 있을 뿐이라고.

불안을 지고 달리는 것도 아니고 긴장으로 몸이 굳는 것도 아니야.

그렇다고 속도가 붙진 않아. 말했지만 난 빨리 달리는 덴 소질이 없어.

하지만 달리고 있는 나는 아주 편안해.

앞서 뛰어가는 학생들의 뒤통수나 등을 바라보는 것도 편안하지.

아마 뛸 때마다 보던 상황이라 그랬던 지도 모르겠어.

내가 결승선을 보며 앞서 뛰었던 적은 한 번도 없었으니까.

반 정도 뛰면 다리가 무거워지는 건 느껴져.

심장박동도 아주 빨라지지.

하지만 출발선에서 느꼈던 심장이 터질 듯한 감각하곤 달라.

그냥 격렬하게 움직이고 있는 몸이 느껴질 뿐인 거지.

그 몸에서 쾌감도 느껴.

마라톤을 하는 사람들이 그런 쾌감에 빠진다는 말은 들었지.

운동중독자들이 그런 쾌감을 추구하는지도 모르겠어.

드디어 발이 결승선을 밟고 나면 거친 호흡만 남아.

꼴찌도 숨은 차니까.

그리고 환희가 찾아와.

아니 후련함을 환희로 느끼는지도 모르겠어.

사실, 좀 허탈하기도 해.

불과 몇 십초 전의 극도의 긴장과 불안이 떠올라서 그런지도 모르겠어.

그렇게 싫었던 달리기가 드디어 끝났어.

포기하지 않고 해냈다는 잔잔한 기쁨이 나를 찾아오는 순간이기도 해.

정말 싫었지만 꾀를 부려 빠진 적은 없었어.

어쩌면 한 번 면제를 받고 나면 다신 달리지 못할 것만 같은 두려움이 있었던

지도 모르겠어.

포기하지 않았다는 것만으로 날 위로하며 살았는지도.

그러니까 꼴찌는 나를 흔들 만큼 위력 있는 가치의 잣대가 될 수 없었을 거야.

결과를 셈할만한 여유가 달리기 전엔 전혀 없었던 거지.

그래서 끝까지 달리기만 해도 만족했는지 모르겠어.

아니, 난 오직 달릴 때의 평온을 맛보기 위해 출발선에 다시 섰던 지도 몰라.

그 무중력과 같은 평화의 시간에 끌려서 말이야.

나에게 여행은 그런 것인지도 모르지.

다른 일의 무게가 온전히 사라져버리는,

오직 한 가지 일만 있는 무중력과 같은 시간의 세계에 있게 되는 것.

체력으로만 본다면 일상에선 엄두도 못 낼 일이야.

하루에 10㎞를 넘게 걷다니.

단 하루가 아니라 여행하는 내내 말이야.

일주일을 넘기는 건 예사였어.

물론 여행이 길면 사나흘에 한 번 정도 느슨한 시간을 가지긴 하지.

그렇지만 여행지에선 느슨한 시간이라 해도 마냥 하루 종일 퍼져있긴 힘들어.

집을 떠나는 순간 사람은 변하는 것 같아.

먹는 건 아끼지 말자던 신조가 어느새, 그 돈으로 그걸 먹어? 로 바뀌어 있어.

식당에서 밥을 먹는 게 사치처럼 느껴지는 거지.

본다고 다 기억하니? 라며 친구를 놀려먹던 나도 여행지에선 하루 종일 방구들을 지고 있을 수는 없게 되고 말아.

그리고 정말 중요한 사실은 혼자가 아니라 같이 왔다는 것.

그래서 아무래도 일정은 호락호락하지 않아.

신기한 건 그런 일정에 몸이 따라가 준다는 거지.

과로하면 감기가 와야 하는데 그렇지도 않아.

그렇다고 모든 여행에서 몸이 완벽히 따라주었단 뜻은 아니야.

아픈 적도 있었지.

그래도 아플 땐 그럴 만한 필연적인 이유가 반드시 있었어.

같은 차에 타고 있었던 사람이 감기로 기침을 계속 했다거나, 먹지 말라는 현지 물을 마셨거나, 하는.

집에 있을 때처럼 이유도 없이 몸살이 나거나, 편도선이 붓거나 하진 않더라고.

여행지에선 몸이 내내 날아갈 것 같았단 얘긴 아니야.

발목이 시큰거리고 매순간 앉을 자리를 찾곤 해.

그렇지만 숙소로 돌아와 자고 나면 또 나갈 수 있는 몸으로 변해 있어.

아침엔 제법 가벼운 몸으로 일정을 시작하게 되는 거지.

하지만.

여행지에서 돌아오는 순간 중력이 돌아오고 몸이 무거워져.

마치 떠나기 전의 불안이 다시 살아나 실체를 보여주는 것 같아.

여행을 떠나기 전엔 상당히 불안해.

아프지 않을까.

아파서 고생하지 않을까.

그게 가장 큰 고민인 모양이야.

어릴 때부터 감기를 달고 살았던 일상이 만든 불안인지도 모르겠어.

하지만 막상 여행이 시작되면 아무것도 보이지 않아.

마치 달리기 시작하면 아무것도 보이지 않는 것처럼 말이야.

한 가지만 할 수밖에 없어서 그런지도 모르겠어.

오직 한 곳에만 에너지가 모이니까.

가장 효율적으로 에너지가 쓰이는지도 모르지.

일상에선 보이는 것도 들리는 것도 너무 많아서, 그래서 온통 신경이 분산되어 에너지가 과하게 쓰이는지도 모르겠어.

일상을 여행처럼 할 수는 없을까.

그런 생각을 해보지 않은 것은 아니야.

그런데 그건 불가능이었어.

정신을 한 곳에 모으면 이루지 못하는 일이 없다고 하지만, 정신을 한 곳에 모으는 자체가 불가능이었어. 잠깐은 어떻게 가능할지 모르지만 필요한 만큼 지속한다는 건 너무 어려운 숙제야.

나에겐 그랬어.

의지가 아니라 환경의 문제로 느껴진 거지.

여행지라서 가능했던 무중력의 시간이었다고.

여행이 인류에게 필요하다면, 그것도 하나의 이유가 될 수 있겠단 생각이 들었어. 그래서 여행을 휴식이라고 말할 수도 있는 거라고. 잡다한 분산의 더듬이를 거두어들여 한 곳에 조용히 있게 하는 의식의 휴식.

의지의 강제 종료.

신경줄이 잡스러운 나에게 여행은 바로 그런 선물이었어.

차례

004   **프롤로그**   달리기 시작하면
                         아무것도 보이지 않는다

014   **씨스뜨라**

+ 첫째 날(5월 2일, 월요일)

019   새벽의 푸념
022   호출택시
025   쉐레메찌에보 공항
032   호객택시
041   러시아 청년 사샤
048   〈떠나기 전에 1〉

+ 둘째 날(5월 3일, 화요일)

052   계산이 맞지 않으면 개조를 하라
058   아르바뜨 거리
063   붉은 광장이 아닌 아름다운 광장
069   모스크바 크렘린(마스꼽스끼 끄레믈)
075   성 바실리 성당
080   슈퍼마켓 찾아 삼만리
085   어둠 속에 벨이 울리고
089   〈떠나기 전에 2〉

+ 셋째 날(5월 4일, 수요일)

094　　　　적응력
099　　　　모스크바 투어버스
105　　　　지하궁전, 끼옙스까야
110　　　　감자 요리와 굼 백화점
120　　　　〈떠나기 전에 3〉

+ 넷째 날(5월 5일, 목요일)

124　　　　또 택시!
130　　　　초고속 열차 삽산
135　　　　마스꼽스끼 바그잘
141　　　　모이까 강, 그리고 숙소
147　　　　〈떠나기 전에 4〉

+ 다섯째 날(5월 6일, 금요일)

152　　　　맑음과 흐림은 뫼비우스의 띠
155　　　　에르미따쥐 가는 길과 궁전광장
160　　　　그림, 또 그림
164　　　　네바 강을 건너 멘쉬꼬바 궁전으로
168　　　　달밤의 함박눈, 요르단 계단
173　　　　과욕이 낳은 작은 사고

+ 여섯째 날(5월 7일, 토요일)

179　　　　다시 에르미따쥐

188 　중국 음식점, 하얼빈

191 　〈단상 1〉: 미술품 수집과 감상할 권리

+ 일곱째 날(5월 8일, 일요일)

196 　그리보에도바 운하와 피의 구세주 성당

203 　여름정원과 묘령의 여자

207 　식당, 마말리가에 밀린 까잔 성당

218 　마린스끼 극장과 한여름 밤의 꿈

227 　〈단상 2〉: 여름정원에서 있었던 일

+ 여덟째 날(5월 9일, 월요일)

233 　국가의 전승 기념일과 국민의 추모 행렬

237 　바실리 섬과 라스뜨랄 등대

241 　자야치 섬, 뻬뜨로빠블롭스끄 요새

249 　바람의 다리, 뜨로이쯔끼 모스뜨

253 　〈단상 3〉: 추모의 의미

+ 아홉째 날(5월 10일, 화요일)

258 　배를 타고 뻬쩨르고프로

265 　세상의 모든 분수, 여름궁전 아래정원

272 　대궁전을 뒤로 하고

275 　〈단상 4〉: 권력과 능력

+ 열 째 날(5월 11일, 수요일)

278   차고 신선했던 숲, 빠블롭스끄 공원

285   예까쩨리나 궁전

296   버스를 타고 집으로

300   〈단상 5〉 : 비쩹스끼 역에서

+ 열한째 날(5월 12일, 목요일)

305   러시아 박물관

311   러시아 도넛 '뻬쉬까'와 한국 음식점 '서울'

316   뿔꼬보 공항으로

322   〈단상 6〉 : 여유가 불러온 엉뚱한 생각

+ 열두째 날(5월 13일, 금요일)

326   집으로

329   〈마지막 단상〉

331   **에필로그**

332   **작가의 말**

씨스뜨라

여행 이야기를 시작하려고 해.

이건 나에게 하는 이야기이기도 하고 듣고 싶어 하는 사람들에게 들려주는 이야기이기도 해. 그리고 어디까지나 내 이야기라는 전제를 미리 할게. 같은 곳을 같이 다닌 사람들이 있지만 그들은 또 그들만의 이야길 가지고 있을 거야. 그건 분명해. 모든 사람은 각자의 세계를 가지고 있으니까 말이야. 비슷한 것이 있다 해도 그건 다른 거야. 가까우면서도 멀게 느껴지는 게 사람의 마음이더라고. 아무리 가까이 지내는 사람이 있다 해도 한순간 엄청난 거리감에 놀란 경험이 있을 거야. 부모 형제간이라도 그건 마찬가지야. 같은 곳을 보거나 같은 길을 걷는 사람은 있어도 그걸 느끼는 마음은 같지가 않아.

참, 내 말이 삭막하게 느껴질 수도 있겠네. 하지만 그런 뜻으로 한 말은 아니야. 말이란 이렇다니까. 뜻을 참되게 전달하기엔 참 부족한 도구란 말씀이지. 내가 문자로 작업을 하는 사람이지만 늘 한계를 느끼곤 해. 마음은 한순간에 엄청 많은 것을 동시에 깨닫지만 그걸 글로 옮길라치면 얼마나 너절해지는지 몰

라. 새삼 마음의 무한성을 느끼는 동시에 문자의 한계에 의기소침해져. 표현을 잘해보려고 더 많이 할수록 뜻하곤 점점 거리가 멀어지는 경우도 있더라고. 그래서 결국 생략과 간결을 선택하게 될 때가 많아. 너무 할 말이 많을 땐 차라리 단순한 하나의 문장으로 끝내버리는 방법을 택하게 돼. 여백을 주는 거지. 마음의 여백 말이야. 아니 여운이라고 해야 하나? 내 마음을 알리는 가장 좋은 방법은 상대의 마음을 기다리는 것인지도 몰라. 내가 표현하지 않은 마음은 다른 마음이 이심전심으로 알아들을 거라는 기대를 하는 편이 나을 때도 있어.

이심전심이란 말이 나왔으니 하는 말인데, 마음의 본바탕이 한마음이란 걸 부정하는 건 아니야. 종교적인 차원이 아니더라도 경험하고 감동하며 살아가니까 말이야. 하지만 마음의 무한한 힘과 능력은 너무 거대해서 내가 설명하고 판단할 존재가 아니란 거지. 한계가 없는 존재에 한계를 둘 수는 없잖아. 설명하고 판단한다는 것 자체가 어떤 한계를 지우는 것이란 생각이 들어. 그러니까 내가 말하는 '개인의 마음'이란 것은, 마음의 본바탕인 무한함 속에서, '내가 보고 느끼는' 한계 속의 마음인 거지.

'씨스뜨라'는 러시아말인데 '자매'란 뜻을 가지고 있어.

러시아 여행기이니 러시아어 이름으로 의미를 더해 보았지. 하지만 깊은 고민 없이 얻은 이름이야. 본격적인 여행기를 시작하기도 전에 이름 짓는 고민으로 지치고 싶지 않았고 깊이 고민할 건더기가 사실 없었어. 아는 러시아 단어라곤 아마 서른 개도 안 될 거야. 알파벳이라도 익히고 간다며 2주 동안 속성으로 공부했는데 정말 알파벳만 겨우 익힌 수준이었으니까. 그래도 알파벳은 단어가 아니라고 단어 개수에 넣진 않았어. 양심적으로 말이야.

하여튼 순식간에 결론이 났어. 후보가 적으니까 편한 점도 있더라고. 아는 것이 힘이 되는 세상보다 모르는 것이 약이 되는 세상이 나을지도 모르겠어.

나이 차가 나는 여자 4명을 지칭하는 단어로 이보다 더 적당한 이름이 있을까? 혼자 질문하고 얼른 만족해버렸어.

이 이름은 순전히 여행기를 편리하게 쓰기 위해 멋대로 만들어낸 이름이야.

여행 중에는 물론이고 다녀와서도 이 이름을 우리들이 사용한 적은 없어. 나중에 책을 보고야 알게 될지도 모르겠어. 그리고, 아직도 난 결심이 서지 않았어. 완성된 후에 이 글을 그들에게 미리 보여주고 허락을 받아야 할지, 멋대로 출간을 해버리고 말지를. 어찌하였든 그들의 이야기가 나올 수밖에 없으니 밝히고 싶지 않은 개인의 사생활이 침해될 수도 있고 기분이 상할지도 몰라. 하지만 지금까지 여러 권의 책을 출간했지만 누구에게도 미리 보여준 적이 없었어. 완성되기 전에 작품이 드러난다는 것은 있을 수 없는 일처럼 느껴지거든. 목욕하는 모습이나 화장하는 과정을 사랑하는 사람한테 들키고 싶지 않은 여자의 심리와 같은 건지도 모르겠어.

물론 여행기와 소설은 달라. 소설은 그야말로 나만의 독자적인 세계를 그리는 것이라 홀로 쓰고, 홀로 그만두고, 홀로 결정할 수 있었지. 그 차이를 모르진 않아. 하지만 아는 것과 습관이 통일되는 것이 엄청 어렵거든. 습관은 버리기가 쉽지 않아. 그래서, 완성된 작품을 짜잔! 하고 보여주고 싶은 개인적인 욕심과 도덕심 사이에서 갈등을 일으키고 있는 중이야. 사실 정말 두려운 것은 기분이 나빠진 누군가가 자신의 출연을 거부하거나 수정을 요구하는 일이 생길 경우야. 완성된 글을 고치는 것은 다 된 새집을 다시 뜯고 수리해야 하는 것만큼이나 맥 빠지고 힘든 작업이기 때문이지. 어쩌면 그들을 믿는 마음이 불안한 마음보다 더 큰지도 모르겠어. 길게 변명을 하는 것은 미리 용서를 구해보려는 수작인지도 몰라.

그 고민은 밀쳐두고 앞으로 나아가려 해.

모든 일은 가장 알맞은 때가 있는 법이고 여행기도 더 이상 미뤄두면 때를 놓친 수확기 들판처럼 시들해져버린 것들로 채워질 것 같기 때문이야, 갑자기 마음이 무지 바빠졌어.

첫째 날
5월 2일, 월요일

새벽의 푸념

새벽 3시 40분.

잠든 지 2시간이 겨우 지난 시각이다.

눈을 뜨지만 눈꺼풀만 열린다.

몸은 도무지 잠에서 깨어날 생각이 없다.

애구, 새벽 기상 괴로워서 여행도 못가겠네.

일찍 일어나야 하는 일이 있을 때마다 하는 탄식이 찡그린 이마에 그려진다.

늦게 자는 습관 때문에 지난밤에도 결국 원하는 시간에 잠들지 못했다. 물론 일찍 자려고 일찍 잠자리에 누웠다. 하지만 그게 무슨 소용이람. 수십 년 몸에 밴 습관이 하루 저녁에 반짝 달라지는 기적을 일으킬 리가 없다. 빨리 잠들어야 한다는 생각이 강박이 되어 오히려 잠을 방해했다. 취침 모드 90분이 지나 저절로 라디오가 뚝 꺼졌고 다시 라디오를 켰을 땐 1시가 훌쩍 넘은 시각이었다.

라디오를 틀어놓고 자는 버릇도 나의 오래된 습관이다. 사실은 빨리 잠들지 못하기 때문에 라디오를 켜놓는 습관이 생긴 것이다.

캄캄한 밤, 잠들지 않고 누워있는 시간에 괜히 무서운 생각이 끼어들 때가 있다. 언젠가 본 영화 때문일 수도, 책이 원인일 수도 있지만 난데없이 뛰어드는 '전설의 고향'도 있다. 어릴 때 많이 꾸던 귀신 꿈같은. 그런 생각에 휩싸이면 어둑어둑한 방에서 눈도 뜨지 못하고 괴로운 시간을 보내야 한다. 어둠은 사물의 윤곽을 기묘하게 바꾸는 재주가 있다. 눈을 떴다가 어두컴컴한 곳에서 괜히 헛것이라도 보면 더 무섭기 때문이다.

하지만 보지 않고 있는 것이 훌륭한 해결책이 되진 못한다. 눈 대신 귀가 사방으로 촉수를 뻗는다. 조용한 밤. 너무나 조용해서 귀는 공간을 날아 멀리 있는 소리를 동냥해올 판이다. 그 정도 되면 소리도 무서워진다. 아니 어떤 소리가 들릴까봐 무서운 것이다. 정체가 파악되지 않는 소리라도 들리면 뇌는 기묘한 상상을 하기 시작하니까. 왜 꼭 한밤중에 뇌는 그런 상상을 하는지 모르겠다. 아무튼 어떤 소리가 들리는 걸 막기 위해 차라리 음악을 듣기로 결심한 것이다. 그것이 라디오를 켜놓고 자는 버릇이 생긴 이유다.

내 방 라디오의 취침 모드 최고 긴 시간은 90분.

짧지 않은 시간이지만 그 시간 안에 잠들지 못하는 경우도 흔하다. 그러니 엄밀히 말하면 여행의 강박이 잠을 설치게 한 것도 아니다. 하지만 나쁜 수면 습관은 오늘같이 먼 길을 떠나야 하는 날엔 좀 더 괴롭게 느껴지는 것이다. 눈이 아프고 빙빙 돌지만 무조건 일어나서 움직여야 하니까.

눈을 크게 떠볼 노력도 없이 비틀거리며 화장실로 간다.

어차피 모든 것이 희미하다. 시간이 좀 더 지나야 사물이 눈에 들어올 것이다. 아직 눈을 뜰 시간이 되지 않았다고 느끼는 뇌의 작용인지도 모르겠다.

우와, 서울로 이사 가야겠다.

서울 사람들은 좋겠다. 공항이 가까워서.

푸념을 늘어놓는다.

그러나 푸념에는 영혼이 없다. 의사전달의 기능이 전혀 없는 발성일 뿐이다. 대구란 도시가 내가 살기엔 여러모로 적당하다고 생각하며 사는 사람이니까. 도로 정체가 있다 해도 서울에 비하면 견딜만한 정도이고, 외곽지라 해도 자동차로 1시간이면 닿을 수 있으며, 도시가 가진 기능을 모두 갖추었으면서도 압도되지 않을 정도의 크기라 느끼는 것이다. 아니 이것도 생각이 만들어낸 것인지 모르겠다. 대구를 구석구석 탐사하며 지역에 대한 사랑을 키워본 적도 없고 외곽지를 돌아봐야겠다는 꿈을 가져본 적도 없으니까.

어차피 방향 감각도 별로고, 동에 번쩍 서에 번쩍 쏘다니는 취미도 없으며, 지구가 넓든지 좁든지 궁금하지도 않은 나는, 그저 태어날 때부터 살아온 익숙한 곳이 편할 뿐인지도 모르겠다. 익숙함을 편리함으로 느끼는지도. 하지만 그 편리한 도시가 해외로 여행을 가야 할 때면 불평의 대상으로 변하는 것이다. 물론, 대구에도 공항이 있고 해외로 가는 항로도 있다. 하지만 제한이 많다. 그 제한에 부딪칠 때마다 그냥 투덜거려보는 것이다. 서울로 이사를 가겠다는 둥 어쩌고 하면서. 물론 투덜거림 속에 변화를 위한 결심은 전혀 없다. 변화를 꾀하는 자는 투덜거리지 않는 법.

그래서,

세수를 하고 화장대 앞에 앉은 나는,

푸념의 기억조차 잊어버리고 거울 속의 얼굴에 집중한다.

화장은 간단히.

긴 시간 세수를 하지 못할 테니까.

호출택시

예?

그 말밖에 못했는데 상대는 전화를 끊어버린다. 물론 예의는 갖춰 끊었다고 할 수도 있겠다. '죄송합니다.' 라고 분명히 말했으니까. 그렇지만 그게 뭐? 난 아무런 질문도 못했고, 항의도 못했다. 왜냐고? 상대가 죄송합니다, 란 말과 함께 전화를 끊어버렸으니까.

이른 새벽에 이건 또 무슨 날벼락!

난 기차를 타야 한다고. 그 기차를 놓치면 비행기를 못 탈 수도 있고, 그리고 비행기를 놓치면? 상상조차 하기 싫은 상상을 하게 만들다니. 아니 그런 생각조차 하고 있을 여유가 없다.

5시 30분까지는 동대구역에 도착해야 한다. 인천공항행 KTX는 5시 50분발이다. 이 기차를 타기 위해 새벽잠을 설쳤고, 이 기차 외엔 답이 없다. 앞으로 열흘 남짓의 여행 일정은 이 기차에 무사히 올랐을 때야 보장되는 것이다. 부아가치밀지만 불평과 분노에 나를 맡겨놓을 여유도 없다. 그러는 동안에도 시간은 인정사정없이 흐른다.

항상 이용하던 호출택시의 배신.

다른 호출택시는 번호도 모른다. 허둥지둥하던 마음을 가라앉히고 114를 누른다. 신호음이 가는 동안 온갖 생각이 스친다. 다른 곳에서도 택시를 바로 보내지 못한다면 어떡하나. 짐을 끌고 큰 도로까지 나가는 데 얼마나 걸릴까. 시간이 이렇게 촉박하지 않다면 그깟 10분, 20분은 얼마든지 걸을 수 있다. 하지만 그럴 시간이 될까.

다른 호출택시는 다행히 곧 연결이 되었다.

택시에 앉아서야 한숨을 돌린다.

그리고 그제야 나는 분노의 이유를 곱씹어볼 여유를 가졌다.

아아! 정말 싫다.

이런 식의 무책임한 행동.

이런 사태가 일어날 수도 있다는 예상을 했기에 지난밤에 미리 전화로 확인을 했다. 호출택시 상담원은 24시간 대기라며 언제든 호출이 가능하다고 했다. 미리 예약을 하고 싶어서 전화를 했지만 예약은 받지 않으며 필요한 시간에 전화하면 된다고 분명히 말했다. 난 강조했다. 새벽 4시든 5시든 괜찮으냐고. 그 질문에도 시원스레 괜찮다고 했다. 하긴 너무 시원한 대답이 언제나 문제였다. 너무 빨리 나오는 대답도 마찬가지다. 상대의 말에 온전히 귀를 기울이고 있다면 그렇게 말이 끝나기 무섭게 대답이 나올 수가 없는 것이다. 아무리 당연한 대답이라도 생각할 시간은 필요하고 뇌가 인식할 시간은 있어야 한다. 그게 아무리 짧은 순간에 이루어진다고 하더라도 말이다. 그러니 대답이 말끝을 물고 나올 수는 없는 법이다. 그건 듣지 않았거나 할 말이 이미 정해져있었다는 증거가 아닌가.

그래도 믿었다. 상담원을 믿었고 호출택시 회사를 믿었다. 성의 없이 느껴질 정도로 질문의 끝을 자르며 대답이 나왔지만 믿을 수밖에 없었다. 그럴 수밖에 없는 것이 새벽이나 한밤중에 택시를 호출하는 사람들이 있다는 게 기이한 현상도 아니고 어떤 이유로든 현재의 대한민국은 밤에도 모두 잠들어있는 건 아니니까. 낮만큼은 아니지만 밤에도 경제활동이 이루어지고 나처럼 새벽차를 타야 하는 경우도 얼마든지 있지 않은가. 그래서 24시간 편의점의 존재도 이상하지 않으며 찜질방은 이제 우리의 독특한 문화로 자리 잡고 있지 않은가 말이다.

난 유비무환을 실천했고, 그래서 걱정하지 않았다.

새벽에 일어나 세수를 하고 준비를 하면서도 택시 걱정은 눈곱만큼도 하지 않았다. 집을 나설 준비를 완전히 끝낸 후 전화를 했다. 일반적으로 호출택시는 호출 후 10분을 넘긴 적이 거의 없었다. 대개는 5분이면 원하는 장소로 달려왔다. 지금까지 내가 이용한 호출택시의 경험은 그랬다. 그래서 택시를 타야 할 시간에서 10분을 남겨놓고 전화를 했던 것이다.

전화를 끊고 잠시 기다리면 연락이 갈 것이란 대답을 듣고 여행 가방을 현관 앞으로 끌어다놓았다. 곧 전화벨이 울릴 것이고 난 현관을 나서기만 하면 되니까. 정말 잠시 후 전화벨이 울렸다. 그 전화는 운전기사의, 곧 나오면 된다는 전화여야만 했다. 그럴 줄 알고 수화기를 들었다. 하지만 그 전화는 내 마음을 한순간에 혼돈의 수렁으로 몰아넣었다. 전화를 건 사람은 상담원이었다.

"고객님, 가까운 곳을 지나는 택시가 없습니다."

"예?"

"죄송합니다." 뚝.

세상에 그런 날벼락이 어디 있단 말인가.

아니 그런 무책임한 말도 존재한단 말인가.

너무나 황당해서 말이 나오지 않았다.

'그럼 어떡하란 말이냐? 어제 전화로 미리 물어보지 않았느냐? 이런 사태가 일어날 수 있다는 걸 알려주어야 하지 않느냐? 거기만 믿고 있다가 큰일 났단 말이다!'

이런 반박이라도 해야 했지만, 아니 어떤 말이 나올 시간도 주어지지 않았다. 내가 너무 당황해 예? 하고 있는 사이, 그 시간이 아마 1초도 되지 않을 것이다. 상담원은 '죄송합니다.'를 던지고 전화를 끊어버렸다.

그러면서 고객은 무슨. 고객이라면서 물을 먹인단 말인가. 고객(顧客)이 아니라 고객(苦客)대하듯 하잖아? 마치 귀찮은 손님 밀어내듯 말이야.

상담원의 태도는, 그런 일이 한두 번이 아니었다는 반증이기도 했다. 그렇게 신속하게 다음 행동을 할 수 있는 비법이란 바로 수많은 같은 경험. 물론 아닐 수도 있다. 하지만 화가 난 내 마음은 그렇게 생각해주기도 싫었다.

그리고 만약 상담원의 대응에 대한 내 판단이 맞다면, 그런 무책임한 행동은 회사의 방침일까. 방침까진 아니라 하더라도 그런 업무 태도가 묵과되고 있다면 방침과 다를 바가 없지 않은가. 어차피 같은 결과를 가져올 테니까. 그게 아니라면 단지 상담원 개인의 실수나 안일한 근무태도일까. 어떤 것이 원인이라 해도 손님에 대한 상담원의 이런 대응은 회사의 미래에 치명적인 독으로 작용하지 않을까. 그리고 회사에 독이 되는 것이 회사원들에게도 약이 될 수는 없지 않은가.

그런 생각으로 머리가 복잡한 손님을 태운 택시는 한산한 새벽 거리를 몹시 빠르게 달린다. 어느 순간 너무 빠르다는 생각을 한다. 복잡한 생각 때문에 속도를 인식하지 못하고 있었는지, 속도 때문에 생각이 날아갔는지는 모르겠다.

어슴푸레한 거리를 질주하는 택시.

오직 속도에 집중한다.

속도에 대한 집중도 잠시 후 흩어진다.

역이 가까워지고 있다.

씨스뜨라는 동대구역 대합실에서 만나기로 되어 있다.

마음은 이제 그들이 있을 대합실로 달려간다.

누가 먼저 와 있을까.

쉐레메찌에보 공항

모스크바다.

모스크바 시간 오후 4시 30분.

새벽에 일어나 인천공항행 기차를 탔고, 다시 장장 10시간 가까이 비행기 속에 있었다. 고국은 지금 어둠에 덮여있을 시간. 내가 다리를 쭉 펴고 누워있을 시간이기도 하다. 그런데 아직 모스크바엔 밝은 태양이 빛나고 있다.

그렇다고 공항에 내리자마자 고국을 그리워했다는 건 아니다. 당시엔 시간을 계산하고 그럴 여유도 없었다. 아마 짐을 챙기고 입국수속을 하고 참으로 생소한 러시아어 안내 글을 구경하느라 정신없었을 것이다. 이미 달리기는 시작되었으니까.

이건 어디까지나 추억을 되짚어 쓰고 있는 글이니 지금의 감상이 끼어든 것뿐이다. 한적한 시간과 공간 속에서의 여유가 그날의 길었던 하루를 계산해주었는지도 모르겠다. 기억이 나진 않지만 언제 숙소에 가서 누울 수 있을까 하는 생각은 해보았는지도 모르겠다.

어찌되었건 하루가 30시간이었던 긴 날이었으니까.

쉐레메찌에보 공항 안은 몹시 덥다.

난 초겨울 옷차림이고 공항 안은 초여름 기온이다.

'5월의 모스크바는 우리나라의 4월과 같다. 비가 자주 오고 기온 변화가 심하다. 하루에 사계절을 맛볼 수도 있다. 그러니 사계절 옷을 준비하고 비옷은 필수다. 한마디로 날씨는 좋지 않고 춥다.'

이것이 5월의 모스크바 날씨에 대해 내가 수집한 정보였다. 그래서 난 짐을 줄인답시고 일부러 두꺼운 옷들은 입은 채 출발했다. 아침 일찍 집을 나와야 했기 때문에 그건 아주 현명한 선택인 것처럼 보였다. 새벽엔 제법 쌀쌀하기까지 했으니까. 비행기 안에서도 전혀 선택의 후회는 하지 않아도 되었다. 속에 껴입고 온 스웨터가 마냥 포근하기만 했다. 적당한 그 체감이 여행지까지 이어진다는 맹목의 믿음 속에 의심의 그림자는 없었다.

사람은 예측을 기정사실로 믿어버리는 우매한 짓을 종종 저지른다. 그 예측이 한 번이라도 맞아떨어지면 절대적인 믿음으로 굳어지는 괴현상도 일어난다. 그래서 예측이 어긋났을 땐 일어나지 말아야 할 일이 일어난 것처럼 놀란다. 예측을 사실로 굳혀버린 그 믿음이 더 놀라운 일인데도 말이다. 한 치 앞도 내다볼 수 없는 것이 인생, 이란 말은 글자로만 익혔던 모양이다. 아니, 그런 일을 당할 때만 진리의 말씀으로 떠오르는 모양이다. 그래서 진리의 말씀은 사라지지 못하는지도 모른다. 도무지 학습이 되지 않으니 말이다.

공항으로 들어서는 순간 훅, 하고 끼치는 여름 기운.

순식간에 얼굴이 달아오르며 이마에 땀이 배어나온다. 하지만 어떻게 해볼 여유가 없다. 사람들의 바쁜 걸음을 따라 걸음을 옮길 뿐이다. 낯선 동네에 왔으니 눈치껏 행동해야 한다. 그것이 헤매는 걸 방지해 줄 좋은 방법이다. 걷고 있는 중에도 입고 있는 옷이 점점 무거워진다. 체온을 유지하고도 남는 두께의 옷은 짐처럼 느껴지게 마련이다. 그렇지만 지금은 어쩔 수가 없다. 상쾌한 온도 조절을 포기하고 부지런히 걷는다.

바쁜 걸음이 끝나는 곳에 장사진을 친 사람들.

입국심사대 앞에는 이미 줄이 길다.

그 중 가장 짧아 보이는 곳에서 걸음을 멈춘다.

줄은 길고 심사는 느리다.

덕분에 여유는 생겼다.

스웨터 위에 걸친 트렌치코트를 벗었다. 스웨터도 벗고 싶었지만 달려있는 짐을 생각하고 참는다. 스웨터 위에는 여행용 크로스백이 목에서 가슴을 가로질러 걸쳐져있었기 때문이다. 그게 아니라도 등에는 백팩이, 한 손에는 바퀴달린 여행 가방이 자리 잡고 있어 손이 모자란다.

그렇게라도 재정비를 하고 나니 몸이 좀 가볍다.

할 일은 없는데 줄은 그대로다.

목을 빼서 심사받는 사람을 바라본다.

한 사람을 심사하는 데 족히 5분은 걸리는 것 같다.

얼마나 까다롭게 보는 걸까.

왜 저렇게 오래 보는 걸까.

아, 그래도 입국신고서는 없었지.

러시아는 입국신고서를 쓰지 않아도 되었다.

그게 은근히 귀찮은데. 그래서 심사가 까다로운가.

입고 있는 옷이 다시 무거워진다.

불쾌함을 잊으려고 눈길을 다른 곳으로 돌린다.

햇살이 비쳐드는 천장 구조물이 보인다. 더울 때는 햇살이 반가울 리가 없다. 분명 아름다운 천장이지만 그곳으로 들이치는 햇살은 아름답게 보이지 않는다. 온실처럼 더운 이유가 바로 천장의 구조 때문인지도 모르겠다. 그렇다. 여긴 러시아다. 겨울이 긴 나라. 추위를 어떻게 효율적으로 막느냐가 가장 큰 숙제일게 틀림없다. 그리고 태양열은 가장 싼 열에너지. 한줄기의 햇빛이라도 소홀히 흘려버릴 수 없을 테지.

그래도 지금은 냉방이 잘 되어 있는 인천공항이 그립다.

러시아 공항은 언제부터 냉방을 하는 걸까. 짧은 여름이지만 냉방을 할 텐데. 아직은 때가 아닌 모양이다. 하긴 내가 지금 스웨터만 벗어도 덥지는 않겠다. 분명 한여름의 더위는 아니다. 현지인으로 보이는 사람들의 옷은 대개 가볍다. 그리고 물론 나처럼 더위에 찌든 표정도 아니다.

아, 무겁다. 옷도 무겁고 등에 달린 가방도 무겁다. 지친 몸에 무겁지 않은 것이 없다. 더위조차 무겁다. 시원하기만 해도 좀 살 것 같은데 공항의 온도는 갈수록 올라가는 것 같다.

빨리 수속이 끝나서 공항 밖으로 나가고 싶다.

시원한 바람을 쐬고 싶다.

밖은 시원하겠지.

상상의 바람을 그려본다.

상상조차 지쳤는가. 바람의 느낌은커녕 서있다는 감각조차 사라진다. 차라리 감각을 지워버리는 걸 선택한 모양이다. 더위에 지친 시간이 무감각하게 흘러간다. 아무도 말이 없다. 그들도 나와 같은 고통 속에 있는 게 확실하다. 씨스뜨라의 평균 나이는 60세. 그 중 내가 가장 젊다. 갑자기 정신이 번쩍 든다. 힘을 내야만 할 것 같다. 하지만 기껏 힘을 내어 한 짓이라곤 어깨를 두어 번 돌려본 것뿐이다. 괜히 땀에 젖은 옷의 불쾌감만 불러왔다. 조금 전의 무감각이 차라리 나았다.

인천 공항에서 해물순두부를 먹었던 일이 벌써 까마득하다.

공항행 기차를 타느라 새벽잠을 설쳤지만 덕분에 공항에선 여유가 넘쳤다. 공항 내 식당에서 아침을 천천히 먹고 출국 수속을 마친 시간이 11시였다. 비행기 출발 시간이 2시간도 넘게 남아 있었다. 그래서 탑승구 앞 대기의자에서 느긋하게 앉아 기록도 하고 러시아어 회화 책을 보며 머리에 남지도 않는 글자를 읽었다. 그러면서 줄곧 의자를 뜨지 않았다. 머물기에 편한 의자와 쾌적한 온도. 그곳은 이미 나의 여행지였다. 머물러있을 때 무언가를 생산하는 타입인 내가 즐기는 장소이기도 했으니까.

그렇지만 행동 면에서 나와 유형이 많이 다른 씨스뜨라는 어디에 있는가? 물론 자리에 없다. 그들은 내내 어딘가를 어슬렁거린다. 특별한 볼일이 있어서가 아니다. 아니 볼일이 있기도 하겠지만 그들에겐 일을 보러 가는 과정이 더 중요한 목적인 것처럼 보인다. 화장실을 다녀오기도 하고 카페를 기웃거리기도 하지만 어디든 직선으로 갔다가 직선으로 돌아오진 않는다. 물론 직선으로 갔다오는 씨스뜨라가 있긴 하지만 그녀도 자리에 앉아 있진 못한다. 대신 분명한 목적을 가진 곳이 여러 곳이라는 게 다르다. 재빨리 갔다 와서 다시 일어나 목적지로 향한다.

길 위에 있는 자들은, 움직일 때 비로소 더듬이가 돌아가는 타입인지도 모르겠다. 유목민의 피가 강하게 흐르는 유전자를 갖고 태어난 게 분명하다. 그리고 난 그들의 유전자 덕을 보고 있다. 어차피 낯선 곳에서 길 찾기는 오로지 그들의 몫이니까. 무거운 등짐을 내게 맡겨놓고 홀가분하게 돌아다닐 수 있으니 그들에게도 나 같은 존재는 나쁘지 않다. 여행을 할 때마다 자주 벌어지는 이 같은 상황. 난 익숙한 이 상황에 편하게 젖어있다.

그들은 탑승구 문이 열릴 때가 되어서야 의자로 돌아왔다.

그리곤 백팩을 가볍게 메고 탑승구로 들어갔다.

그 백팩이 그들보다 더 지친 모습으로 등에 달려있다.

짐도 주인의 상태를 따라가는 모양이다. 다행인 것은 그 모든 것은 변한다는 것. 그 상태로 멈추어있진 않는다는 것. 물론 시간도.

그리하여,

드디어 입국 심사대 앞에 서게 되었다.

안경을 낀, 금발의 단발머리 러시아 미인이 나를 유심히 쳐다본다.

아무 말도 없이 요모조모 쳐다보고 또 쳐다본다.

얼굴이 참 작기도 하다.

너만 내 얼굴 구경하는 것 아니다? 나도 네 얼굴 구경 한다? 하는 심정으로 그녀의 눈길을 마주한다.

그래도 조금은 긴장된다.

여긴 러시아니까.

학교 다닐 때 반공 교육을 너무 받았나보다.

인고의 시간이 지나고,

드디어 내 앞에 여권크기만한 종이쪽지가 올려졌다.

여자가 무슨 말을 했는지 모르겠다. 아니면 아무 말도 하지 않았을지도 모른다. 러시아 글자가 빽빽하게 적혀있는 종이를 올려놓고 한 곳을 가리키며 볼펜을 넘겨주었다. 눈치로 알았다. 자필 서명을 하라는 것이었다. 모르는 글자들 속에 내가 아는 유일한 글자가 될 나의 이름을 적어 넣었다. 그녀는 그 종이를 여권 사이에 끼워 여권을 돌려주었다.

드디어 통과!

유난히 감격적이다. 다른 나라에서 느끼던 것과 또 다르다.

정말, 반공 교육을 너무 받았나보다.

그 종이는 러시아를 떠날 때까지 잘 보관해야 한다. 출국할 때 반드시 있어야 한단다. 그러니까 출입국신고서와 같은 것인 모양이다. 어떻게 보면 서류가 참 간편하다. 여행자가 일일이 작성하지 않아도 되고 그리고 한 장으로 끝! 갑자기 이 나라가 정답게 다가온다. 하지만 알고 있다. 이런 기분 또한 변한다는 것. 변하지 않으면 그게 어디 기분인가. 어떤 사소한 것이 이 기분을 또 정반대의 감정으로 바꿔놓을지 알 수 없다. 그것조차 흘러갈 것이니 너무 멀리 가지 말자.

출입국 심사대의 문을 밀고 나간다.

아, 이제부터 자유로이 이 나라를 돌아다녀도 좋다는 허락을 받은 것이다.

먼저 수속을 끝낸 자의 여유로운 웃음이 만면한 두 여자가 나를 보고 손짓을 한다. 그런데 한 여자는 아직이다. 옆줄로 옮겨간 게 실수다. 말하자면 줄을 잘 못 선 것. 짧은 것만이 능사는 아니었다. 심사관이 더 깐깐한 모양이다. 그녀 앞에 서 있는 사람은 둘. 길어야 10분이면 되겠지. 처음 줄을 섰을 때의 긴 줄을 생각한다면 이건 아무것도 아니다. 그런 생각이 시간을 달리게 만들었는가.

어느새 그녀가 심사대 문을 열고 보무도 당당하게 걸어 나온다. 앞으로 내가 자주 언급하게 될 바로 그 걸음이다. 목적지가 정해지면 옆도 뒤도 돌아보지 않고 직진하는 빠른 걸음의 소유자. 그녀를 마지막으로 씨스뜨라가 한 자리에 모였다.

오늘 아침과는 완전히 다른 나라 땅에서.

호객택시
....

러시아 남자를 따라 공항 밖으로 걸음을 옮길 때까지도 제법 희희낙락할 수 있었다. 예상도 못한 상황이 곧 눈앞에 기다리고 있는 걸 아무도 몰랐으니까. 속은 게 죄라면 씨스뜨라는 모두 죄인이 될 수밖에 없지만 속이는 자가 정말 죄인이 되어야 하지 않는가 말이지. 그런데 세상은 속이는 자보다 속은 자에 대한 이야기로 더 시끄럽다. 속인 자는 입을 다물고 속은 자들의 한탄이 때론 무용담처럼 인터넷이란 공간을 통해 무시무시한 속도로 퍼지기 때문이다. 그래서 자세한 피해자들의 이야기에 가해자의 행각은 묻혀버리는 꼴이 된다. 결국 가해자의 죄를 묻는 일조차 흐지부지되는 느낌이다. 종국엔 속은 자만 바보가 되어버리고 마는 것인가.

그렇다고 씨스뜨라가 대단한 사기를 당했다는 건 아니다. 상황 파악을 미리 못했다는 것뿐이다. 물론 호객을 한 러시아 남자의 고의가 있었다. 그리고 우리는 그의 의도대로 완벽하게 걸려든 것이다. 씨스뜨라의 눈치가 형편없었는지 그의 연기가 훌륭했는지는 모르겠다.

입국 수속이 끝나고, 이제 오늘의 마지막 관문인 숙소를 찾아갈 일만 남겨두었다. 한 고비를 넘겼다는 안도감에 경계심이 조금 누그러졌던가.

여행을 떠나기 전에 씨스뜨라가 구호처럼 이구동성 외친 말이 있다.

'러시아에선 아무 택시나 타지 마라.'

막상 비행기 표를 예매하고 여행준비에 들어가자니 러시아에 대해서 아는 것이 너무 없었다. 아는 것이 없다. 즉, 정보가 없다. 그럴 때 현대인이 제일 먼저 하는 일은? 예상대로다. 인터넷 검색. 씨스뜨라가 한 일도 검색이었고 인터넷으로 러시아 여행 가이드북도 구입했다. 그것도 같은 책을 4명 모두. 의논? 그런 적은 없다. 각자 알아서 필요한 일을 하다가 필요한 것을 구입한 것뿐인데 결과가 같았을 뿐이다. 여행 준비 때문에 정보를 주고받는답시고 채팅방에서 문자를 주고받다 알았다. 그 책이 엄청 유명한 책이냐고? 그건 잘 모르겠다. 여행 준비를 하기 전엔 전혀 몰랐던 책이니까. 하지만 분명하게 말할 수 있는 것은 있다. 러시아 여행 관련 책이 그다지 많지 않다는 것. 그래서 선택의 폭이 아주 좁다는 것. 그건 씨스뜨라가 같은 책을 선택할 수밖에 없었던 이유이기도 하다. 그렇다고 우리가 선택한 책이 형편없다는 뜻은 더구나 아니다. 구매 환경이 그랬다는 정보일 뿐이다.

하여간 씨스뜨라는 같은 책을 보며 정보를 모으고 있었고, 우리에게 가장 어려울 것으로 예상되는 일은 공항에 내려 숙소를 찾아가는 일이었고, 그래서 교통편을 찾아보았을 것이고, 택시를 타는 것이 제일 좋은 방법이라는 판단을 했을 것이고, 택시를 타야 한다면 어떤 일을 하지 말아야 하는가에 대한 정보에 먼저 마음을 빼앗겼을 것이다. 인간은 종종 99가지 장점보다 단 1가지 단점에 더 신경을 쓰기도 하는 특이한 종이니까.

그리고 씨스뜨라는 지극히 인간적이었던 모양이다. 어떤 택시를 타야 하지? 보다 아무 택시나 타지 말래! 란 말을 더 자주 했으니까. 아니 마치 서로를 세뇌시키려는 듯 주문처럼 그 말을 외고 다녔다. 아마도 말도 한마디 통하지 않는 낯선 곳에서 일어날 가장 두려운 일이 길을 잃고 헤매는 것이 아니었을까. 그것도 여행 첫 날, 무거운 짐을 든 채로.

그런데 그 구호는 왜 갑자기 빛을 잃고 씨스뜨라 뇌리에서 사라졌을까.

세뇌가 제대로 되지 않았던 것일까.

씨스뜨라의 나이 탓이었을까.

그래서 판단력이 흐려졌던 것일까.

아님 정말 경계심이 풀려버렸던 것일까.

입국장을 빠져나올 때 택시 호객을 하는 사람들이 많았다. 그들은, 택시? 하면서 입국장을 빠져나오는 사람들에게 다가왔다. 물론 우리에게도. 그때까지도 세뇌는 잘 되어 있는 상태였다. 마치 약속이나 한 듯 모두 고개를 흔들며 눈길도 주지 않았다. 그렇게 무사히 그곳을 빠져나왔다.

우린 호출택시를 탈 예정이었다. 스마트폰 심 카드를 바꾸고 나서 현지 애플리케이션을 설치하면 부를 수 있다고 했다. 그건 물론 책에서 얻은 정보다. 하지만 그걸 백 퍼센트 믿고 있었던 건 물론 아니다. 그게 잘 되지 않으면 공항에서 불러주는 택시를 탄다. 그게 두 번째였다. 하여튼 호객하는 택시를 타지 않는다, 만 확고했다. 그것만 안하면 되었다. 하지 말아야 할 것만 마음에 꼭꼭 새겨두었다. 아니 그랬다고 믿었다.

높새와 갈마가 스마트폰 심 카드를 바꿔 넣기 위해 가게로 가 있는 동안 하늬와 난 의자에 앉아 짐을 지키고 있었다. 한 남자가 다가와 말을 걸었다. 택시를 타겠느냐는 것 같았다. 무슨 말인지 알아듣지도 못했지만 둘 다 고개를 흔들었다. 그 남자가 물러났다.

높새와 갈마가 돌아왔다. 높새는 심 카드를 바꿔 넣은 스마트폰을 살폈다. 이제부터 택시를 불러야 했으니까. 사실 앱이 잘 설치된다 해도 그 다음이 문제였다. 우린 러시아말을 전혀 몰랐다. 연결이 되면 행선지를 말하고 계약을 해야 하지만 어떻게? 무슨 수로? 영어가 거의 통하지 않는데 말이다. 그런데 참 웃기게도 호출택시에 대한 준비는, 어떻게 되겠지, 하는 선에서 마무리했다. 물론 갑자기 언어문제를 해결할 방법이 없기도 했지만 말이다.

하지만 정말 그 방법밖에 없었다면 러시아 발음을 한글로 적어서라도 소통의 방법을 찾아야 했던 것 아닌가. 그런 방법을 아무도 시도하지 않았다는 것은 아무도 심각하게 생각하지 않았던 증거라고 할 수 있지 않은가. 말하자면 해야 할 일보다 하지 말아야 할 일에 더 신경을 썼다는 증거. 호객택시를 타지 말라고 하는 정보를 머리에 새기는 대신 그런 일을 했어야 했는데도 말이다.

다행인지 불행인지 앱 설치가 원활하게 되지 않았다.

다음으로 선택할 방법은 공항 서비스를 이용하는 것.

그 방법밖에 남지 않았다.

높새와 갈마가 공항 서비스를 알아보러 일어났다.

시간이 흐른다.

하늬와 난 우리를 보고 있는 눈길에 둘러싸여 있다.

여행가방을 가지고 있는 외국인이 공항을 빠져나가지 않고 있다. 그리고 두리번거리며 무언가를 시도하려 한다. 분명 어딘가로 이동해야 하는 건 당연한 일. 그러니 호객택시 기사들의 관심을 모을 수밖에 없다.

높새와 갈마가 돌아온다. 문제를 해결한 모습이 아니다. 서비스 데스크를 찾지 못했는지 의사소통에 실패했는지는 모르겠다. 묻지 않는다. 실패에 대한 대안이 내겐 없으니까. 대안 없는 질문은 잔소리다. 내가 그들에게 잔소리할 자격은 없다. 같이 풀어야 할 문제일 뿐이다. 그들은 여행 가이드가 아니라 친구 자격이니까.

그런데 그들 뒤를 따라붙는 남자가 있다.

남자의 선한 눈빛을 믿었다. 아니 내 판단의 눈을 믿었는지도 모르겠다.

무사히 숙소에 도착하고 나서 웃으면서 얘기했더니 모두가 같았다. 눈빛이 그랬다고. 그렇다면 그 남자는 나쁜 뜻이 없었는지도 모르겠다. 진짜 우리가 잘못 판단했는지도.

남자는 영어가 능숙했다.

소통의 기쁨에 취했는지도 모르겠다. 2,000루불에 데려다주겠다고 했다. 처음엔 4,000루불이라 했다. 사실 2,000루불도 책에서 바가지요금이라 했던 요금이다. 한국 돈으로 4만 원 정도다. 그런데 씨스뜨라의 마음은 흔들리고 있다. 사실 요금 때문에 그렇게 우리를 세뇌시켰던 것은 아니다. 잘못 데려다주면 어떡하나? 에 대한 불안이 가장 컸기 때문이다. 그런데 지금 씨스뜨라는 그걸 잊고 있다. 서로 돌아보며 이렇게 말하고 있다.

4만 원 정도면 괜찮지 않아? 한 사람당 만원밖에 안 되잖아?

이 요금이 엄청 바가지였다는 건 여행 마지막 날 호출택시를 탔을 때 비로소 확실히 알았다. 숙소에서 뽈꼬보 공항까지 장장 1시간이나 걸렸지만 800루불이었으니까. 그리고 첫날 쉐레메찌에보 공항에서 숙소까지 가는 데 걸린 시간은 30분 남짓이었다.

하여간 세뇌의 빗장은 이미 풀렸다.

숙소로 빨리 가서 쉬고 싶다는 욕망이 갑자기 활활 불타오른다.

"그만 타고 갈까?"

내가 적극적으로 나선다.

"그럴까? 아저씨 인상도 괜찮아 보이고."

하늬가 동조했다.

"우리 이래도 되나?"

갈마가 말은 그렇게 하면서도 긍정의 웃음을 감추지 않는다.

"됐다. 타는 걸로."

높새가 결심의 쐐기를 박는다.

오케이!

씨스뜨라가 짐을 챙기며 일어난다.

인상 좋은 러시아 남자의 뒤를 따르는 여행객들.

그들은 지금 호객택시를 타려고 하고 있다.

시시때때로 외쳤던 구호는 그렇게 힘이 없었던가?

도원의 결의처럼 굳었던 맹세는 어디로 갔는가?

러시아 남자가 공항 문을 나서고 씨스뜨라도 곧이어 공항 밖으로 발을 내딛는다. 밖에는 택시가 줄을 이어 서 있다. 우리나라 공항 밖과 별로 다르지 않다. 이 나라도 손님보다 택시가 많은가 보다. 손님을 잡으려는 경쟁이 심하겠구나. 그런 생각을 한다. 그런데 남자는 자꾸 걸어간다. 공항 바로 밖에 택시가 줄지어 있는 곳을 지나쳐 길을 건넌다. 조금 불안해진다. 어디까지 가려는 걸까. 물론 1분도 지나지 않았지만 낯선 곳이니 쉽게 불안해진다.

드디어 남자가 걸음을 멈춘다. 그런데 그가 가리킨 택시는 몹시 낡아 보인다. 실망한다. 지금까지 지나쳐왔던 크고 깨끗한 택시를 돌아보지만 이미 늦었다. 하지만 그 실망은 아무것도 아니게 되고 만다. 낡은 택시 앞에서 남자가 누군가를 소리쳐 부른다. 곧 한 남자가 달려온다. 몹시 추레한 차림의 몸집이 작은 동양 남자다. 낡은 고동색 반팔 티셔츠에 땀이 배어있다.

그때 이미 상황을 깨달았다.

러시아 남자는 그냥 삐끼였던 것이다. 인상이 좋아보인다며 만장일치로 선택한 남자가 삐끼라니. 인상은 아무 소용이 없게 되어버린 것이다. 뛰어온 동양 남자가 러시아 남자와 무슨 이야기를 주고받더니 택시 문을 연다. 조금 남아있던 기대가 무너지는 순간이다. 우린 몹시 당황한다. 이것은 예상도 하지 못한 일. 그제야 우리의 결의가 살아 돌아왔지만 어떻게 해야 할지 모른다. 여기까지 와서 안 탄다고 하면 어떻게 될까. 몹시 거칠게 나오지 않을까. 여기는 낯선 곳. 우리 편이 하나도 없는 곳. 별별 생각이 빠르게 스친다.

이대로 조용히 당하고 있을 수만은 없다고 생각했는지 갈마가 러시아 남자에게 묻는다.

네가 운전하는 것 아니냐?

아니다.

우리가 가는 숙소를 운전자가 알고 있느냐?

걱정하지 마라. 잘 알려주었다.

공항에서 흥정을 할 때 우리가 묵을 숙소 주소를 러시아 남자에게 알려주었다. 그러면서 요금 흥정을 했다. 그런데 동양인 남자는 영어를 한 마디도 하지 못한다. 잘못 가더라도 물어볼 수도 없다. 적어도 의사소통이 되는 운전자의 택시를 탄다고 안심했던 것이 물거품이 되어버렸다. 운전자도 바뀐 마당에 말까지 통하지 않다니. 택시를 타지 않겠다고 할 용기도 없는 씨스뜨라의 불안은 극에 달한다.

그런데 그게 또 끝이 아니다.

러시아 남자가 요금을 자기에게 먼저 지불하란다. 이건 또 무슨 황당한 상황? 우리의 표정이 어떤 웅변보다 강렬하게 그 뜻을 전달했나 보다. 러시아 남자가 영수증을 써 주겠다며 종이를 꺼낸다. 너무 황당하면 반박할 의욕까지 잃게 된다. 아니 포기하고 싶어진다. 씨스뜨라의 상식과 판단력이 얼토당토아니한 공격에 오류가 일어나고 있다. 누구도 제대로 된 판단을 하지 못하고 있는 사이에 남자가 영수증을 내민다. '2,000pyб'이라고 적힌 종이쪽지를 받아든 사람은 나. 종이를 받아들면서 씨스뜨라를 둘러보지만 모두 의지가 사라진 얼굴이다.

총무를 맡은 내가 결정을 내리는 수밖에 없다.

아, 될 대로 되라지. 넷이나 되는데 어떻게 되겠어? 팔아먹긴 힘들 거 아냐? 더구나 늙은이 데려다 어디 쓸라고? 숙소에만 도착하면 되는 거잖아.

1,000루불짜리 지폐 2장을 그놈에게 넘겨준다.

주사위는 던져졌다.

짐을 트렁크에 싣고 택시에 오르자 마음이 조금은 정리된다.

러시아 남자는 삐끼다. 하루 이틀 해본 솜씨가 아니다. 오래 그 일을 했다면 황당한 짓을 했을 리는 없다. 적어도 여행객들을 숙소에 무사히 데려다주긴 했을 것이다. 그렇지 않았다면 그 남자가 이 일을 계속할 수는 없을 것이다.

그런 말을 주고받으며 안정을 되찾는다. 그리고 가는 내내 계속된 높새의 중계방송에 불안은 믿음으로 굳어진다. 적어도 숙소로 가고 있는 것은 확실하다는 믿음으로.

높새는 모스크바 중심 거리를 외다시피 하고 있다.

숙소를 찾아가는 길을 검색해야 했고, 그러자니 지하철이나 버스 같은 대중교통이 다니는 길을 검색하게 되고, 비록 마우스로 찾아가는 길이지만 수없이 지도 위의 거리를 거닐었고, 중요한 건물은 사진도 볼 수 있었으니, 마치 갔다 온 것처럼 거리가 그려진단다.

그녀는 달리고 있는 차창 밖을 살피면서 줄곧 중계를 한다.

조금 있으면 우회전을 할 것이다. 곧 강이 나올 것이다. 다리를 지날 것이다.

오른쪽에 붉은 건물이 나타날 것이다. 그러면 정말로 우회전을 하고, 강이 나오고, 다리를 지나고, 붉은 건물이 눈앞에서 지나갔다. 마치 운전자가 높새의 말대로 운전하는 것처럼 보일 지경이다.

이윽고 빛바랜 주황색의 고층 건물을 가리키며, 바로 저 건물이다, 라고 했을 땐 도리어 믿어지지 않았다. 그런데 운전자가 그 건물 앞에 멈춰서며 다 왔다는 신호를 보내는 것이다. 믿어야 할 상황에서 도리어 믿을 수가 없는 것은 무슨 조화속인지 모르겠다. 하여간 대단한 인간 내비게이션이 우리 편인 것은 확실하다.

+ + +

숙소에 들어와 우리끼리가 되자 데굴데굴 굴렀다.

가장 하지 말라는 짓을 제일 먼저 했던 것이니까.

그래도 웃을 수 있는 게 어디냐고 하며 웃었다.

결과가 좋으면 다 좋은 것이라며.

선한 눈빛에 속았다고 하다가, 나중엔 무사히 데려다 주었으니 사기꾼은 아니라고, 그러니까 나쁜 사람은 아니라고, 어떻게 보면 사업의 방식을 우리가 몰랐을 뿐이라고, 급기야 그런 분업이 참 괜찮다고, 일종의 미인계가 아니냐며, 남자의 사업 수완을 칭찬하기까지 하며 웃었다.

인간은 불안감이 사라지면,

그래서 마음의 여유가 생기면,

남에게도 한없이 너그러워질 수 있는 종인 모양이다.

러시아 청년 사샤

사샤는 몹시 흥분한 모습으로 우리를 맞이한다.

흥분한 모습이라고 했지만 그의 진짜 기분 상태는 모른다.

원래 태도가 그렇게 통통 튀는 유형인지. 동양인을 보는 순간 정말 흥분이 된 건지. 아님 처음 보는 사람 앞에서 긴장을 한 건지. 또는 그날 기분 좋은 일이 있었던 건지. 그것도 아니면 너무 오래 기다려 반가웠던 건지. 그래서 드디어 임무를 완수했다는 기쁨에 그랬던 건지도.

사샤는 집주인이 아니다. 집주인 안톤의 친구다.

어떻게 아느냐고? 숙소 계약은 안톤이란 남자와 이메일로 처리했다. 우리가 도착하는 날 안톤은 다른 지역에 있어 그의 친구가 맞이할 거라고 했다. 안톤이 우릴 속일 이유나 의도가 없었다면 사샤는 안톤의 친구가 분명하다.

그리고 어쩌면 숙소 손님맞이가 처음인지도 모른다. 그래서 긴장하고 흥분했나보다. 아니 뭐, 자주했을 수도 있지만 성격이 소심해서 그럴지도 모르지. 아님 우리의 도착이 생각보다 늦어서? 빨리 끝내고 가야 할 일이 기다리고 있어서?

영어를 가장 잘하는 갈마가 선두에서 분투하고 있으니 난 뒷전에서 요런 생각이나 하고 있다. 물론 직접 물어보지 않는 이상 처음 보는 남자의 마음을 알 수는 없다.

하여간 사샤의 흥분한 듯 발랄한 태도는 긴 하루에 지쳐있던 씨스뜨라의 기분까지 들뜨게 만드는 효과가 있었다. 많아야 25살 정도로 보이는 귀엽게 생긴 남자. 마치 발레리노처럼 몸매는 호리호리하고 동작은 춤을 추듯 가벼웠다.

사샤는 이 방 저 방으로 다니며 집 구조를 보여주고 구비되어 있는 가전제품 사용법을 설명했다. 한 가지를 설명하고 나면 두 손을 가슴에 모으고 반듯하게 서서 질문이 없느냐고 물었다. 착한 학생이 좋아하는 선생 앞에서 최고의 예의를 표하는 듯한 모습이기도 하다. 한 마디로 상냥하고 친절했다. 밝고 귀여운 청년의 친절. 기분은 쉽게 전염된다. 호객택시 때문에 조금은 의기소침해져있던 씨스뜨라의 기분을 부정에서 긍정으로 옮겨가는 중요한 역할을 그도 모르는 사이에 하고 있었다. 아니 러시아의 이미지를 바꾸어가고 있었는지도 모르겠다.

마침내 사샤가 책임을 완수했나 보다.

설명을 끝낸 그가 현관 문 앞에 섰다.

두 손을 가슴 앞에 모은 채다.

이제 볼일을 끝냈으니 저는 물러납니다, 하는 태도다.

현관 앞에서 그가 다시 같은 질문을 한다. 두 손을 가슴에 모으며 하던 질문이다. 궁금한 것이 있느냐고. 갑자기 미안한 생각이 든다. 이렇게 질문을 하라는데 누구도 질문을 하지 않는다. 우린 서로 얼굴을 쳐다보며 웃기만 한다. 너도 없냐? 나도 없다. 눈빛으로 그런 대화를 주고받을 뿐이다. 그 눈빛 속엔, 누가 제발 질문 좀 하시오, 하는 소망도 숨어 있다. 그렇지만 누구의 입에서도 질문은 나오지 않는다.

말 없는 시간이 흘러간다.

친숙하지 않은 사람들 사이에선 3초만 말이 없어도 어색해진다.

사샤도 그랬을지 모르겠다.

적어도 나는 그랬다.

그가 아무리 상냥하고 친절하지만 친숙한 관계는 아니다. 그러니 편할 수는 없다. 일이 끝나면 가야 할 사람. 일이 끝났고, 이미 불편이 시작되었고, 그가 가야 할 일만 남았다. 현관에 서 있던 모두가 그렇게 느끼고 있었을지 모른다. 3초 후 사샤는 작별 인사를 했고, 우린 반갑게 인사를 받았으니까.

현관문 여닫는 방법을 알려주는 걸 끝으로 사샤가 떠났다.

무장해제.

사샤가 나가자마자 씨스뜨라의 직립은 무너진다.

높새와 갈마는 소파를 차지하고 하늬와 난 침대에 퍼진다.

일단 숨 좀 돌리자.

말하지 않아도 그런 뜻이다.

한참 동안 말이 없다.

그래도 어색하진 않다. 조금 전 현관 앞에서완 아주 다르다. 이것이 바로 친숙이다.

그새 하늬는 잠이 든다. 깊은 숨소리로 알 수 있다. 잠이 든 건 아니지만 나머지 셋은 조용히 누워있다. 하늬의 잠을 방해하지 않으려는 것이다.

30분이 지난다. 하늬의 호흡이 달라진다. 곧이어 몸을 뒤척이는 소리. 그걸 신호로 셋도 존재를 알리듯 몸을 움직인다. 7시가 지나고 있다. 무언가를 해야 한다. 저녁을 먹어야 하고 내일 아침거리를 마련해야 한다. 그러니 어둡기 전에 상점에 다녀와야 한다. 사샤가 말한 대로라면 상점은 5분 거리에 있다.

"우리 정말 웃긴다."

그 말을 하며 내가 웃음을 터뜨린다.

분명 저녁 일정을 생각하고 있었는데 내 입에서 나온 말은 엉뚱하다. 그리고 말대로 정말 웃음이 터진다. 물론 생각의 흐름을 찬찬히 되짚어 가보면 웃음의 이유가 밝혀진다. 그러니 결과는 엉뚱해도 과정은 논리적인 것이다.

어둡기 전에 상점을 다녀와야 한다는 생각을 하고 있었다. 여행지에선 어둡기 전에 숙소로 돌아온다는 원칙을 지키는 편이었으니까. 어둠은 위험을 포함하고 있었고, 위험? 이란 생각 뒤에 호객택시가 떠올랐다. 우리가 구호처럼 위험하니 타지 말자던 호객택시가 아니었던가. 그런데 구호와는 반대로 실천에 옮겨버렸으니 웃음이 터져 나올 수밖에. 그것도 바로 여행 첫날.

왜 그래? 하는 표정이지만 모두 웃을 준비가 된 얼굴이다. 웃음은 전염성이 강하니까.

"호객택시 말이야."

더 이상 내가 설명할 필요는 없다. 모두가, 왜 그걸 잊어버렸지? 하며 박장대소한다. 갈마는 웃다가 기침을 하고 따뜻한 물을 마셔야겠다며 주방으로 간다.

주방으로 갔던 갈마가 곧 다시 돌아온다.

"우리가 실수한 게 많네."

또 뭐? 하는 얼굴로 모두 갈마를 바라본다.

"사샤가 그렇게 질문할 게 없냐고 물었을 땐 생각도 안 나더니."

맞다. 그때는 사실 질문할 게 없었던 게 아니라 아무 생각도 나지 않았다. 씨스뜨라에겐 시간이 좀 많이 필요하다. 어느 새 그런 나이가 되어 있었다. 반응 속도가 상당히 느려진 것이다. 우리끼리 있을 땐 잘 느끼지 못하지만 나이대가 다른 사람들 속에선 확연히 표가 난다.

이런 말에 공감이 되지 않는 독자가 있다면 나이대가 다른 것이 이유가 될 수 있을 것이다. 어쩌면 나와 다른 신체를 체감한다는 게 불가능한 일인지도 모르겠다. 그렇지만 이해를 하자면 할 수는 있다. 서너 살짜리 아이와 여든이 넘은 노인이 사탕껍질 까는 걸 유심히 본 적이 있는지 모르겠다. 보고 있으면 몹시 닮았다는 걸 깨달을 수 있을 것이다. 아직 근육이 덜 발달한 아이와 근육이 퇴화하고 있는 노인의 동작은 무척 닮았다. 나이가 든다는 것이 그런 것이다. 그걸 이해할 수 있으면 다른 것도 미루어 이해할 수 있을 것 같다. 나이가 든다는 것은 모든 기능이 퇴화되는 것이니까. 보는 것도, 듣는 것도, 그리고 반응 속도와 행동도. 유치원 아이들이나 초등학교 저학년 아이들에게 빠른 말투는 적합하지 않다. 노인에게도 그건 마찬가지다. 물론 아직 그 정도는 아니라고 말할 수 있지만 적어도 20년 전과 같지는 않다. 나의 몸이 겪는 일이니 나는 잘 알고 있다.

한꺼번에 많은 일을 동시에 처리할 수 있었던 시절이 있었다. 그것도 실수 없이. 그러다 동시에 처리는 할 수 있지만 실수가 생기기 시작하고, 천천히 하나씩 하면 실수는 하지 않던 것이, 천천히 해도 실수가 생기기 시작했다. 그리고 급기야 해야 할 일들이 깜박이는 별처럼 보였다 사라지고 사라졌다 보이는 것이다. 우스개로, 무얼 하다가 고개를 돌리지 말라, 고 하기도 한다. 눈앞에 보이지 않으면 하던 일도 잊어버린다는 말이다. 정말 웃을 수 없는 말이 되어버렸다.

물론 천천히 시간을 두고 하면 많은 실수를 줄일 수가 있지만 모든 일을 혼자서 하는 건 아니니까 문제가 되는 것이다. 특히 직장에서의 일은 보조를 맞추고 시간에 쫓기며 해야 하는 일투성이니까. 그리고 직장을 벗어난 사회도 마냥 느린 속도로 흘러가진 않는다. 오늘처럼 여행 중에도 말이다. 우리 모두는 문제 발견을 제 시간에 하지 못했다. 말하자면 주어진 시간이 너무 짧았다.

"사샤를 하룻밤 재울 걸 그랬나?"

"조카라도 한 명 영입해야겠어."

"우리 조카는 쉰이 넘었는데?"

농담을 하며 모두 주방으로 간다. 가스불이 켜지지 않는다는 것이다. 돌아가며 점화 스위치를 돌린다. 점화가 되지 않는다. 10분을 술렁거리자 문제가 해결된다.

"그렇지! 시간이 좀 걸릴 뿐이라니까!"

본래 자동점화가 되지 않고 나오는 가스에 불을 붙여주어야 하는 레인지였다. 갈마가 서랍에서 라이터와 성냥을 발견하면서 알아챘다. 사실 자동점화 되지 않는 가스레인지를 쓰는 나라가 많았다. 여행 중에 종종 겪었던 일이다. 그런데 그것조차 빨리 생각이 나지 않았던 것이다. 반응 속도가 빠른 사람이 이 자리에 있었다면 분명 몹시 답답했을 것이다. 하긴 나도 여든이 넘은 어머니의 설거지는 답답하니까. 후후, 그러니 얼마나 다행인가. 닭장 속에는 닭들이. 경로당엔 노인들이. 그리고 이곳엔? 씨스뜨라만 있으니까.

+ + +

휴식으로 약간의 힘을 얻은 뒤, 하늬만 남고 장보기에 나섰다.

다 나갈 필요는 없겠지.
두 팀으로 나누자.
그럼 당연히 갈마와 내가 당첨.
난 돈을 맡은 총무니 물을 것도 없고 갈마는 나름 '씨스뜨라의 젊은 피'다.
집을 비우긴 조금 불안하고 그렇다고 또 다시 짐을 지고 싶지는 않은 상태였던 모양이다. 몽땅 나가려면 그래도 중요한 기본 짐들은 몸에 지니고 나가야 한다는 생각은 같았으니까. 짐 벗은 지 얼마나 지났다고 또 짐을? 적어도 오늘은 더 이상 짐 지지 말자. 말하지 않아도 그랬던 모양이다.
갈마와 내가 겉옷을 걸치는데 높새가 따라 일어난다.
"왜?"
"적어도 셋은 나가야지. 곧 해가 질 텐데. 벌써 8시가 다 되었어. 너희 둘은 러시아에선 어린애 취급받을지도 몰라. 그것도 키라고."
키에 대해선 할 말이 없다. 러시아에서 10년만 자라도 나보다 클 것이다. 물론 갈마보다도.

야심차게 셋이나 나갔지만 상점을 찾지 못했다.
동네엔 다니는 사람도 별로 없고 곧 어둑해지기 시작했다. 사샤가 말하는 슈퍼마켓이 있어야 할 곳으로 예상되는 곳을 세 번이나 돌고도 찾지 못했다. 나중에 알았지만 러시아에서 슈퍼마켓은 주로 반 지하에 위치해 있었다. 장소를 확실히 모르면 지나가더라도 발견하지 못할 확률이 높았던 것이다.

"잘못하다간 길을 잃어버릴지도 모르겠더라고."

그건 숙소에 돌아와서 높새가 했던 말이다. 난 걱정도 하지 않았던 일이었다. 길에 대해선 무지하니까. 그리고 인간 내비게이션과 같이 있었으니까. 무지하니까 한없이 평온했다. 그런데 높새는 아니었던 모양이다. 길을 찾아 돌아올 책임의 짐이 그녀의 어깨 위에 있었던 것이다. 그것도 모르고 멋모르는 말을 했고, 높새가 한숨을 쉬며 대꾸했다.

"난 걱정도 안했는데?"

"너도 참 어지간하다. 여긴 러시아라고. 그것도 방금 도착한. 더구나 어두워지잖아. 밤엔 나도 길 찾기 힘들어."

저녁으로 누룽지를 끓여먹고 긴 하루를 마무리했다.

하늬가 비상용으로 가지고 온 것을 반이나 없앴다.

현미 누룽지를 만드는 공장까지 가서 사온 거라 했다.

빵 먹기 싫은 날의 대체 식품이라고. 가져오기도 좋고. 그냥 먹어도 되고. 끓여서 누룽지죽으로 먹어도 된다고. 햇반을 사오려다 그것보다 간편하고 가벼워서 선택한 거란다. 맞는 말이다. 밥이 주식인 민족에게 누룽지는 무척 편리한 휴대 식품이란 생각이 든다. 다음 여행을 떠날 땐 나도 누룽지 생각을 해볼 것 같다. 아님 누군가에게 요긴한 정보로 제공될지도.

+++

아파트 난방이 너무 잘 되어 있다.

추울까봐 걱정하고 왔으나 더워서 답답할 지경이다.

숙소를 정할 때 고려 항목 1순위는 난방이었다.

우리나라처럼 실내 겨울 난방이 잘되어 있는 나라가 드물다. 겨울에 유럽 여행을 하면 실감할 수 있다. 체질적인 차이도 있겠지만 잠자리가 추우면 정말 힘들다. 러시아는 겨울이 긴 나라이고 혹한에 대한 대비가 잘되어 있을 거라는 예상은 할 수 있다. 하지만 그들에게 4월이나 5월이 여름이면 어떡하나. 그래서 이미 난방을 끊었다면? 뭐 이런 걱정까지 하면서 난방의 유무부터 살폈다. 그랬는데, 걱정을 비웃기라도 하듯 안톤의 집은 한여름이다.

덕분에 난 집에 있을 때보다 더 가벼운 차림이다. 그렇다고 더 쾌적하단 뜻은 아니다. 아까도 말했지만 좀 답답하다. 사람에게 딱 알맞은 환경의 조건, 참 까다롭기도 하다.

〈 떠나기 전에 1 〉

이 여행은 아주 단순한 욕망에서 출발했어.

세계 곳곳에서 모아들인 진귀한 미술품이 엄청나게 전시되어 있는 곳을 보았던 거야. 아니 그런 박물관을 소개하는 걸 보았지. 박물관이 문제가 아니었어. 박물관을 품고 있는 도시 자체가 예술품이라나 뭐라나. 하여간 귀가 솔깃했지. 난 미술 전공자도 아니고 많이 보고 많이 경험하자는 주의도 아니야. 차라리 보이는 것에 속지 말라고 떠드는 편이지. 말하자면 '많은 경험'보다 '어떠한 느낌'에 더 가치를 두는 사람에 속해. 그런데 그 도시를 소개하는 텔레비전 화면에 마음과 눈을 몽땅 빼앗겨버린 거야.

도시의 이름은 쌍뜨뻬쩨르부르그.

정말 들어보기만 했던 이름이야. 교과서에서 보았는지, 어떤 매체를 통해 알았는지, 누구한테 들었는지도 모르지. 지명 외엔 알고 있는 게 별로 없다는 뜻이야. 하지만 그 이름을 한두 번 접했던 건 분명 아닐 거야. 이름을 들으면서 도시의 역사를 듣지 못했을 리도 없어. 도시 형성 과정이 그처럼 독특한 경우도 흔치 않고 과정만큼 경관도 특별한데 말이야. 그런 곳을 역사학자들이, 눈과 귀가 앞선 사람들이 그냥 묻어두었을 리가 없잖아. 그런 사람들 덕분에 지구촌 사람들은 앉아서도 지구 곳곳을 모르고 있을 수가 없는 세상이고. 그러니 내 귀와 눈에도 그 도시의 정보가 지나갔음에 틀림없어. 하지만 당시엔 관심을 끌지 못했거나 아님 잊어버린 건지도 모르지. 인연은 사람 사이에서만 일어나는 것이 아니니까 말이야. 사물이나 장소도 인연이 닿아야 만나게 되는 거더라고.

제정 러시아 시대 궁전이기도 했던 박물관 이름은 에르미따쥐.

황제가 절대 권력을 가진 시대에 지어진 궁전이라니 얼마나 대단하겠어. 더구나 지금은 천 개나 되는 방에 명화를 비롯한 미술품이 전시되어 있다는 거야. 루브르 박물관에서도 볼 수 없는 고흐와 고갱의 그림도 많다고 했어. 고흐나 고갱 때문이 아니라 루브르란 이름 때문에 내가 더 혹했는지도 모르겠어. 사람은 전혀 모르는 것이 아닌, 본 적 있고 들은 적 있는 것에 더 호기심을 가지게 돼. 그건 뉴스에 관심이 가는 것과 같은 거야.

새로운 소식. 그건 나에겐 새로운 소식이지만 누군가는 이미 알고 있는 소식이지. 그러니까 전할 수 있었던 거고. 말하자면 누군가 보고 들었다는 전제 아래의 새 소식인 셈이지. 그러니까 뉴스에 대한 호기심은, 아무도 모르는 소식에 대한 것이 아니라 주변 사람보다 먼저 알고 싶은 호기심일지도 몰라. 이건 순전히 내 생각이지만, 누군가는 이미 알고 있는, 그렇지만 주변에 널리 퍼져있지 않은 것에 사람들의 호기심이 더 발동한다는 거지.

사실, 명왕성이나 천왕성에 가보고 싶은 욕망에 밤잠을 설치는 자가 얼마나 되겠어. 단순한 호기심이야 있을 수 있겠지. 막연하게, 아, 저 별에도 어떤 생명체가 존재할까, 별은 어떤 모습일까, 하는 정도로 말이야. 정말 명왕성에 가기 위해 연구하고 탐사 계획을 세울 정도의 호기심은 아니란 거지. 그곳은 아무도 가보지 않은 곳이니까. 그러니까 아무런 소식이 없는 곳이지. 아무런 소식이 없으면 호기심도 아무런 일을 하지 않아. 본 사람이 없거든. 호기심이란 것도 무에서 생기는 것이 아니라 털끝만한 실마리라도 있어야 발동되는 것 같아.

그런 차원에서 내 호기심이 발동했는지도 몰라.

해설자의 설명 속에 루브르란 말이 나왔고 난 다행인지 불행인지 몇 년 전에 루브르 박물관엘 갔거든. 하지만 그 유명한 루브르는 명성만큼 내 감정에 찬란하게 남아있진 않았지. 한여름의 박물관은 한마디로 장터였어. 그림이든 자연이든 너무 많은 사람 속에선 제대로의 모습을 보여주지 못하는 것 같아.

인파에 묻힌 그림은 보고 있는 사람들만큼 지쳐보였어. 그림과 마주하고 서로 교감하는 시간이 있어야 하는데 앞으로 다가갈 수도 없는 지경이었지. 특히 모나리자 앞은 유명 가수의 콘서트 장 같았어. 저 멀리 그림이 보이고 내 앞엔 빽빽한 사람의 숲이었지. 그래도 그림을 보겠다고 숲의 끝에 서 있었어. 사람의 물결은 시속 열 발자국 정도로 천천히 움직였지. 파김치가 되어 드디어 그녀의 미소 앞에 섰어. 그냥, 익숙한 여자가 웃고 있더군. 아니 웃고 있다는 생각을 했던 지도 몰라. '모나리자의 미소'라고 하니까 말이야. 사실은 와글거리는 소리며 사방에서 부딪치고 밀려드는 체온에 모나리자도 미소를 잃은 듯 보였어.

1시간을 기다려 머문 시간은 10초.

그 잠깐의 시간에도 감상은 무리였지.

그래서 아직도 나에게 모나리자의 미소는 일그러져 있어.

그런 기억 속의 루브르가 그날 다시 수면 위로 덩실 떠오르는데,

'저 곳에 가야겠다.'

그렇게 외치고 있는 거야. 내가 말이야.

　루브르 박물관에도 없는 작품이 많다고 해서, 도시 전체를 제정 러시아 시대 황제가 계획적으로 만든 것이니 얼마나 볼만하겠느냐 싶어서, 러시아와 유럽을 동시에 느낄 수 있는 곳이라서, 핀란드만을 건너면 바로 북유럽도 갈 수 있는 곳이어서.

　이런 모든 것들이 날 유혹했을 수도 있어. 하지만 그런 것에 꽂힌 건 아니야. 직접적인 이유는 엉뚱하다고 할 수도 있어. 루브르보다 조용할 것 같아서야. 더 자세히 밝히자면 조용하고 아름다운 미술관에서 천천히 서성이고 싶었어. 저 곳에 가서 매일 '에르미따쥐'에 가야겠다. 하루에 전시실 몇 개씩만 보며 즐길 것이다. 그런 시간을 나에게 주자. 그리고 저녁에는 도시를 거닐자. 해도 길다 하니 어스름을 즐기기에는 안성맞춤이겠지. 그런 상상에 황홀해졌지.

　그렇게 돈을 들이고 가서 박물관만 본다고?

　나무라는 독자가 있을지도 모르겠어. 그것도 이해할 수 있어. 아니 당연하게 받아들여. 하나도 이상하지 않아. 그런 사람이 없다는 게 도리어 이상하지 않겠어. 똑같이 생긴 사람이 하나도 없듯이 똑같은 생각도 없을 테니까 말이야. 난 어디까지나 나의 이야기를 하고 있는 중이거든. 그리고 모든 사람의 생각이 같다면 책이니 글이니 하는 것들이 생겨나지 않았을지도 몰라. 그런 것들이 왜 필요하며 읽을 이유도 없겠지. 어차피 같을 텐데 말이야. 하지만 다행히도 생각이 다르고 느낌이 달라 이렇게 지구엔 수많은 글들이 탄생하고 읽을거리들이 넘쳐 나고 있어. 나무라는 것 자체가 또 다른 책이라는 생각도 들어.

　하여튼 이런 이유로 러시아행이 이루어졌어.

둘째 날
5월 3일, 화요일

계산이 맞지 않으면 개조를 하라

창밖이 훤하다.

낯선 곳에서 눈을 뜬다.

아, 맞다. 여기는 러시아!

잠 잘 동안은 어디에 있었던 걸까. 몸은 분명히 이곳에 있었다. 하지만 정신은 어딜 갔다 왔기에 새삼 놀라는가. 눈을 뜨는 순간 러시아에 와 있음을 알아채는 마음의 소리. 그건 바로 정신은 밤새 다른 곳에 있었다는 증거? 그래도 찰나에 알아채는 걸 보니 멀리 가 있진 않았던 모양이다.

또 쓸데없는 상상이다. 그만 일어나자.

우와! 이게 뭐야. 겨우 4시 30분? 이렇게 밝은데?

우리나라보다 엄청 부지런하시네! 러시아 해님은.

맞은편 벽에 걸려있는 시계를 보고는 도로 누워버린다. 아니, 일어나려고 목에 약간의 힘을 주었을 뿐이니까 도로 누운 건 아니다. 그냥 목에서 힘을 빼고는 옆으로 돌아눕는다. 그러다 굴러 떨어질 뻔한다. 그렇다. 난 지금 기억자로 생긴 소파의 돌출 부분에 누워있다. 돌출 부분이라 함은 마치 반도같이 생긴 형태를 말한다. 소파의 끝부분에 소파와 직각을 이루는 스툴이 이어져있는 곳이다. 그러니 양쪽이 낭떠러지.

등받이가 있는 쪽 소파엔 갈마가 자고 있다. 갈마와 난 머리를 같은 동네에 모은 채로 몸은 기억자로 두고 잤던 것이다. 잠들 때는 발이 공중에 뜨는지라 옆으로 누웠다. 아무리 키가 작다 해도 의자 두 개 길이는 너무 했다. 똑바로 누우니 발이 의자 밖으로 덜렁 들렸다. 그래서, 높은 데서 떨어지는 악몽에 시달릴지도 몰라, 하면서 모로 누워 잠이 들었다. 하지만 밤새 같은 자세로 자는 사람이 어디 있는가. 그리고 난 아침에 눈을 뜨면 주로 천장을 향한 자세로 똑바로 누운 채다. 러시아에서도 그 자세로 눈을 뜬 것이다. 물론 발이 공중으로 삐죽 나간 채로. 그래도 다행히 높은 데서 떨어지는 악몽은 없었다.

숙소에 침대가 부족했냐고?

부족하진 않았지만 불편한 침대 하나를 외면하다보니 그렇게 되었다.

두 개의 방에 더블베드가 하나씩 놓여있었다.

현관에 가까운 방을 문간방, 주방에 가까운 방을 안방이라 부르겠다.

문간방 침대는 급조한 게 분명했다. 매트리스 아래 철제 받침대가 너무 허술해서 한 사람이 누워도 침대가 벌벌 떨었다. 그런데 그게 명색이 더블베드라 둘이 누워야 한다니 한숨밖에 나오지 않았다. 얼마나 가냘픈 스프링이 들었는지 몰라도 둘이 누우면 침대는 계속 물결처럼 가늘게 흔들렸다. 한 사람이 숨만 크게 쉬어도 밤새 같이 파도를 타야 할 지경이었다. 아무리 잘 봐주어도 일인용. 그것도 지원자가 있을 때 해당되는 자격이겠지만. 하여간 그 침대는 일단 더블베드의 자격을 잃어버렸다. 한 침대의 기존 자격을 박탈하고 나니 다른 문제가 꼬리를 이었다. 한 사람이 그 침대를 쓴다 해도 남은 사람은 셋. 그리고 남은 침대는 하나. 모두가 침대에서 자는 건 불가능해져버렸다.

한시바삐 몸을 눕혀 쉬고 싶었던 지난 밤.

불편해진 잠자리에 절망한 나머지 급기야 각자 독립된 잠자리를 꿈꾸는 기현상이 발생했다.

하늬는 제일 먼저 문간방 침대를 버렸다. 아예 사람이 잘 수 없는 침대로 규정짓고 안방으로 갔다. 갈마와 나도 하늬를 따라갔다. 무슨 생각이 있어서가 아니라 몸만 그냥 이동한 것이다. 사실 머리가 돌아가지 않았다. 너무 피곤했던 높새는 움직이기도 싫었던지 문간방 침대에서 자겠다고 남았다. 아무도 말리지 않았다.

안방엔 침대와 소파가 있었다. 소파는 네 사람이 충분히 앉을 크기였다. 오해하지 마시라. 어디까지나 앉았을 때 충분한 소파란 뜻이니까. 갈마가 소파에 쓰러지며 자기 잠자리라고 선포했다. 바로 등받이가 있는 쪽에 쓰러진 것이다. 그리고 하늬는 침대로 갔다. 침대 한쪽이 이제 하늬의 차지가 되면서 내 자리는 자동으로 정해졌다. 더블베드의 동숙자가 된 것이다. 그런데 나도 독립을 하고 싶었다. 어찌하였건 모두 독립된 침대를 가진 것이나 다름없다.

사실 침대를 같이 쓴다는 건 참 불편하다. 부부라도 나이가 들면 트윈베드를 쓴다는데. 방법이 전혀 없다면 몰라도 나도 독립을 하고 싶었다. 독립을 결정하고 나자 침대 옆자리는 이제 눈에 들어오지 않았다. 그러다 내 꿈은 가장 가난한 곳에서 실현되었으니, 소파의 돌출 부분이 바로 그곳이었다.

숙소는 에어비앤비를 통해 찾았다.

사진과 정보를 아무리 자세히 실어놓았다 해도 직접 보지 않는 한 한계는 있다. 홈페이지에 제공된 아파트 내부 사진을 수십 번도 더 보았지만 매트리스의 안락함까지 확인할 수는 없었다. 침대가 여행자 수만큼 있으면 제일 좋겠지만 그 정도 갖춘 집은 값이 엄청 비싸졌다. 모스크바 중심가에서 그리 멀리 떨어져 있지 않으면서 적당한 가격의 집. 물론 필수로 충족되어야 할 다른 조건도 많았다. 와이파이, 세탁기, 난방 등등. 그야말로 물 좋고 정자까지 좋은 집을 구하자는 수작이었다. 그러니 여행을 떠나기도 전에 눈이 빠질 지경이었다. 너무 많은 집을 검색하다보니 나중엔 어떤 집을 왜 찜해 놓았는지 분간도 되지 않았다. 겨우 결정해 놓으면 그 사이에 예약완료가 뜨는가 하면 무슨 일인지 집주인의 수락을 못 받는 경우도 생겼다. 그러는 사이에도 찜해놓은 많은 집들이 속속 예약완료되었고 조금은 초조해지기 시작했다.

최종적으로 정해진 곳이 스몰렌스까야 구역에 위치한 아파트.

늦새 말로는 조금 멀긴 하지만 '붉은광장'까지 걸어서도 갈 수 있을 위치에 있다고. 아무리 길게 잡아도 1시간? 이란 의문을 표했지만 굳이 의문으로 듣지 않았다.

어차피 여행이란 길 위에 있는 것!

보이는 모든 것이 처음일 테니 아무렴 어때?

걸어야만 볼 수 있는 것들을 보는 거야!

누구한테 하는 소리인지 모를 소리를 하며 나는 결정을 종용했다. 어쩌면 자기 최면을 하고 있었는지도 모른다. 사실 많이 걸어야 한다는 문제에 가장 예민해야 할 사람은 체력적으로 제일 불리한 나였으니까.

그렇게 결정된 아파트는 씨스뜨라가 말하는 다른 필수조건을 모두 갖추었지만 사실 침대는 아니었다. 다소 불편하리란 예감은 있었다. 더블침대를 써야 한다는 것 때문이었다.

다 좋을 수는 없지. 집과 같을 수는 없잖아. 또 모르지. 침대가 너무 커서 거기 누구 없소? 할 정도인지도. 그리고 안 되면 소파도 있으니까.

다들 그런 심정이었는지는 모르겠다. 난 그런 심정이었다. 사실 사진으로 보는 침대는 굉장히 넓었고, 소파는 매우 안락해 보였다. 사진을 보이는 그대로 믿을 수는 없지만 믿고 싶었다. 그것 때문에 모든 걸 처음부터 다시 시작하고 싶지는 않았다. 새로 위치 검색을 하고 숙소를 고르고 사진을 보고 설명을 읽고 리뷰 속에서 정말 필요한 정보를 알아내는 과정을 말이다.

그리고 사람은, 혹시? 하는 희망의 묘약을 늘 가슴에 품고 다닌다. 혹시 알아? 보는 것 하곤 다를지? 하며 숙소에 대한 갈등을 끝냈다. 그 '혹시?'가 '역시!'란 형태로 현실 앞에 실체를 드러냈을 때는 이미 실망할 힘도 남아 있지 않았다. 그동안의 염려는 사치였던 것이다. 그나마 한 침대는 사용이 불가능한 지경이었으니 말이다.

모로 돌아누워 다시 잠을 청하려다 포기한다.

온 집안이 깨어나는 분위기에 술렁인다. 사람에겐 잠의 기운과 깨어남의 기운을 알아채는 감각이 있는 것 같다. 모두가 깨어났다는 걸 서로가 알고들 있다. 심지어 문간방에 혼자 잤던 높새까지도. 그리고 바로 머리맡에 느껴지는 갈마의 기척. 갈마와 난 머리를 맞댄 것처럼 너무 가까워 자는 척하는 것조차 불가능이다. 이윽고 하늬가 일어나 화장실로 간다.

곧이어 높새가 투덜거리며 안방으로 건너온다.

밤새 침대와 씨름했단다. 등이 얼마나 배기는지 공룡의 뼈 위에서 자는 것 같았다나.

드디어 갈마도 자리를 털고 일어난다. 잠 못 잤겠네요? 하면서.

그 와중에도 난 계속 누워있다. 최후로 일어나는 자가 되리라. 이것이 내 목표다. 어떻게든 누워있는 시간을 늘여보려는 안간힘이다. 아침 시간을 벌어놓아야 하루가 덜 힘들다. 어차피 아침 먹고 나가면 저녁 시간이 되어야 들어올 테니까. 될 수 있으면 천천히 일어나 천천히 준비하고 천천히 나가야 한다. 그 방법만이 내가 살 길이다. 이들과 여행을 자주 다녀본 경험이 만든 삶의 지혜인 셈이다. 그래봤자 비밀도 아닌 것이다. 모두들 알고 있다. 아니 씨스뜨라의 법칙이 되고 말았는지도 모르겠다. 법은 지켜져야 하고 그렇지 않으면 반칙이 되니까. 그래서 난 항상 가장 먼저 잠자리에 눕고 가장 늦게 잠자리에서 일어나야 세상이 조용하다. 혹여 내가 늦게까지 앉아있거나 아님 누구보다 일찍 일어났다간 물의가 일어난다. 오늘은 오래 버티네? 라든가 왜 벌써 일어났어? 하며 놀란다.

하여간 지금 난 법 수행 중이다.

눈은 감은 채지만 돌아가는 상황은 보이는 듯하다. 하늬는 목욕 중이고 높새는 하늬가 떠난 침대에 벌렁 누워 공룡 뼈 위에서 고생한 허리를 펴고 있다. 그리고 갈마는? 머리맡에 사람의 기척이 없다. 갈마는 뭘 하고 있을까, 하는데 발밑에 무엇이 닿는다.

"발 좀 들어봐요."

눈을 뜨고 발치를 본다. 갈마가 작은 의자를 소파 끝에 붙여놓는다. 책상 아래 있던 등받이 없는 의자다. 소파 높이와 똑 같다. 우와! 나는 똑바로 누워 발을 쭉 뻗는다. 감탄이 절로 난다. 발이 들려있다는 것이 그렇게 불편한 것이었나? 싶게 편하다.

"이제 괜찮죠?"

"네. 완전 편해요. 이러면 될 것을 왜 그러고 잤지?"

"글쎄 말이야. 어젠 너무 피곤해서 아무 생각도 없었는데 아침에 일어나 가만히 살펴보니까 이렇게 하면 되겠다 싶대?"

"고마워용."

안락한 잠자리에 집착하는 나는 깊이 만족한다.

그리하여 발이 들리는 나의 독립 침대 문제는 해결이 되었다. 남은 문제는 하

나. 하루 만에 용도 폐기된 높새의 침대다. 별 수 없이 더블침대를 같이 쓰려나 하겠지만 천만의 말씀. 첫날밤 이후 높새도 안방으로 합류하지만 잠자리 독립이 유지되었으니, 문간방 침대 매트리스를 들고 와 안방 빈 공간에 깐 것이다.

문간방엔 씨스뜨라의 가방을 늘어놓아 매트리스를 깔 자리가 없기도 했지만 사실 방이 주는 아늑한 느낌이 없었다. 잘 사용하지 않는 방이었는지 쓰지 않는 물건을 죄다 모아놓은 듯 가구와 물건들로 빼곡했다. 더구나 수건과 자잘한 빨래를 너느라고 빨랫줄까지 가로 쳐놓았으니 아마 난민촌 같았을 것이다. 그런데 침대까지 그렇게 밤새 괴롭혔으니 남은 정이 있을 리가 없다.

높새는 시원하게 문간방과 함께 침대를 버리고 즐거이 안방으로 잠자리를 옮겼다. 그리고 너무 얇아 제 역할을 하지 못했던 매트리스는 무겁지 않아 옮기기에 편했고 흔들리지 않는 방바닥에선 훌륭한 요가 되어 주었다. 세상에 완전히 나쁜 것은 아무것도 없다는 또 하나의 사례가 되어 준 셈이다.

그래서 모스크바에서 남은 이틀 밤을 씨스뜨라는 한 방에서 자게 된다.

사람은 어떤 환경에나 적응을 한다. 적응의 방법이 사람마다 다를지라도. 어떤 사람은 익숙한 환경으로 바꾸고, 어떤 사람은 다른 환경에 익숙해진다. 불편한 점이 있지만 드디어 모든 것이 안정되었다. 하루 만에 낯선 곳이 고향처럼 된 것이다.

마침내 숙소는 씨스뜨라의 집이 되었고, 관광은 외출이 되었다.

아르바뜨 거리

어제 슈퍼마켓 찾는 데 실패한 덕분에 커피만으로 아침을 삼고 8시에 집을 나선다. 아침을 못 먹었지만 씨스뜨라의 기분은 상쾌하다. 아직 이른 시간이고 멋진 아침식사가 기다리는 미래가 코앞에 있으니까. 카페가 즐비한 거리를 지나갈 테니까 말이다. 자료와 지도에 있는 대로 거리가 펼쳐진다면. 그리고 제대로 찾아간다면.

높새가 그랬다. 우린 아르바뜨 거리를 지나갈 것이라고. 아니 일부러 그 길을 통해 붉은광장 쪽으로 갈 것이라고. 아르바뜨 거리 또한 유명한 관광지라면서.

1킬로미터가 넘는 보행자 전용도로이자 문화 예술의 거리. 많은 카페와 거리 예술로 늦은 밤까지 관광객과 젊은이로 넘쳐나는 거리. 그러니까 거리 자체가 예술이라나?

아름다운 예술의 거리에서 우아하게 브런치를 즐기리라.

이런 야무진 꿈으로 정신 무장을 한 채 일정을 시작한 것이다.

여기는 러시아!

지금 딛고 있는 거리는 러시아 거리!

저기 보이는 건물은 러시아 건물!

어제와 다른 흥분이 발걸음에 실린다. 보이는 모든 것이 신선하니 걷는 것 자체가 신나는 여행이다. 산산한 기온은 걷기에도 알맞다. 그리고 밤새 충전된 기운이 빵빵한 아침 시간. 앞날을 내다보지 못하는 한 여자의 기는 한껏 살아 있다. 흥분의 시간이 30분쯤 흐른다. 별 어려움 없이(앞장 선 사람에게 물어보진 않았지만) 아르바뜨 거리에 도착한다.

그런데 세상에나!

그 거리엔 씨스뜨라만 있다. 관광객도 예술행위도 문을 연 상점도 없다. 텅텅 빈 거리. 예술은 어디 있으며 무엇이 문화란 말인가. 빈 거리엔 벤치만 썰렁하다. 건물에 가려 반쯤은 그늘진 거리가 춥기까지 하다. 해는 벌써 떴지 않은가.

하지만 아직 9시도 되지 않았다. 상식적으로 생각해본다. 이곳은 여행자만의 왕국이 아니다. 여행자가 많이 오는 곳일 뿐. 현지인의 터전인 이곳엔 현지인의 생활 방식이 있다. 그리고 우리나라 관광지의 상점도 이렇게 일찍 문을 열지는 않는다. 한 마디로 너무 일찍 집을 나선 것이다.

빈 거리의 남아도는 벤치에 앉아 어지러운 정신을 수습한다. 철없는 여행자 티가 물씬 나는 모습이다. 한참 앉아 있다 보니 거리가 눈에 들어온다. 그런대로 볼만하다. 아니 조용해서 좋은 점도 있다. 사색에 잠겨있는 건물 자체의 모습과 빈 거리가 주는 적막을 오롯이 느낀다.

다시 일어나 천천히 걷기 시작한다.

어차피 이 거리를 지나가야 할 곳이 있으니까.

최종 목적지는 어디까지나 붉은광장이다.

길 중앙에 가벽이 줄이어 있고, 가벽은 벽화를 위한 것인 모양이다. 온갖 그림으로 가득한 가벽을 따라 걷지만 별 생각 없이 지나간다. 뿌쉬낀 부부 동상도 본다. 러시아인들이 정말 사랑한다는 작가, 뿌쉬낀 탄생 200주년을 기념해 세운 동상이란다. 그런데 빅토르 최를 추모하는 벽화를 몰라보고 그냥 지나친다.

빅토르 최는 한국계 러시아인 락 가수로 1990년 28세 나이에 교통사고로 요절. 당시 러시아 젊은이들의 우상이었고 지금도 그를 기억하고 있는 팬들이 많다. 그래서 그가 죽은 뒤 모스크바 아르바뜨 거리와 쌍뜨빼쩨르부르그, 카잔 등 여러 도시에 그를 기리는 추모 벽이 생겼다고 한다.

그가 죽은 날인 8월 15일엔 벽화 앞에서 추모 모임도 열린다는데, 씨스뜨라는 벽화를 코앞에 두고도 그냥 지나친 것이다. 보고도 보지 못한 채로. 아니 그 거리를 벗어나고서야 보지 못한 걸 알았다. 되돌아가기엔 너무 멀리 와버려, 다음에 가지, 했지만 결국 가지 못했다. 여행이란 그런 것이니까.

그런 면에서 여행은 인생하고 닮았다. 지나간 길을 다시 오긴 참 어렵다. 부지불식간에 지나쳐오면서, 돌아올 때 봐야지, 했던 걸 본 적은 별로 없다. 돌아오는 길이 달라지기도 하고, 시간이 너무 늦어버린 경우도 있으며, 또 잊어버리고 지나쳐가기도 하고, 마음이 달라지거나 너무 지쳐 의욕이 사라지기도 했다. 의지만 가지고 되는 것이 아니라 운이 함께 따라주어야 이루어진다는 걸 알고 있다.

어쩌면 다른 큰 목적이 우리의 눈을 가로막았을 수도 있다.

아르바뜨 거리를 벗어나기 전에 무언가를 먹어야 했다. 다음 목적지까지 얼마나 걸릴지 정확히 아는 사람이 아무도 없는 마당에 계속 행군하는 건 불안했다. 슬슬 배가 고파지고 있었으니까. 이미 우아한 아침 식사는 좌절되었다. 먹을 것을 팔기만 하면 들어갈 자세로 바뀌었다. 한껏 눈을 낮추었지만 아예 포기해야 될지도 몰랐다. 거리엔 행인조차 없었으니까. 그런 거리에서 가게가 문을 열 이유는 없지 않은가. 먹고자 하는 삶의 본능이 온통 머리를 차지하고 있다 해도 그런 판단 정도는 할 수 있었다. 그저, 혹시? 하는 가냘픈 소망의 눈으로 문이 열린 빵집이나 찻집을 찾았다. 그런 지경이었으니 눈앞에 빅토르 최가 살아나 노래를 부르고 있어도 보이지 않았을지도 모른다.

그리고 아르바뜨 거리에서 다행히 아침을 해결했다.

창가에 테이블 하나가 놓인 작은 빵집에서 커피와 빵을 먹을 수 있었다.

빵 종류가 제법 많았지만 무슨 빵인지 도무지 알 수 없었다. 먹음직스럽게 생긴 커다란 빵은 너무 커서 엄두가 나지 않았고 작은 빵 안에는 무엇이 들었는지 알 수 없었다. 높새에겐 양고기가, 하늬에겐 어떤 고기류도 들어있으면 안 되었기 때문에 더구나 신중해야 했다. 그런데 영어가 전혀 통하지 않아 그저 모양만 보고 손가락으로 빵을 고를 수밖에 없는 처지. 처음으로 맞이하는 외식이 난관

아르바뜨 거리

에 봉착한 것이다. 하늬는 달콤한 빵이면 족하다 한다. 달콤한 빵은 진열장 속에서도 다른 빵과 구분되어 놓여있어 어렵지 않았다. 하지만 양고기나 생선 같은 것은 어떻게 피하지? 피할 수 없으면 선택을 하자. 치즈가 든 것을 고르자. 치즈는 높새도 좋아하니까.

스마트폰을 급히 연다. 많이 쓰일 법한 러시아어를 아예 사진으로 찍어왔다. 나름 종류별로 구분하여 적고는 스마트폰으로 찍은 것이다. 치즈는 '러시아 음식' 사진첩 속에 들어 있다. 금방 찾는다. 역시 분류해 놓길 잘했다.

신통한 생각을 해냈다는 기쁨에 취해 가게 주인에게 다가갔다. 그리고 아무 빵이나 손가락으로 가리키며 "씌르?"라고 물었다. 물론 정확한 발음인지 확신은 없었다. 비슷하기라도 하면 정정해서 발음해 주겠지 하는 생각에 질러본 것이다. 여주인이 반색을 하며 한쪽 진열장 전체를 채우고 있는 빵 무더기를 가리킨다. 맙소사! 그 많은 빵에 들어있는 것이 모두 치즈였던 것이다. 이제 치즈 종류를 골라야 하는 것인가. 하지만 그건 불가능한 일. 갈마와 내가 마주보고 웃는다. 치즈면 됐지, 뭐. 그런 웃음이다. 손가락이 가는 대로 세 개를 고른다.

텅 빈 거리를 내다보며 커피를 마시고 빵을 먹었다.

아무도 맛에 대한 이야긴 하지 않았다.

지금도 맛이 기억나지 않는 것으로 보아 별 감흥이 없었던 맛인 모양이다.

붉은 광장이 아닌 아름다운 광장

아르바뜨 거리를 벗어나 붉은광장을 찾아가는 길.

얼마나 걸었을까.

걸어가다 국립도서관을 만난다.

러시아 최대 도서관이라 하지만 들어갈 생각은 없다. 들어가서 무슨 책을 찾아보겠으며 찾아서 어떻게 읽는단 말인가. 사실 이미 다리가 아파오기 시작하니 여기서 힘을 더 빼버릴 수 없다는 자각 때문이기도 하다. 만약 모든 일정이 끝난 시점에 나타났다면 내부 구경에 대한 욕망이 생겼을지도 몰랐다. 러시아 최대의 도서관 내부가 궁금하기도 하니까.

그래도 다리품을 조금은 팔아본다. 도서관 앞에 있는 동상 때문이다. 동상을 보기 위해 계단을 오르는데 비둘기들이 날아오른다. 그들이 남긴 똥으로 계단은 엉망이다. 날아오르는 비둘기를 보면서 환호를 하고 똥을 보곤 질겁하며 피한다. 몇 개의 계단을 올라 동상 앞에서 '셀카'를 찍는다. 그리고 동상을 찍는다. 그 아래 적힌 이름까지 넣어서. 동상의 주인공은 도스또옙스끼.

높새가 던져준 정보가 아니었다면 동상도 그냥 지나쳤을 것이다. 누군지도 몰랐을 테니까. 높새는 지난 밤, 붉은광장 가는 길을 찾느라 책과 지도를 봐가며 그녀만의 지도를 만들었다. 그 지도에 동상의 존재가 메모되어 있었다. 물론 도서관에 대한 정보도. 붉은광장 가는 길에 반드시 거쳐야 되는 큰 건물이 바로 국립도서관이었던 것. 내가 국문학을 전공한 사람이라 배려한 것이라고나 할까. 물어보지도 않고 좋을 대로 해석해 본다.

하여간 도서관을 쳐다보면서 그냥 지나가려는데 동상을 가리키며 말했다.

"도스또엡스끼인데 안 보고 그냥 가니?"

"그래? 아무리 바빠도 그건 보고 가야겠네."

반색을 하며 가던 걸음을 돌린다. 학창시절 읽었던 소설 주인공 이름이 아직도 머리에 남아있는 바로 그《죄와 벌》의 작가라니. 높새는 아마도 내가 기뻐할 줄 알고 있었는지도 모른다.

러시아 알파벳을 익혀간 덕분에 그 이름을 확인할 수 있었다. 더듬거리며 이

국립도서관과 도스또엡스끼 동상

름 하나 읽은 것이 그렇게 기쁜 일인가? 하지만 소리까지 내어 읽어나가는 발음이 익숙한 바로 그 이름으로 귀에 들어오자 절로 웃음이 나온다. 많이 아는 것이 기쁜 것이 아니라 알아가는 것이 기쁜 모양이다. 처음 한글을 깨우칠 때의 기쁨이 이런 것이 아니었겠는가 짐작해본다. 무엇이든 익숙해지는 순간 가치도, 신선함도 사라지는 것인가. 그렇지만 익숙함이 주는 편안함이란 가치도 있지 않은가. 결국 익숙해진다는 것은 편안함을 얻는 대신 신선함을 잃어버리는 것인가.

스치는 생각을 뒤로 하고 계단을 내려온다.

씨스뜨라가 기다리고 있는 곳으로.

높새는 지도를 보며 손가락을 들어 어느 방향을 가리키고 있다. 갈마와 하늬가 그 방향으로 눈을 돌린다. 높새의 손가락이 향한 곳 어디쯤에 붉은광장이 있을 것이다. 내 눈엔 아무것도 보이지 않는다. 도대체 입체도 아닌 종이에 적힌 지도를 보고 어떻게 건물이 가득한 입체적인 길을 찾아간다는 것인지. 참 신기한 세계의 사람들이다.

높새는 이후로도 밤마다 다음 날 가야 할 곳의 교통편이나 길을 찾느라 격무에 시달린다. 신기한 세계의 사람에게도 그 일이 마냥 쉽진 않은 모양이다.

+ + +

붉은광장이 아름다운 이유는 주변을 둘러 싼 건물 때문이라는 걸 깨닫는다.

아득하게 펼쳐진 돌바닥 자체도 아름답지만 광장을 둘러싼 수려한 건물들이 없었다면 아름다움은 쓸쓸함으로 끝났을지 모른다. 광장을 이루는 수많은 네모난 돌. 그저 단순하고 단단한 하나의 돌로는 절대로 이룰 수 없는 어떤 생명력을 얻었지만 그것만으론 쓸쓸하다. 광장을 따라가던 눈길이 마지막으로

국립도서관 앞 도스또옙스끼 동상

갈 곳은 어디인가. 광장의 끝에 이르면 허공을 헤맬 것이 아닌가. 허공을 헤매는 눈길을 막아주는 무엇이 있어야 광장은 비로소 온전해진다.

그리고 광장은 모름지기 사람이 모이는 곳. 사람이 모일 수 없는 광장은 더 이상 광장도 아니고 의미도 없다. 그래서 광장은 들판 가운데 존재하지 않는 것이다. 도시의 중심이나 사람들이 모이기 쉬운 곳에, 언제나 사람들을 불러 모을 수 있도록 공간을 비워두는 것이다. 그래서 광장은 비워진 채로도 아름다워야 하고 북적거릴 때는 더욱 아름다워야 하는 의무가 지워진 곳.

붉은광장은 그 자체로 사람들을 끌어 모으는 힘이 분명히 있는 곳이다. 하지만 그 힘을 마력으로 변화시키는 수호자가 따로 있으니 그것이 바로 광장을 둘러싼 건축물들.

질리지 않는 광장의 꽃, 성 바실리 성당.

오가는 사람들에게 묘한 기대감과 활력을 주는 우아한 굼 백화점.

역사를 돌아보게 하고 자신을 돌아보게 하는 크렘린.

광장의 중앙에 서서 눈길을 돌려보면, 나를 둘러싼, 아니 광장을 둘러싼 멋진 건축물들이 시선을 받아준다. 시선이 어디를 향할지라도 결코 방치하지 않는다. 그래서 쓸쓸하지 않은 아름다움에 젖어 있을 수가 있는 것이다. 비록 광장에 홀로 서 있더라도.

그런데 '붉은광장'이라니.

광장과 전혀 어울리지 않는 이름이다. 잘못 번역한 결과라 하니 다행이라 해야 할지도 모르겠다. 하지만 오역인 채로 세월이 흐르면 어떻게 될까. 되돌릴 수 있는 절호의 기회가 저절로 올까. 오역의 결과가 나한테 일어난 일이었다면 얼마나 어처구니없고 억울했을까. 한시바삐 누명을 벗고 싶어 안달했을 것이다. 하지만 광장은 인간의 판단에 마음이 흔들리는 존재가 아니다. 어차피 인간이 지은 이름. 이름이 본질을 흐리지는 못한다. 그러니 광장이 영혼을 가졌다 해도 아무런 상관이 없을지도 모르겠다.

광장의 영혼과는 상관없이 인간인 내 마음은 괜히 답답하다. 처음 광장의 이름을 짓고 불러주었던 사람은 내 마음과 같을지도 모른다. 그래서 조그맣게 소리 내어 원래의 이름으로 불러본다.

아름다운 광장!

대답을 하듯 아름답게 다가오는 광장이다.

그런 광장을 두고 '붉은광장'이라니.

'붉은광장'은 러시아어로 '끄라스나야 쁠로쉬찌.'

'끄라스나야'는 현재 '붉은'으로 번역되지만 원래 '아름다운'이란 뜻도 있다고. 아마도 번역자는 사회주의 하면 떠오르는 색인 '붉은'으로 해석하면서 아무런 의심이 없었을지도 모르겠다. 냉전시대에 태어나 공부를 했던 사람이라면 더구나. 이제 오역임을 알았으니 고쳐 불러주는 게 마땅할 것 같은데, 그게 언제가 될지 궁금하다.

성 바실리 성당

모스크바 크렘린(마스꼽스끼 끄례믈)

학창 시절, '크레믈린'이란 별명을 가진 아이가 있었다.

'도무지 속을 알 수 없는 사람'이란 의미로 그렇게 불렸다. 그 시절 우리들에게 사회주의는 그런 의미였다. 러시아가 아닌 소련이었던 그때, 소련이란 나라만큼이나 그 나라 정치의 중심이었던 '크렘린'도 온통 깜깜한 비밀이었다. 신비에 싸인 비밀이 아니라 알려진 것이 없어 그저 두려울 수밖에 없었던 검은 비밀. 알지 못하는 것에 대한 불안만큼 불신도 커서 꿈에도 크렘린을 볼 수 있다는 생각은 해보지 않았다. 하지만 세월이 흐르고 세상이 바뀌고 비밀의 베일이 벗겨진 지금, 찬란한 보석별과 붉은 벽돌의 아름다운 배열에 감탄한 채, 나는 서 있다. 두려움 그 자체였던 크렘린 앞에서 설레고 있는 이 마음은 도대체 무엇이란 말인가.

'크렘린'이나 '크레믈린' 모두 영어식 표기에 따른 발음이라는 것은 나중에야 알게 된다. 그러니까 사실 러시아엔 '크렘린'이 없다. 그렇게 발음하면 아무도 알아듣지 못한다. 있다면 '끄례믈'이 있을 뿐이다.

'끄례믈'은 제정 러시아 시대에 만들어진 '도시의 성채'를 말한다. 특히 모스크바에 지어진 끄례믈은 14세기에 이반 3세가 건축한 뒤로 제정 러시아 황제들의 거주지가 되었고 지금도 러시아 정부의 여러 기관이 들어와 있다. 그러니 역사적인 건축물인 동시에 현재도 사용되고 있는 생생한 문화재인 것이다. 그래서 끄례믈, 하면 모스크바 크렘린(마스꼽스끼 끄례믈)을 지칭하는 경우가 일반적이다.

크렘린으로 들어가기 위해 사람들이 몰려가는 곳으로 따라 간다.

우선 입장권을 구입해야 하니까.

관광지에선 정보보다 눈치가 한 수 위인 경우가 많다. 정보를 믿지 못하느냐고? 당연히 믿는다. 그러나 참고할 뿐이다. 정보는 만고불변의 진리가 아니다. 늘 달라질 수 있는 것이 정보다. 그리고 달라지지 않는 정보가 제대로 된 정보 구실을 하겠는가. 박물관, 전시관의 정보도 늘 바뀐다. 전시물이 교체되기도 하고 전시실이 옮겨지기도 하며, 입장권 가격이 달라지고 출입구 위치도 달라질 수 있다. 심지어 유명 건축물이 해체되어 다른 곳으로 옮겨지는 경우도 있다. 비록 최신의 정보를 갖고 있다 하더라도 바로 그날 일은 알 수가 없지 않은가. '가는 날이 장날'이란 속담이 하루아침에 그냥 생긴 것이 아닌 것이다. 알고 보면 오랜 경험과 엄청난 철학이 담겨 있는 위대한 말씀이다. 그러니 정보를 맹신하지도 말고 그렇다고 무시하지도 않는 선의 융통성을 열어두는 것이 좋다. 특히 여행지에선.

뜨로이쯔까야 망루 쪽에 크렘린으로 들어가는 입구가 있다고 하는데, 사진으로 확인한 망루가 눈에 잘 들어오지 않는다. 처음 본 서양인 얼굴이 잘 구분되

모스크바 크렘린

지 않는 것처럼 모든 망루는 비슷해 보인다. 적어도 미묘한 차이의 아름다움까지 알아보려면 좀 더 시간을 투자해야 할 것 같다.

사실 여행이 끝나갈 때쯤에는 확실히 보는 눈이 많이 달라진 걸 느꼈다. 한눈에도 수려하게 다가오는 건축물이 있었고 그 감탄엔 일리가 있었다. 사람마다 미의 기준이 다르지만 또 누구나 감탄하게 하는 보편의 기준이란 것도 있으니까. 그래서 걸작이란 이름을 붙일 수 있는 것이 아닌지. 그런 의미에서 내 눈은 드디어 러시아 건축물의 걸작을 알아볼 정도로 보는 감각이 세밀해져 있었던 것이다.

드디어 뜨로이쯔까야 망루를 발견한다.

사람의 행렬을 따라가니 거기 망루가 있었다. 정말로 눈치가 승리한 것이다. 시야가 넓은 높새가 저 멀리 보이는 높은 망루를 가리킨다. 꼭대기에 오각형 보석별을 날고 있는 붉은 몸통의 망루가 햇살 아래 우뚝 솟아 있다. 햇살도 망루도 눈이 부시다.

아, 하지만 망루 앞에 길게 늘어선 사람의 줄.

모스크바 크렘린

망루를 찾았다는 기쁨도 잠시, 금세 기가 꺾이고 만다.

햇살은 이미 맹렬한데 그 타오르는 햇빛 아래 고스란히 노출된 채 서 있어야 하는 것이다.

난 못하겠다. 땡볕에 줄 서긴 싫어.

나만 엄두가 나지 않는 건 아니다. 누구도 선뜻 줄을 서자고 나서는 사람이 없다. 씨스뜨라는 햇살 속의 긴 줄을 망연히 바라보고만 있다. 어떤 결정이든 내려야 하는데 난감하다. 오직 크렘린 궁으로 들어가기 위해 걸어왔던 길이고, 지금 그 길의 끝이며, 궁의 시작점에 와 있는 것이다. 입구를 앞에 두고 돌아서서 어디로 가야 한단 말인가. 묘안이 떠오르지도 않지만 결코 줄을 설 마음도 없다.

차라리 안 보고 만다.

아니 지금은 아니다.

언젠간 줄이 줄어들겠지.

현재의 상황을 피하고 싶은 마음에 눈길을 돌린다. 주변엔 나무도 많고 나무 그늘 아래엔 벤치도 있다. 벤치마다 한가로이 앉아 있는 사람들. 그들도 우리처럼 줄 설 엄두가 나지 않아서 그러고 있는 것인가. 내가 벤치를 살피며 두리번거린다.

"우선 좀 앉아서 생각할까?"

갈마가 반가운 제안을 한다. 기다렸다는 듯 앞장 서 벤치로 간다. 내가 앞장 설 때는 딱 이럴 때뿐이다. 쉬는 자리를 발견했을 때.

아픈 다리가 편해지고 바람도 시원하다.

비로소 새롭게 파악되는 상황.

여유를 가져야 보이는 것이 있다.

벤치에 앉아 있는 사람들은 관광객이 아니다. 대개 공원에 놀러 나온 러시아인들. 물론 관광객들도 더러 섞여있긴 하지만 그들은 잠시 앉았다 일어난다. 목적지가 따로 있는 까닭이다. 그들에게 공원은 거쳐 가는 곳. 그래서 대부분은 크렘린으로 들어가기 위해 줄을 서 있거나 입장권을 사는 곳에 몰려 있다. 그리고 그제야 파악한다. 우리가 앉아 있는 벤치 뒤에 있는 유리 건물이 입장권 판매소라는 걸. 망루 앞의 긴 줄은 입장권을 구입한 사람들의 입장 대기 줄이었다.

현재 우리가 있는 곳의 위치는 알렉산드로프 정원. 모스크바 최초의 시민공원이기도 한 정원 안에 크렘린 티켓오피스가 있는 것이다. 분명 가이드북에서 읽었을 테지만 조금 전까지 그 정보는 없었던 것과 마찬가지였다. 아무에게도 떠오르지 않았던 기억이었으니까. 벤치에 앉아 책자를 펼치고서야 기억이 났고 저마다 혀를 찼다.

갈마와 함께 티켓오피스로 가서 크렘린 입장권을 구입한다. 입장권이 다양했지만 '사원광상 빛 성당'이라고 쓰인 표를 구입한다. 성인 500루불. 가장 간단한 걸 구입한 이유는 어차피 넓은 궁전 안을 샅샅이 본다는 게 불가능할 것 같아서이다. 작정하고 돌아다니면 점을 찍듯 구경할 수는 있겠지만 그럴 마음은 없다. 그렇게 본다 해서 기억을 할 수 있는 것도 아니고 느낌 없는 기억 또한 무슨 의미가 있겠는가.

표를 사서 나오니 크렘린 입구의 긴 줄이 사라지고 없다.

알고 보니 입장 시간이 되지 않아 기다리고 있었던 것.

여유를 가지고 움직인 보람이 있다.

크렘린 안에는 군인들이 많았다.

사실 가장 색달랐던 풍경이었다.

여행객이 다닐 수 있는 길이 아닌 곳에는 반드시 군인들이 있었다. 그리고 군인들의 지시에 순응하는 시민들. 익숙하지 않은 풍경에 비로소 체제가 다른 나라란 느낌이 몸에 와 닿는다. 다니지 않아야 할 길에 들어서면 어김 없이 제지를 당하는데 관광객의 표정과 현지인의 표정이 사뭇 다르다. 불편한 표정이 스치는 관광객과는 달리 시민들의 표정은 당연한 듯 아무렇지도 않다. 너무나 순한 모습이다. 그런 모습에 많은 생각이 스친다. 크고 억세게 보였던 러시아 사람들. 아니 그런 생각은 정말 편견이었던 지도 모르겠다. 러시아에 대한 많지도 않은 정보조차 왜곡된 정보가 아니었는 가 하는. 유럽에 대한 정보에 비하면 정말 가난한 정보인지도 모른다. 그렇다면 그들의 순한 모습의 진실은 어디에 있을까. 사회주의 체제 속에서 길들여진 모습인지, 아님 이들에 대한 생각이 정말 편견이었던 것인지.

자꾸만 생각이 달라지고 있다.

공원에서 책을 읽고 있는 시민들을 보면서.

사람을 대하는 그들의 태도를 보면서.

더구나 그들이 만들어낸 문학과 무용과 음악을 생각하면.

예술을 사랑하는 민족임에는 틀림없지 않은가.

예술은 신의 영역이라는데.

신의 영역을 사랑하는 사람들.

절로 사색하게 만드는 사원광장.

금빛의 아름다운 둥근 지붕.

단순하고 우아한 선으로 이어진 궁전의 담장.

망루 꼭대기의 보석별.

궁전은 아름다웠고 아름다움을 대하는 심정은 복잡했다.

성 바실리 성당

참 예쁘다!

정말 독특하다!

볼수록 아름답다!

보면 볼수록 정말 예쁘고 특별하고 아름답다!

성 바실리 성당(흐람 바실리야 블라줸노보) 앞에 1시간가량 머물면서 생긴 느낌의 변화이다. 내내 감탄했지만 이처럼 느낌은 시시각각 요동쳤다.

그것은 타지마할처럼 둥실 떠올랐다.

그렇게 큰 건물이 그렇게 가볍게. 더구나 결코 뜰 수가 없지 않은가.

하지만 성 바실리 성당은 광장 저 멀리에서 색색의 풍선처럼 떠올랐다.

붉은광장에 들어서는 순간 눈은 그곳을 향해 달려갔다.

그건 어디서나 보이는 신기루 같은 건지도 모른다. 기대할 필요도 설명을 들을 필요도 없는 건지도 모른다. 정말 위대한 것은 말이 필요 없다는 증거같이 거기에 있었다. 그리고 난 정말 아무런 정보 없이 그곳에 갔고 존재를 눈으로 보고 난 뒤에야 비로소 그 이름을 물었고 알았다. 어디선가 떠들었겠지만 머리에 담겨 있지 않았다. 요즘 세상엔 정보가 너무 많아 정보 구실을 하지 못하고 있으니까. 어차피 사람에겐 한 끼에 한 그릇의 밥만 있으면 된다. 수백 수천 그릇을 갖다 준다 해도 한꺼번에 위 속에 담을 수는 없다. 먹을 수 없는 밥은 용도의 가치가 없는 것처럼 머리에 담기지 않는 정보는 정보가 아닌 것이다. '성 바실리 성당'에 대한 정보도 그렇게 흘러가는 정보 속에 들어있었을 것이다. 너무 많은 것이 한꺼번에 오면 오히려 정작 필요한 것을 놓치기 십상이니까. 동시에 날아오르는 박쥐 무리 속에서 사냥감을 선택하는 것이 힘든 것처럼.

하여튼 모든 판단을 초월한 곳에 성 바실리 성당이 있었다.

부활의 문을 통과하자마자 아득한 넓이를 자랑하며 눈앞에 나타난 붉은광장.

광장을 이루고 있는 직사각형의 수많은 돌.

돌바닥을 눈으로 더듬는 순간 눈길을 끄는 강력한 그 무엇.

마치 황제가 신하를 부르듯 당당하고도 힘차게 당기는 힘.

나는 자석에 쇠붙이가 끌려가듯 그에게 다가간다.

감히 눈길도 돌리지 못한 채 천천히. 그러나 착실하게.

광장을 메운 엄청난 인파도 보이지 않았고, 크렘린의 긴 담장도 보이지 않았고, 굼 백화점의 위용도 보이지 않았다. 오직 저 멀리 덩실 떠 있는 황홀한 풍선만 보였다. 오른쪽 붉은 담장이 크렘린 궁전이고, 왼쪽의 엄청난 규모의 건물이 굼 백화점이란 건 나중에야 알았다. 크렘린과 굼 백화점의 미적 가치를 무색하게 만드는 것이었다. 그만큼 아무것도 보이지 않았다.

성 바실리 성당

8개의 양파 모양의 지붕은 같은 듯 모두 다르고 높이도 색도 무늬도 다르다. 다양함 속의 조화가 말할 수 없이 아름답다. 화려하다고 말하기엔 눈부시지 않고, 아름답다고 말하기엔 너무 신비하고, 예쁘다고 말하기엔 너무 고상하다.

중앙의 제일 높은 첨탑 꼭대기는 황금의 양파.

지금은 금이 곧 돈으로 환산되는 이유로 가치가 높겠지만 원래 가치는 그것이 아니었음이 분명하다. 아무리 보아도 황금의 가치는 찬란함이다. 변하지 않는 찬란함이 황금의 진짜 값이 아닐까. 지금 훌쩍 날아오른 높이로 푸른 창공에 떠있는 금빛 구체는 하늘 아래 가장 아름답다고 말한다. 눈부신 태양과 그보다 더 눈을 시리게 하는 하늘에 밀리지 않는 찬란함으로 존재를 뽐낸다. 절로 고개가 숙여지고 입이 벌어지는 당당한 아름다움이다.

고개를 조금 숙이면 또 다른 감탄 속으로 이끄는 녹색 다각 지붕의 첨탑들. 참으로 신비한 녹색이다. 색채가 주는 신비함인지 그런 색채로 치상된 모양과 선의 아름다움이 내뿜는 신비함인지 구분할 수는 없다. 아니면 그 색채는 바로 그곳에 있어야 할 색이었는지도 모르겠다. 도저히 따로 존재할 수 없는 운명 같은. 운명은 참 무거우면서도 신비한 것이니까.

이제 눈길은 조심스럽게 녹색의 지붕을 벗어난다.

아니 벗어난 게 아니라 다른 것에 붙들린다. 겨우 큰 숨을 길게 내쉬는 짬을 얻었을 뿐이다. 생색내지 않겠다는 듯 침착한 채도의 붉은 벽돌 몸체. 몸체는 조심스럽게 존재를 드러낸다. 고요히 절을 하고 얼굴을 든 신부 같은 얼굴로 나를 본다. 자세히 보아야 예쁘고 더 자세히 보면 또 다른 세계로 몰입하게 만드는 세부 조각과 무늬가 몸체를 그윽하게 덮고 있다.

눈을 잠시 감고 심호흡을 한다.

잠깐 쉬어가고 싶다. 계속될 감탄에 대한 대비책이다. 하지만 쉬지 못한다. 감은 눈 속에서 색채들이 춤을 춘다. 예쁜 사탕들이 즐비한 사탕가게다. 맞다! 무

붉은광장

늬도 색깔도 다른 색색의 양파 지붕은 앙증맞고 알록달록한 사탕 같지 않은가.
그렇게 큰 건물의 지붕이 사탕이라니. 하지만 아기자기하고도 우아한 아름다움
이 분명 거기에 있다. 어른들의 동화가 있다면 그런 모습일까.

　눈을 뜬다.

　아, 동화의 나라다!

　아이의 마음도 어른의 마음도 훔쳐갈 환상의 세상이 눈앞에 있다.

　성당은 시간을 두고 천천히 둘러보아야 한다.

　코앞까지 다가갔다 물러나기를 여러 번.

　그럴 때마다 또 다른 모습을 발견하곤 한다.

　사진으로 담아놓으면 더욱 감탄스럽다.

　기회가 있어 다시 온다 해도 여전히 무섭도록 정신을 홀릴 게 분명했다. 그래
서 성당의 건축에 관련된 무서운 이야기는, 나에겐 더 이상 터무니없는 이야기

가 아니게 되었다.

러시아 황제 이반 4세는 타타르족의 왕국, 카잔한국을 물리친 기쁨을 기념하고 싶었다. 그래서 뛰어난 건축가를 불러 성당을 짓게 했다. 성당은 지은 지 5년 만인 1560년에 마침내 완성된다. 완성된 성당은 완벽했고, 황제는 그 아름다움에 완전히 취했다. 그리고 그 아름다움은 이 성당만이 가져야 했다. 그래서 더 이상 다른 곳에 이와 같은 건축물을 짓지 못하게 하기 위해 건축가의 눈을 멀게 했다고.

물론 건축가의 눈을 멀게 했다는 이야기는 근거가 없다고 한다. 그리고 난 성 바실리 성당을 보고 나서야 가이드북에서 이 글을 읽었다. 아마 보기 전에 읽었다면 웃어넘겼을지도 모른다. 아니 그런 이야기가 눈에 들어오지도 않았을 것이다.

그런데 지금,

전설 같은 이야기에 고개를 끄덕인다. 그건 믿음의 차원과 다른 문제이다. 그

런 무서운 이야기가 만들어진 이유를 수긍한다는 의미다. 어떤 말로도 표현해
내지 못한 아름다움이었던 모양이다. 어떤 단어로도 표현할 길이 없는 답답함
이 만들어낸 이야기가 아닐까. 강렬한 감동을 강렬하게 드러낼 단어를 발견하
지 못한 사람들이 궁여지책으로 선택한 방법. 그리고 끔찍한 이야기는 강렬한
감동을 전할 수는 없어도 강렬한 자극을 주는 데는 성공한 셈이다.

전설이 될 만큼 지독하게 아름다운 건물.

전설 같은 이야기를 먼저 읽고 성당을 보게 된 여행객들일지라도,

끔찍한 이야기가 주는 것보다 더 강렬하고,

더욱 오래 남을,

감동을 받을 것이,

분명한 건축물이었다.

그런데 그날 밤.

이런 생각을 하며 잠이 들었다.

지금은 러시아의 자치공화국이 된 카잔.

타타르인에게 성 바실리 성당은 어떤 의미로 다가올까.

그들의 눈에도 성 바실리 성당은 그토록 아름다울까.

슈퍼마켓 찾아 삼만리

크렘린의 담장 외부를 따라 축조된 계단에 앉았다.

성 바실리 성당을 향해 있는 곳이라 사람들이 많다.

몇 개의 계단을 오르다 뒤를 돌아보니 절로 고개가 끄덕여진다. 성당은 전혀

새로운 모습으로 시야로 뛰어든다. 처음 보는 것처럼 또 놀란다. 사람들이 그렇게 앉아 있는 이유가 거기에 있었던 것이다.

내려다보이는 성당의 발치. 고개가 아프도록 젖힐 필요가 없는 각도에서 볼 수 있는 보석처럼 반짝이는 성당의 지붕들. 눈을 가늘게 뜨고 하늘을 향하면 파란 하늘에 색색의 풍선이 가득 떠있는 것 같다. 정말 지겨운 줄 모르고 앉아 있게 되는 곳이다. 정해놓은 시간이 있었던 건 아니지만 계단에 앉아 시간을 많이 보낸다. 그래서 더 이상, 어딜 가볼까, 하는 고민을 할 필요가 없어졌다.

바실리 성당에서 오늘의 일정을 끝내기로 한다.

숙소로 돌아가는 방법은 올 때처럼 도보.

그런 결정을 내린 시간이 오후 3시.

벌써? 싶겠지만 씨스뜨라는 충분히 지쳤다. 집을 나선 시간을 생각한다면 빠른 귀가도 아니다. 점심을 먹느라 앉아있었던 30분 정도를 빼면 내내 어딘가를 돌아다니고 있었으니까. 그리고 집에 도착할 때까진 일정이 끝난 게 아니다. 돌아가는 시간이 얼마나 걸릴지 정확히 아는 사람이 아무도 없으니까. 가장 지름길을 찾고자 하겠지만 그것도 어디까지나 소망. 실현까지는 시행착오가 얼마든지 있을 수 있다. 지하철역이나 버스정류소를 찾느라 걸어야 하는 시간을 감안하면 아예 걷는 것이 낫겠다는 판단을 한 것. 물론 택시를 이용하는 방법이 있다. 하지만 아무도 택시를 탈 마음은 없어 보인다. 떠나기 전부터 씨스뜨라의 머리를 지배한 '택시 조심'의 경고등이 아직 켜져 있는 상태인 모양이다. 아주 급한 상황이 아니면 아무래도 씨스뜨라가 택시를 탈일은 당분간 없어 보인다.

하여간 씨스뜨라는 지금 걷는 것이 제일 속편하다는 결론 상태에 있다.

내가 할 일은 그저 마음을 단단히 먹고 뒤를 따르는 것.

그렇다. 우린 어제 모스크바에 도착했다. 그리고 다음 날 이렇게 걸어서 붉은

광장까지 진출한 것이니 이것만으로도 위대한 것 아닌가. 말도 설고 물도 선 땅에서 말이다.

분명 3시쯤 숙소를 향해 출발했는데 집에 도착해 시계를 보니 5시.
돌아오는 길에 슈퍼마켓을 찾느라 고난의 시간을 보냈기 때문이다.
다리가 너무 아프고 지쳐서 멀미가 날 정도가 되어 집으로 기어들었다.

지도상에 있는, 분명 그곳에 있어야 할 슈퍼마켓이 보이지 않았다. 같은 길을 몇 번이나 돌았는지 모른다. 러시아 말로 묻기도 했는데 가보면 아니었다. 나중에 알고 봤더니 우리가 찾아서 사용했던 단어는 음료나 과자를 파는 작은 가게를 뜻하는 것이었다. 하여간 천신만고 끝에 슈퍼마켓을 찾긴 찾았다. 찾고 보니 몇 번이나 지나왔던 곳에 있었으니 얼마나 허탈했을까. 상점은 큰 건물의 반 지하에 위치해 있었다. 지상에 있는 매장이었으면 진열창 안으로 들여다보이기라도 했을 텐데. 그 앞에 서서 몇 번이나 둘러보고 살피면서도 몰랐던 것이다.

들어가 보니 엄청나게 큰 규모였다. 그렇게 넓은 매장에 비해 입구는 턱없이 작았으니 모르면 그냥 지나치기 딱 좋았다. 매장 입구에 적힌 간판 글씨는 알고 찾아가는 사람에게도 보이지 않을 것 같았다. 그러니 그저 간판을 찾고 있었던 외국인에겐 있으나마나였다.

그렇게 애타게 찾았던 슈퍼마켓에 들어섰을 땐 아무런 의욕도 남아 있지 않았다. 밥도 싫고 물도 싫고 그냥 눕고만 싶었다. 자주 쉬기만 했어도 이처럼 피폐하지 않았을 테지만 그럴 수가 없었다. 이 골목만 돌면, 저만큼만 가면, 나오지 싶기도 했거니와 도시 한가운데 쉴 만한 장소도 없었기 때문이었다. 일정의 마지막 한 시간이 나에게 지독한 악재로 작용했다.

그래도 인간의 정신은 악재보다 더 지독한 모양이다. 당나귀나 소는 정말 힘들다 싶으면 꿈쩍하지 않지만 인간은 좀 다르다. 몸을 움직이게 하는 정신력이란 것이 있는 것이다. 그리고 난 씨스뜨라의 밥 담당이다. 요리를 잘해서가 아니라 나보다 나은 사람이 없기 때문이다. 오직 이 단체에서만 내가 요리사로 활약한다. 한심한 현실이다. 변변치 않은 체력과 변변치 않은 솜씨를 기꺼이 견뎌야 하는 그들에게도 나에게도 한심하고 슬픈 현실임에 틀림없다.

초인적인 힘을 발휘하여 장을 본다. 오늘은 기필코 음식을 하는 데 필요한 기본적인 재료를 사야만 한다. 음식 목록이 내 머리에 들어있어야 하지만 머리는 지금 백지 상태. 오직 내 눈이 요행히 재료를 발견해야만 한다. 쌀. 달걀, 오이. 눈에 들어온 것들 중 필수품이라 생각되는 것들을 주워 담는다. 그것으로 어떻게 할 수 있을 것 같다. 더 이상 다른 것을 살필 여력이 정말 없다. 쓰러지지 않고 버티는 몸이 원망스러울 지경이다. 내가 의욕을 잃고 있는 사이에 과자 몇 봉지가 더 담긴다. 지치고 배가 고픈 그들이 고른 것들이다.

집으로 들어서는 순간 모두 각자의 잠자리에 드러눕는다.

나갔던 정신을 돌아오게 하는 방법은 몸을 쉬게 하는 것.

사람은 먹는 것으로만 에너지를 얻는 게 아니다. 휴식으로도 충전한다.

아무도 말이 없다.

시간이 흐른다.

드디어 적어도 저녁을 해먹을 만큼의 에너지가 모인다.

나는 기운을 내어 일어난다. 내가 일어나 주방으로 가자 갈마가 따라 들어온다. 높새도 뒤이어 들어온다. 얼마나 거창한 저녁을 먹자고 주방에 세 사람씩이나? 옳은 선수가 없으니 오합지졸이라도 이루어야 한다. 그리고 오합지졸 속에서도 질서를 찾아내는 것이 씨스뜨라의 숨은 힘이다. 내가 무엇을 할 것인지 결정해서 식탁 위에 꺼내놓으면 그들이 다듬고 썰고 썬다. 사실 난 무얼 할 것인지 먼저 머리를 굴리는 것뿐이다. 그리고 정말 중요한 것이 있다면 갖추어지지 않은 재료로 우리나라 음식 흉내를 내는 것. 그것이 여행지에서 주방장을 하게 만든 나의 능력이다.

하지만 오늘은 재료가 갖추어지지 않은 정도가 아니라 재료가 없다고 해야 할 판이다. 내가 식탁 위에 올려놓은 건 달랑 오이 한 가지. 식탁을 슬쩍 훑어보는 높새의 눈에 실망의 빛이 스친다. 높새에게 맛없는 것보다 싫은 맛은 똑같은 맛이기 때문이다. 그래도 불평의 말은 못한다. 상황이 상황이기 때문. 난 눈치를 챘지만 속으로 웃고 만다.

갈마는 아무런 변화가 없는 표정으로 오이를 만지며, 깎을까? 한다. 표정으론 생각을 읽을 수가 없다. 어쩌면 맛에 대한 상상을 하지 않는지도 모르겠다. 그녀는 생각의 켜기와 끄기가 잘 되는 사람이니까. 미리 당겨서 걱정을 하지도 않고 과거를 곱씹지도 않는다. 어쩌면 우리 중 가장 당면한 현실에 충실한 사람인지도 모른다.

하늬는 궁금한 표정으로 주방으로 왔지만 아무 생각이 없는 표정이 되어 서 있다. 식탁 위에 있는 재료가 그녀의 상상력을 끌어오기엔 너무 빈약한 것 같다. 음식 재료가 제대로 갖추어져 있지 않으면 자기는 아무것도 할 수가 없다고 미리 말한 바 있다. 그래서 그녀의 표정은 이 상황에서 보일 수 있는 당연한 것이다. 자신의 말에 책임을 지는 표정이라고나 할까.

사실은 모두가 본연의 모습에 충실한 중이다. 저녁 메뉴는 아직 내 머리 속에만 있기 때문에 모두들 오이 한 가지로 저녁을? 하는 의구심을 품고 있는 것이 당연하다. 재료가 턱없이 가난하다는 것은 나도 인정한다. 너무 피곤해서 대충 장을 본 것도 있지만 다른 중요한 이유가 있었다.

모스크바 숙소엔 사흘을 묵는다. 내일 하루 더 자고 나면 짐을 싸야 하는 것이다. 그러니 아쉬운 대로 먹는 게 좋을 듯했다. 음식 재료가 남으면 짐스럽기도 하거니와 양념 같은 건 밀봉을 잘한다 해도 옷가지가 든 여행가방 속에 함께 넣기는 그렇다. 그래서 사실은 가지고 간 유일한 양념인 고추장, 된장 포장을 뜯지 않기로 마음먹고 있었다. 물론 이건 어디까지나 나 혼자만의 결심이고 발표하지 않은 채 실천에 옮긴다.

그렇다고 양념 없는 저녁을 먹은 건 아니다.

정말 아무런 대안이 없었다면 고추장 포장을 뜯었을 것이다. 적어도, 구더기 무서워 장 못 담는, 그런 여자는 아니니 말이다. 우리에겐 하늬의 고추장 양념이 있었다. 잣과 매실즙을 넣어 버무린 고추장이다. 가리는 음식이 많다보니 비상용으로 준비한 것이다. 그걸로 오이 무침이 가능했다. 그리고 냄비 밥을 짓고 가져온 라면 하나를 끓여 국 대신 식탁에 올려놓았다. 고향냄새가 물씬 나는 식탁이 차려진 것이다. 어찌하였든 국과 밥과 반찬이 있는 저녁이었고 식탁을 마주한 그들의 표정에서 비로소 의구심이 사라졌다. 익숙한 수저질을 할 수 있다는 것만으로 이미 마음이 푸근해진 건지도 모르겠다. 밥을 입에 먼저 넣고, 젓가락으로 반찬을 집고, 숟가락으로 국물을 퍼먹는 식사법.

고국에서야 참 듣도 보도 못한 상차림이겠지만 이게 외국에선 통하는 것이다. 찰기가 없는 밥도 구수하고, 고추장 색깔만 나도 침이 고이는 오이무침에, 라면 국물은 얼큰하고 시원하다. 고국에선 도저히 통하지 않을 맛에서도 고향을 느끼는 것이다. 익숙한 것과 멀어진 곳에서는 음식이 '맛있다' '맛없다'가 아닌 '고향냄새가 나는가', '이국 냄새가 나는가'가 더 중요해지는 것 같다.

어둠 속에 벨이 울리고

8시 30분경 인터폰 벨이 울렸다.

하루 종일 걸었고, 저녁을 먹은 뒤였고, 마음과 몸이 완전히 풀려 있었다.

낯선 집에서 울리는 벨소리.

아는 사람도 없는, 찾아올 사람이 없는 곳.

짐작도 할 수 없는 이유를 떠올려야 했기에 모두 눈만 동그래졌다.

갈마가 현관 앞으로 가서 인터폰을 받았다. 무슨 말이 오고 갔는지는 듣지 못했다. 그리고 대화는 아주 짧았다. 현관 쪽으로 귀만 쫑긋하고 있는 우리에게로 돌아온 갈마의 얼굴이 심각하다. 우리는 눈으로 묻는다.

무슨 일?

"경찰이라면서 문 열라는데요?"

이게 무슨 청천벽력!

"경찰? 왜? 영어로 그렇게 말하더라고?"

"처음엔 러시아 말로 뭐라 하길래 영어로 누구냐 물었거든요. 그랬더니 '아임 폴리스먼 오픈더도어(I am policeman. Open the door.) 하던데요.

띵----.

우리 모두의 머리에서 아마 그런 소리가 났을 것이다.

온갖 생각이 빛의 속도로 뇌리를 스쳐간다.

우리가 떠들었나? 아닌데? 혹시 라면 냄새 때문에? 에이 아니지, 러시아에 우리나라 '도시락' 라면이 얼마나 많이 팔리는데. 그러면 무엇 때문에? 동양 사람들이 아파트에 드나드는 걸 보고 주민들이 수상하다고 신고했나? 어머나, 경찰에 끌려가면 어떡하지? 말도 안 통하는데? 아, 맞다! 이럴 때 우리나라 영사관에 전화를 해야 되는 건가?

"어떡할까요? 문을 열면 안 되겠죠?"

"그건 안 되지."

갈마의 물음에 셋이 합창을 한다.

"그럼 나 혼자 밑에 내려가 볼까요?"

"그건 더 안 되지."

또 합창을 한다.

아파트 공동현관 출입문 밖으로 혼자 나가본다는 것이다.

공동현관문은 입주자들이 가지고 있는 시크릿 카드가 있어야 출입이 가능하다. 물론 공동현관 앞에 호출기가 있어 필요하면 아파트 내부 인터폰 기기로 열어줄 수가 있게 되어 있다. 우리나라 아파트와 같은 구조니 낯설지도 않다. 하지만 우린 아파트 내부에서 공동현관문을 열어주는 방법을 모른다. 사샤가 그건 가르쳐주지도 않았거니와 물을 일도 없었다. 물론 인터폰 장치를 들여다보면 방법이야 알아낼 수도 있겠지만 지금은 그게 중요하지 않다. 일단은 공동현관문을 열어주는 것은 아니다, 에 모두 동의한 상태다. 공동현관문을 열어주면 신분이 확인되지 않은 누군가가 아파트 건물 내로 들어오게 된다. 그가 우리가 묵고 있는 7층 숙소 현관 앞에 서게 하는 일은 없어야 했다.

모두 얼음 상태로 몇 초가 지난다.

진퇴양난은 이럴 때 쓰는 말이던가.

밖으로 나갈 수도 없고 마냥 이렇게 갇힌 듯 있어야 하는 것도 불안하다.

또 별별 생각이 다 지나간다.

러시아에선 이런 일이 흔한가. 종종 경찰의 방문을 받는 건가. 우리가 몰라서 이러고 있는 건가. 형식적인 방문이 이루어지고 나면 그냥 지나갈 일을 크게 만들고 있는 건 아닌가.

"사샤 전화번호라도 알아 둘 걸."

높새가 말한다.

"안톤에게 전화 해보지?"

하늬가 갈마에게 말한다. 안톤은 집주인이다.

"안톤은 지금 러시아에 없는데요? 여행 중이라 친구 사샤를 보낸다 했거든요."

"그래도 전화로 물어볼 수는 있지 않나?"

다시 하늬의 질문.

"한 번도 전화 통화는 한 적 없는데. 이메일로만 소통하고. 전화는 이상하게 안 받더라고요."

갈마의 답.

"그러면 이메일 한 번 보내 보지?"

높새의 요청.

갈마가 노트북 컴퓨터를 들고 와 컨다.

그러는 사이 시간이 흐르고 우리의 마음도 진정이 되어갔다. 왜냐하면 더 이상 인터폰이 울리지 않는 걸 깨달은 것이다. 정말 경찰이라면, 정말 우리에게 볼일이 있다면, 분명 독촉하는 인터폰이 한 번은 더 울렸을 것 아닌가.

"누군가가 장난친 건지도 몰라."

높새가 한결 누그러진 목소리로 말한다.

"경찰이 걸어 올 리가 없잖아. 경찰서가 아파트 단지 내부에 있는 것도 아니고. 그런데 밖엔 경찰차도 없고 경찰차 출동 소리도 나지 않았던 게 이상하지 않아?"

소심하게 커튼을 조금 걷고 밖을 내려다보던 높새가 또 그렇게 말한다.

"맞아. 더 이상 인터폰도 안 울리고."

안심하는 내 목소리.

그러는 사이에 갈마가 보낸 이메일에 안톤의 답이 왔다.

우리가 떠들거나 큰 소리를 내지 않았냐고.

아니라고 답을 보낸다.

곧바로 다시 답이 온다.

그렇다면 장난친 건지도 모르니 걱정 말고 기다려 보란다.

정말 장난이 맞는 모양이다.

그러는 사이 9시가 되었다.

누군가의 장난이거나 실수로 결론을 맺는다.

하지만 한참동안 가슴이 진정되지 않았다.

낯선 곳.

그 말이 차가운 비처럼 섬뜩하게 느껴진 밤이었다.

낯선 곳이 두려워지는 이유 하나를 새롭게 깨닫게 된 밤이기도 하다.

동포가 없는 곳. 말이 통하지 않는다는 것. 호소할 데가 없다는 것. 밖에 있는 사람 하나만 낯선 게 아니라는 것. 그를 포함한 모두가 낯선 곳에 내가 있다는 것. 그 모두가 적이 될 수도 있다는 불안한 자각. 그것이 고국과 타국이란 이름이 주는 차이였다.

불안한 상상이 결코 현실이 되는 일이 흔하지 않을지라도 낯선 곳에서의 불안은 고독감이나 객수(客愁)와는 분명 달랐다. 고독감이나 객수가 낭만이 되려면 신변이 안전하다는 믿음이 있어야 가능한 건지도 모르겠다.

〈 떠나기 전에 2 〉

러시아행이 결정되었어.

하지만 혼자 할 수 없는 결정이었어. 그래서 혼자 했던 황홀한 상상은 상상으로 만족해야 했지. 그렇다고 절망적인 상황을 맞이했단 뜻은 아니야. 황홀한 상상 속엔 어차피 '아, 인생이 어디 계획대로, 뜻대로 되는 것이던가.' 하는 한탄이 포함되어 있었으니까. 그리고 그런 한탄쯤은 지나가는 바람소리로 듣게 되지. 사춘기도 아니고 장년기도 아닌 갱년기가 되면 말이야.

사실 불가능한 걸 알면서도 상상을 해보는 건 내 특기야. 상상의 즐거움 속에 머물고 싶어서 불가능한 현실을 애써 외면하는 거지. 막무가내로 돌진하는 성격이 아니라 지금까지 무사히 살아올 수 있었던 지도 모르겠어. 상상대로 실행했다면, 벌써 오래 전에 지구촌 어느 곳에서 길을 잃고 헤매는, 영원한 나그네가 되어 있을지도 몰라. 방향감각이 제로거든. 그런 주제에 혼자인 시간을 좋아해서 자꾸 혼자 하는 일을 즐기게 되는 것 같아. 혼자만의 방에 앉아 읽고, 쓰고, 잠시 쉴 때도 혼자인 것이 편하고 말이야. 심지어 드라마도 혼자 볼 때가 제일 좋아. 하지만 여행은 그럴 수가 없었어. 특히 해외로 나가는 여행은 더욱 그랬어. 낯선 곳에서 혼자 보내는 시간을 갖고 싶지만 소원으로만 남아 있지. 겁이 많거든.

이 나라에서 몇 십 년을 살고도 아직 길 떠나기 두려운 길치인 내가 언어도 통하지 않는 나라에 혼자 간다니. 상상조차 두려운 것이었어. 그리하여 결국 자주 여행을 다니던 친숙한 사람들과 뭉치게 되었으니, 이때 이미 짐작은 어느 정도 했어야 했지. 고난의 행군이 되리라는 걸.

하지만 과거는 언제나 추억이 되는 것. 그리고 추억은 대체로 아름답게 남게 되지. 그래서 고난의 여행 기억도 아름다운 추억이 되어버렸는지, 떠나기 전에는 제법 낭만적인 감상에 젖어있을 수 있었어. 그리고 이들과 같이 갔던 많은 여행이 얼마나 힘들었는지 잠시 접어둘 수 있었던 확실한 이유가 있기도 했어. 러시아행은 나의 발상에서 시작되었기 때문이야.

난 분명히 그렇게 말했지.

"쌍뜨뻬쩨르부르그에 일주일 정도 집을 얻고 싶어."

"그래?"

"그곳에서 매일 박물관에 갈 거다."

"그러지 뭐."

분명히 나의 뜻을 전달했고 그 뜻을 받아들이는 분명한 대답을 들었어. 하지만 어느 정도 각오는 해야 했어. 여행 경비를 몽땅 대주며 가는 여행도 아니고 그들의 재미와 호기심도 당연히 권리가 있으니까 말이야. 물론 어느 정도 각오도 했지. 미술관에만 어떻게 가겠는가. 일정의 반 정도는 다른 곳도 봐야지. 이만하면 많이 양보한 거겠지? 속으로 그런 계산도 했지만 입 밖으로 내진 않았어. 나의 소망을 더 이상 빼앗기고 싶진 않았으니까. 괜히 미리 말했다간 더 깎으려 들 것 같아서였어. 그렇지만 그것도 착각이었지. 대단한 착각이었어.

하긴 1대 3 결투에서 하나가 셋을 이긴다면 서부영화의 영웅 아닌가?

그걸 내가 몰랐단 말인가? 모르긴 왜 몰랐겠어. 내 특기인 상상 속으로 도망친 거지. 알면서도 현실로 나오기 싫었던 거야. 사실을 말하면 원래부터 결투의 상대가 못되었어. 그들이 아니라 내가 말이야. 상대는 대단한 총잡이들이야. 거기에 비하면 난 칼잡이도 못되지. 명사수 총잡이들과 결투를 벌인 삼류칼잡이가 어떻게 되었겠어. 두 말하면 잔소리 되시겠다.

이쯤에서 총잡이들의 면면을 잠깐 소개해도 괜찮을 것 같아. 아주 간단하게 할 거야. 남다르다 싶은 개성을 소개하는 정도로 말이야. 어디까지나 취미나 습관 같은 것이지. 나이는 대략 밝히려고 해. 나이를 모르면 이해하기 어려운 점이 있을 것 같아서야. 10살 어린이가 혼자 세계 여행을 했다는 것과 30살 청년이 세계 여행을 했다는 것은 아주 다르게 다가올 수 있으니까 말이야.

그렇다고 나이를 자랑하고 싶은 것도 실수를 덮어달라는 의미도 아니야. 나이를 알면 실수가 이해가 되고 이해가 되어야 마음껏 웃을 수 있으니. 그저 쉽게 공감이 되어 웃고 즐기길 바라는 마음에서야. 비슷한 나이의 독자라면 웃는 데도 눈물이 좀 날지 모르겠어. 슬픈 공감이 될지도.

그리고 본명 대신 별칭을 지었어. 본명을 멋대로 쓸 수가 없으니까 말이야. 모두 '바람'을 뜻하는 우리말이야. 어딘가로 떠나는 '여행'과 어딘가로 흘러 다니는 '바람'이 제법 어울리는 것 같지 않아? 앞에서 이미 나왔으니 새삼스런 이름은 아닐 거야. 하지만 이름치곤 참 이상하다 싶었겠지? 그리고 이제 그 의문은 풀렸으리라 생각해.

하늬

+ 예순 후반 여자.

+ 별명은 '직진 순재.' 목적지가 정해지면 빠른 걸음으로 옆도 뒤도 안 보고 직진하는 습관이 있음. '꽃보다 할배'란 텔레비전 프로그램을 본 사람이라면 금방 이해가 갈 것임.

+ 여행을 좋아함. 새로운 것을 보는 것에 마음이 열려 있는 반면, 먹어보지 않은 음식엔 마음을 좀처럼 열지 않음. 즉, 가리는 음식이 많음.

+ 계획 속에 있는 행선지는 가야 한다는 생각이 강하니 될 수 있으면 계획을 느슨하게 잡아두는 것이 하늬와 함께 여행할 때의 요령이기도 함.

+ 나이로 편리를 누리려는 마음이 전혀 없고 어떤 일이든 솔선수범함.

높새

+ 예순 초반 여자.

+ 그림 보는 것을 좋아함. 여행지 박물관이나 미술관에서 도록을 반드시 구매하는 버릇이 있어서 돌아올 때는 항상 여행 가방이 엄청 무거워짐. 가끔 짐이 넘어오는 경우가 있으니 각오해야 함.

+ 여행보다 여행가기 전 계획 수립을 더 즐김. 그래서 대체로 숙소를 정하고 예매하는 등, 여행 전반의 일을 총괄하게 됨. 결과적으로 매번 스스로 떠맡은 업무에 시달리는 과오를 저지름. 진짜 별명은 '내 눈 내가 찔렀어.'

+ 똑같은 일을 하거나 똑같은 음식을 계속 먹는 걸 싫어함. 새로운 음식에 호기심을 폭발시키지만 맛있게 보이는 것에 너무 집착해 음식 선택에 실패가

많음.

+ 약을 많이 가지고 다니며 조금만 아프다 하면 자기식의 처방대로 약을 권함.

갈마

+ 쉰 중반 여자.

+ 움직이는 것을 좋아함. 머물러 있으면 시들해지고 길만 나서면 물에 담가놓은 상추처럼 싱싱해짐.

+ 세상에서 제일 재미없는 일은 같은 일을 같은 장소에서 계속 하는 것이고, 세상에서 제일 재미있는 일은 다른 일을 다른 장소에서 하는 것. 그래서 조기퇴직 후 거의 늘 여행 중임.

+ 가리는 음식이 없고 특히 새로운 음식을 맛보는 데 집착함. 음식에 대한 호기심은 단지 먹어보는 데 대한 호기심이며 만들어 보고자 하는 호기심은 전혀 없음.

+ 기분의 변화를 강렬하게 드러내는 법이 없음. 쉽게 말하면 벌컥 화를 내는 법이 없다는 것. 그래도 예민한 사람은 그녀의 미묘한 기분 변화는 알아챌 수 있음.

나, 소슬

+ 쉰 중반 여자.

+ 가리는 음식이 없어 해외 여행하기 편리하지만 체력이 그 편리함을 자주 상쇄시킴. 늘 체력을 기르는 일에 매달리지만 늘 체력 고갈에 시달림.

+ 산책과 글 쓰는 작업이 적당히 이루어지는 균형을 바라고 있고, 여행 중에도 움직임과 사색의 시간이 적당히 주어지길 바라는 소망이 있음.

+ 여행 중 음식을 만들 일이 있을 때 주방장 역할을 함. 요리 솜씨가 좋아서가 아니라 요리법에도 없는 방법과 재료로 음식을 할 융통성이 있어서임.

셋째 날
5월 4일, 수요일

적응력

6시가 조금 넘어 일어난다.

하루 만에 완벽 적응인가.

어제 아침만 해도 잠을 설치고 새벽에 깨버렸는데.

'처음'이란 의미를 다시 생각해보게 된다.

어제는 낯선 곳에서 처음으로 맞이한 아침이었다. 그리고 오늘은 처음이 아니다. 내일도 모레도 처음이 될 수 없다. 수많은 날을 이곳에서 보낸다 해도 다시는 처음을 맞이할 수는 없다. 그래서 '처음'이란 말은 문자로써가 아니라 생생한 실체로 다가온다. 하루 만에 모습을 바꾸고 '익숙한'이란 의미로 대체된 것이다. 어떤 일을 하더라도, 어떤 사람을 만나더라도, 어느 곳을 다닐지라도, 결코 두 번은 허락하지 않는 '처음.'

말이 의미하는 책임을 이처럼 철저하게 실천하는 단어가 있을까 싶다.

아침에 눈을 뜨는 순간 이미 어제와 너무 달랐다.

아, 아침이구나!

그러면서 눈을 떴다.

오늘 아침은, 수없이 맞이했던 평소의 바로 그 아침이었던 것이다.

하늬는 벌써 화장실행.

창가에 매트리스를 깔고 잤던 높새가 일어나 커튼을 걷는다.

갈마가 "잘 잤어요?" 인사를 한다.

하늘이 바다처럼 푸르고 맑다.

저런 맑은 하늘이 순식간에 먹장구름에 가려진다니.

오늘은 가끔 소나기가 내린단다.

하지만 믿을 수 없다. 겪어보고도 믿기지 않을 만큼 너무나 청청하다.

화창한 하늘에 순식간에 구름이 몰려오고 비가 쏟아지면서 기온이 갑자기 뚝 떨어졌다. 불과 몇 분 사이에 여름이 겨울로 돌변하는 느낌이다. 그러니 결코 옷을 가볍게 입고 나가면 안 된다는 걸 알고 있다. 오늘은 어떤 옷을 입으면 잘 입었다고 소문이 날까. 더위에 지치지 않고 추위에 재빨리 대응할 수 있도록. 이것이 가장 중요한 포인트다. 머릿속에 내가 가지고 온 옷들이 지나간다. 하지만 구체적으로 옷을 골라보는 단계에서 생각은 흐지부지 사라진다. 세찬 드라이어 소리에 날아가 버린 것이다.

하늬의 몸단장 첫걸음은 머리말리기. 아니 곱슬곱슬한 파마머리를 부드러운 컬로 펴며 말리는 것. 곱슬한 머리를 다 펴자니 시간이 꽤 필요하다. 그래서 하늬는 업소용 큰 드라이어를 들고 다닌다. 작은 건 도무지 성에 차지 않는단다. 숙소에 드라이어가 있어도 들고 다니는 이유는 오직 성능 때문이다. 옷가지를 줄이는 한이 있어도 드라이어를 빼놓진 않는 것이다.

그래서 하늬와 여행을 하게 되면 드라이어 걱정은 아예 하지 않아도 된다. 심지어 나도 여행지에선 종종 드라이어를 쓰곤 한다. 쓰기 좋은 편리한 곳에 보란 듯이 놓여있기 때문인 것 같다. 집에선 어쩌다 쓸 일이 있어도 포기하게 된다. 감기 기운이 있어 빨리 말리고 싶을 때조차도. 사용하지 않는 것은 자꾸 깊은 곳으로 밀려들기 마련이다. 내 작은 드라이어도 서랍 깊은 곳에 잠들어 있다.

높새는 어디서든 드라이어 존재에 관심이 없다. 수건으로 털고 끝. 빨리 말리고 싶으면 부채나 선풍기를 선택한다. 반면에 갈마는 신이 났다. 사실 그녀는 평소엔 드라이어로 말리며 숱을 살리는 기술을 부린다. 하지만 환경에 적응하는 타입. 필요하지만 여행지까지 갖고 다닐 정도는 아니란 말씀. 있으면 좋고 없음 말고. 아마 그런 심정일 것이다. 그래서 하늬님 드라이어 사랑의 최고 수혜자는 갈마님 되시겠다.

드라이어 소리를 신호삼아 갈마가 화장실로 출두한다.

머리를 말린다는 것은 화장실 사용이 끝났다는 것. 높새가 그 다음이고 내가 마지막으로 썼을 것이다. 누가 정한 순서냐고? 각자가 좋아하는 순서이지 않겠는가. 왜 그런지 몰라도 항상 이 순서. 굳이 이유를 대라면 못 댈 것도 없다. 무덤도 핑계가 있는데 산 사람이 둘러댈 핑계 하나 없겠는가.

하늬는 아침잠이 없고 제일 먼저 일어나니까 1등.

갈마는 높새와 내가 잠자리에서 빈둥거리고 있으니까 2등.

높새는 갈마가 먼저 들어갔으니까 3등.

나는 아침을 먹어야 볼일을 보니까 4등.

적어놓고 보니 좀 웃기는 핑계긴 하지만 거짓은 아니다.

갈마가 화장실에 가고 나서야 비로소 높새와 내가 일어난다.

높새가 아침엔 큰 활약을 한다. 커피를 뽑는 중요한 일이 그녀의 일이다. 이것도 언제부턴가 그렇게 되었다. 여행을 떠날 때 높새의 가방에 반드시 있는 것은 커피가루와 거름종이. 그것만 있으면 아쉬운 대로 언제 어디서나 커피를 내릴 수 있다. 그래서 이젠 여행지에선 아주 당연하게 '높새표 아침 커피'를 기다린다. 높새의 커피는 하늬의 드라이어와 같은 것이다.

높새가 커피를 내리는 동안 나는 어제 사다 놓은 빵을 썰어 전자레인지에 돌린다. 이 빵으로 말할 것 같으면 어제 아르바뜨 거리에서 아침을 먹었던 집에서 산 것이다. 감동도 불만도 없었던 식사를 끝내고 나오려는데 멜론보다 큰 둥그런 빵이 자꾸 눈에 들어왔다. 사가지고 갈까? 갈마와 내가 눈이 맞아 빵 앞으로 갔다. 처음엔 하나를 통째로 살 작정이었다. 4명이나 되니까 두고 먹으면 되겠지? 그런 계산이 있었다. 빵을 손으로 가리키니 주인이 반으로 잘라 줄까? 하는 손짓을 해보였다. 그렇게도 파는 것인가 보다. 그렇다면 반만 사자. 맛도 모르는데 말이지. 갈마와 재빨리 합의를 하고 고개를 끄덕였다.

주인이 반을 잘라 봉지에 담아주는데 만두처럼 속을 가득 채운 빵이었다. 참치 냄새가 났다. 아마도 러시아인이 식사로 즐겨먹는 빵인 모양이었다. 그래서 가장 잘 보이는 진열장에 놓여 있었으리라. 사실 바게트처럼 겉이 딱딱하고 속은 그냥 말랑한 빵인 줄 알았다가 좀 놀랐다. 정말 통째로 샀다간 큰일 날 뻔했다는 심정으로 둘이 웃었다. 그렇게 큰 빵이 참치로 가득 채워졌으니 바게트처럼 많이 먹히진 않을 테니까 말이다.

그 빵을 어제 갈마가 하루 종일 백팩에 넣어 지고 다녔다. 점심으로 먹을까 해서 사놓았지만 마땅히 앉아서 먹을 데가 없었고 사실 참치로 속을 채운 빵은 하늬와 높새의 취향이 아니었다. 그래서 푸대접을 받으며 가방 속에 잠들어 있었던 것이다. 문제의 빵은 어제 집으로 들어오자마자 냉장고로 들어가 서늘한 밤을 보냈다.

그리고 드디어 새 아침을 맞이하게 되는데.

전자레인지에서 나와 따끈해진 빵은 맛도 냄새도 좋았다. 물론 그 좋은 맛과 향은 갈마와 내게만 해당되는 모양. 냄새 취향도 미적 취향만큼 다양해서 하늬에겐 그저 잡냄새에 불과하다. 높새도 참치를 넣은 김치찌개는 좋아하지만 빵과의 궁합은 별로인지 맛만 본다. 그래서 참치 빵은 다음날 아침까지 갈마와 내가 먹게 된다. 물론 높새와 하늬에겐 다른 빵이 있다. 어제 슈퍼마켓에서 장을 볼 때 식빵과 치즈를 샀다. 문제의 둥그런 빵이 잘라질 때 생선이 든 것을 알았으니까. 그리고 씨스뜨라 모두의 식성을 잘 알고 있으니까.

빵은 달라도 아침은 맛있게 먹는다.

각자의 입맛으로.

그리고 같은 커피로 목을 적시며.

+ + +

지금 실내는 지나친 난방으로 답답하다.

분명 밖은 서늘할 것이다. 최저 기온이 어제와 비슷하니까. 하지만 햇살 가득한 맑은 하늘은 서늘한 기온을 숨기고 있다. 심지어 더워 보인다. 보이는 것과 다르다는 것을 어제 충분히 몸으로 겪었지만 자꾸 보이는 대로 따라가려고 한다. 답답한 실내에서 외출복으로 갈아입고 있는 내 몸은 무거운 옷을 자꾸 거부하고 있다. 여름에 겨울 추위의 느낌을 강요받는 것만큼 옷 선택이 어렵다.

현재 상태에서는 웬만한 추위쯤은 눈도 깜짝 안하고 견뎌낼 수 있을 것 같다. 머리가 아무리 정확한 예측을 한들 무슨 소용이란 말인가. 몸이 도무지 공감을 하지 못하고 있는 현실에서 말이다. 머리와 몸의 불일치. 이런 이유로 유비무환이란 훌륭한 말씀의 실천이 인간에겐 어려운 것인가. 그래서 실천을 하는 인간이 그토록 칭찬을 듣는 것인가. 몸과 마음의 일치가 힘든 인간에게 언행일치는 특별한 덕목임이 분명하다. 그리고 난 지극히 평범했다.

결국 발목이 드러나는 가벼운 바지를 입고 집을 나선다.

하지만 아파트 밖으로 한 걸음 내딛는 순간 후회한다. 실내와는 완전히 다른 쌀쌀한 공기가 질책하듯 발목을 스친다. 그래도 다시 들어가진 않는다. 가방 안에 레인코트도 들어있고 스카프도 있으니까. 그리고 낮엔 기온도 더 올라갈 거니까. 그리고 지금이 뭐 한겨울인가? 위로하며 그냥 밀고나간다.

모스크바 투어버스

오늘은 모스크바 시내 투어버스를 타기로 한다.

중요한 관광지를 정해진 루트를 따라 순환하고, 정차하는 곳에선 언제든 내리고 다시 탈 수 있다. 때때로 소나기가 온다 하니 무척 탁월한 선택이 아닌가. 비가 오면 버스에서 내리지 않고 앉아서 눈으로 즐기리라. 야무진 예측도 해본다. 예측이 얼마나 허무하게 무너질 수 있는지 겪어보고도 앞날을 당겨서 보려는 버릇을 버리지 못한다.

모스크바 관광 이틀째이자 마지막 날.

높새가 아침을 먹으면서 물었다.

"모스크바에서 단 하루가 주어진다면 무엇을 보아야 할까?"

"붉은광장."

모두 그렇게 대답한다. 이미 보았으니까 나올 수 있는 답이다.

"그건 어제 봤으니까, 그 다음은?"

높새가 다시 묻는다. 하지만 곧바로 답이 나오지 않는다. 서로의 입만 쳐다보며 묵묵부답.

다른 사람이 어떤 심정으로 답을 못했는지 정확히는 모른다. 하지만 같은 현장에 있었던 내 심정은 밝힐 수 있다. 볼 것이 너무 많다는 것을 깨달았기 때문이다. 그리고 보지 못한 것에 대해선 답을 할 수 없어서였다. 높새의 이런 질문도 볼 것이 너무 많다는 걸 깨닫게 되었다는 증거다.

겨우 하루 만에 인식이 바뀐 것이다. 모스크바를 쌍뜨에 가기 위한 교두보쯤으로 두었던 자체가 웃긴 계획이었다. 물론 정해진 기한 속에서 크게 달라질 것도 없는 일정이겠지만 생각까지 짧을 필요는 없었다. 모스크바에 대한 우리의 생각은 짧았다. 아니 정확하게 말하면 너무 몰랐다. 하루 만에 실상을 깨닫게 된 현실 앞에 남은 날도 단 하루.

사진으로 보았던 것이,

말로 들었던 것이,

글로 읽었던 것이,

비슷하지도 않았다.

직접 보는 순간 그 모든 정보는 허무하게 날아가 버렸다. 모였던 구름이 흩어진 자리에 완전히 다른 찬란한 세계가 나타난 것과도 같았다. 붉은광장은 그런 세계였다. 그리고 그 세계만 이제 생생한 현실이 되었다. 이제 또 다른 생생한 현실이 될 어떤 곳을 말하라니 입이 열리지 않을 수밖에. 어차피 보지 못한 것은 구름에 가려져 있는데. 아니 함부로 말하지 못하게 되어버렸는데. 보아야 알게 되고, 알아야 이해할 수 있고, 이해가 되면 사랑하게 되는 모양이다. 그리고 사랑은 자꾸 함께할 시간을 요구한다. 하지만 우리에게 남은 시간은 하루.

답이 없을 때 사람들은 소망을 말한다. 내가 그랬다.

"모스크바는 언제 다시 날 잡아 와야겠다."

그런데 희한하게 이게 답이 된 모양이다. 높새가 비장한 목소리로 결론을 내렸다. 아마도 이미 지난 밤 궁리 끝에 내려놓은 결과일 것이다.

"내가 생각해봤는데, 오늘은 투어버스 타는 게 젤 좋을 것 같다. 사실 욕심을 내고 보니까 근교에 가 볼 데가 너무 많은 거야. 어딜 선택할지도 모르겠고. 근데 어딜 가든 하루는 다 잡아먹을 것이고. 그보다 지리도 교통편도 시원하게 알아낼 방법이 없어. 헤매다 오늘 중에 못 돌아오면 큰일이잖아. 시간이 많으면 까짓 아무 데서나 하루 자면 되지만 우린 내일 열차 예약이 돼 있으니까."

그렇게 오늘의 일정이 정해진 것이다.

스몰렌스까야 버스 정류장에서 투어버스를 기다린다.

기다리면서도 확신은 없다. 높새의 태도가 그랬기 때문이다.

붉은광장에 가면 확실하게 탈 수 있다는 건 모두 알고 있다. 빨간 2층 투어버스가 정차하는 걸 어제 붉은광장에서 보았기 때문이다. 하지만 거기까지는 멀기도 하거니와 높새가 조사한 바에 의하면 스몰렌스까야 버스 정류장과 아르바뜨 거리 앞에도 투어버스가 정차한다. 그래서 우리 숙소에서 가장 가까운 스몰렌스까야 정류장에 서 있는 것이다. 정보와 지도를 기초로 하고 자신의 예측을 합쳐 내린 결과라 '백퍼센트 보장은 못하지만 확실' 하단다.

말에 모순이 있다. 백퍼센트 보장을 못한다면서 확실하다니. 그건 높새의 말버릇이다. 그리고 말끝에 그녀의 진심이 들어있다. 그런 사실을 알고 있지만 신뢰도가 떨어지는 것도 사실이다. 리더의 확신에 찬 태도는 불안을 잠재우고 조직을 이끄는 데 꼭 필요한 덕목인지도 모른다. 물론 근거 없는 확신으로 조직을 수렁으로 끌고 간 역사도 왕왕 있지만.

20분쯤 지나가자 씨스뜨라 사이에 슬슬 동요가 일어난다. 높새는 조직원의 동요에 동요하고 있다. 자신감이 떨어지고 있다. 충분히 자신감을 가져도 되는 능력을 가지고 있으면서도 그렇지 않다. 하지만 그것도 성격이다. 근거 없는 자신감이 일으키는 문제에 비하면 귀여운 편이지만 자신은 어떻게 느끼고 있을까.

갈마가 가방에서 책을 꺼내 펴들고 버스를 기다리고 있는 한 여자에게 다가간다. 책에 사진으로 나와 있는 시티 투어버스를 가리키고 정류장을 가리키니 여자가 고개를 끄덕인다. 투어버스가 오는 곳이 맞는 모양이다. 손짓만으로 이루어진 소통이다. 진짜 소통의 즐거움은 말이 통하지 않는 곳에서 더 느끼는 것 같다. 갈마가 웃으며 기쁜 소식을 전하고 씨스뜨라의 표정은 다시 단순해진다. 오직 기다리기만 하면 되는 갈등 없는 얼굴이 된다. 높새의 표정은 변함없다. 그럴 줄 알았다. 아마 그런 심정의 표현일 것이다.

손짓 소통이 이루어진지 5분도 지나지 않아 빨간 버스가 우리 앞에 도착한다. 2층 버스를 코앞에서 바라보는데 가슴이 좀 설렌다. 이 나이에 그럴 일인가 싶지만 사실이다. 아마 심장이 뛰고 있는 한 설렘도 멈추지 않을 것이다.

그 순간, 고국에선 한 번도 타보지 않았던 시티 투어버스가 떠올랐다. 내가 살고 있는 곳 버스 정류장에 시티 투어버스가 지나다닌다. 빨간색의 2층 버스이다. 버스를 기다리다 보면 종종 보지만 가슴이 설렌 적은 없었다. 아주 무심히 지나보낸다. 내 관심은 오직 내가 타야 할 버스 번호뿐이다. 차라리 기다리던 번호의 버스가 올 때 감정이 조금 흔들린다고 해야겠다. 물론 설렘까지는 아니지만.

그러니까 설렘의 이유는 극히 개인적이다. 자신과 관계있는 일이나 상대라야 한다는 말이다. 아무리 풍광이 뛰어난 곳이라도, 아무리 잘생긴 남자라도 누구나 설레게 할 수는 없다는 말씀. 고국의 버스 정류장에서 만났던 투어버스는 당시 나와 관계없는 상대였던 것이다. 아마도 언젠가 내가 타보아야겠다고 마음먹는 순간 설레는 상대로 다가올지도 모르겠다.

들뜬 마음으로 버스에 오른다.

출입구 바로 앞자리에 앉은 남자가 인사를 하며 우릴 맞이한다. 버스에서 요금을 직접 받기도 한다더니 그런 역할을 하는 안내원인 모양이다. 갈마가 남자와 영어로 소통 중이다. 나는 돈을 낼 준비를 하고 옆에 서 있다. 한 사람당 1,000루불. 역시 책에서 봤던 요금과 다르다. 그 새 달라진 것이다. 정보는 늘 달라진다.

요금을 치르고 2층으로 올라간다.

2층 버스라고 좋아했으니 당연하다.

앞쪽 절반은 유리창이 있는 실내이고 뒤쪽은 지붕만 있는 실외 좌석이다. 우린 실외 좌석으로 간다. 실외 석엔 연인으로 보이는 젊은이 두 명만 맨 뒤에 앉아 있다. 골라잡을 수 있는 자리가 너무 많다. 그것만으로도 신이 난다. 그리고 투어버스는 어디까지나 창가에 앉아야 제 맛이다.

난간에 매달리듯 창가에 바싹 붙어 앉는다.

창가 자리 하나씩 차지하는 것만으로도 이렇게 신이 나다니.

버스가 곧 출발하고 우린 시내를 내려다보며 각자 사진 찍기에 바쁘다. 걷지 않아도 경치가 지나가니 얼마나 좋았겠는가. 어제와 완전히 달라진 신세에 한탄이 아닌 콧노래가 절로 나왔다. 아마 그때가 투어버스를 탄 보람을 가장 환상적으로 누렸던 시간일 것이다.

환상의 시간은 너무 짧았다.

아르바뜨 거리에 정차한 버스가 도무지 떠날 생각을 않는다. 정차 시간과 출발 시간이 정해져 있는 것이라 짐작되지만 실외 석에 앉아 있는 우리에겐 고역이었다. 시동을 건채 서 있는 버스 매연과 길거리 담배 연기에 고스란히 노출되어 있는 까닭이었다. 아마 여기서부터 감정의 내리막길을 타기 시작했는지도 모르겠다. 곧 출발하겠지, 하면서 기다린 것이 20분 정도. 그러는 사이 실내 좌석도 만석이 되어갔다. 실내로 들어갈 기회조차 사라진 것이다.

듣기 좋은 꽃노래도 한두 번이라고.

아무리 아름다운 것이라도 계속 접하게 되면 무디어지는 것이 인간의 감각인지라, 내려다보며 사진 찍는 것에도 시들해진다. 아르바뜨 거리가 훤히 보이는 곳에 정차를 했을 때만 해도 환호하며 사진을 찍어댔지만 20분이 되어 가는 시점에서도 카메라를 놓지 않고 있는 사람은 높새밖에 없다. 그 열정에 박수를 보낸다.

마침내 인고의 기다림이 끝난다.

버스가 출발하고 기대감이 조금 높아진다. 하지만 기대감은 더 이상 움직이지 않았다. 정말로 시내만 뱅뱅 도는 버스에서 보는 경치는 신선할 게 없었다. 어제 발로 걸으며 너무나 자세히 보았던 탓인지도 모르겠다. 보았던 곳을 다시 주마간산 하는 느낌이라고 해야 할까. 버스를 탈 때만 해도 보고 싶은 곳이 나오면 언제든 내리기로 했다. 누가 제안하는 곳이든 묻지도 따지지도 않고 내려서 보기로. 그리고 다시 타면 되니까. 하지만 아무도 제의하는 사람이 없었다.

그리고 정말 갑자기 비가 왔다.

집을 나설 때의 염려가 현실이 되는 순간이었다. 기온이 뚝 떨어졌다. 비옷을 꺼내 입고, 스카프를 머리에 쓰고, 목에는 손수건까지 매야 했다. 그래도 추웠다. 특히 발목이 많이 시렸다. 발목 드러나는 바지를 입는 게 아니었다. 발목을 서로 맞대고 비비며 추위와 싸웠다. 내일부턴 절대로 이 바지 안 입는다. 결심도 했다.

비가 오는 바람에 도중에 내릴 수도 없게 되었다. 그래서 계획이 바뀌었다. 우선 정해진 코스를 한 바퀴 돌아보자고. 그래야 전체 코스를 파악할 수 있지 않겠냐. 그리고 나서 시내 중심가에 내려서 점심을 먹고 다시 타자. 미리 봐두었기 때문에 원하는 장소 선정이 더 쉬울 것이다. 그때 내려서 보고 싶은 곳을 보자. 그렇게 의견을 모았다.

결정이 되고 난 뒤엔 한없이 비 오는 거리를 구경했다.

비는 가늘었다 거세었다 하며 제법 내렸다.

비 오는 거리는 좋았다.

비 구경은 언제 어디서나 좋다. 특히 비 오는 날이면 이상하게도 버스를 타고 싶어진다.

그 소원이 모스크바에서도 실현되었다.

버스를 탄지 1시간 40분쯤 후에 붉은광장에서 하차.

비는 그쳐 있었다.

우린 점심을 먹기 위해 붉은광장을 걸어 지나갔다.

지하궁전, 끼옙스까야

점심을 먹고 오후에 다시 투어버스를 탄다.

타자마자 또 비가 오고 바람이 분다. 하늘이 도우는 건지 훼방을 놓는 건지 모르겠다. 지금은 분명 우릴 보우하고 있는 거지만 계속 비가 오면 내려서 관광하기가 곤란하다. 어찌하였건 비가 후득이기 시작하는데 버스를 탈 수 있어 우선은 다행이랄 수밖에.

비가 오니 또 춥다. 비옷을 입고 있는 상태지만 실외가 이젠 싫다. 하지만 실내엔 자리가 없다. 플라스틱 실외 좌석은 얼음장처럼 차다. 엉덩이가 너무 시리다. 급기야 배까지 아프다. 찬 기운이 설사를 부르는지도 모르겠다. 집에 갈 때까지만 참아다오. 내 몸에 부탁을 한다.

빗방울이 가늘어진다.

이번엔 아르바뜨스까야 지하철역 앞에 내린다.

높새의 제안이다. 모스크바 지하철을 타봐야 하지 않겠냐고. 하지만 진짜 목적은 5호선 끼옙스까야 역을 구경하는 것. 그 역에 특별한 볼거리가 있단다. 그러나 지금 그 제안에 흥미가 없다. 몸이 자꾸 춥다. 빨리 일정을 끝내고 집으로 가고 싶은 마음뿐이다. 한기를 빨리 잡지 않으면 감기에 걸릴 것만 같다. 생각만 해도 싫다. 더구나 여행 중에 말이다. 자신도 괴롭지만 동행자 모두가 편치 않은 일이다.

하지만 지금 내 상태를 알린다고 해서 당장 할 수 있는 것이 없다. 임시로 찻집에 간다든지 하는 건 더 괴롭다. 어차피 집에 가야 하는 일이 남는다. 뜨거운 꿀차를 마시고 이불 속에 눕고 싶다. 그건 집이라야 가능하다. 입을 닫고 일정이 원활하게 진행되도록 협조하는 것이 소원을 이루는 가장 빠른 길이다. 그런 생각으로 다부지게 무장하고 적극적으로 따른다.

아르바뜨스까야 지하철역으로 들어간다.

매표창구로 가서 '끼옙스까야'라고 하니 알아듣고 표를 준다. 지하철을 이용하는 방법은 우리나라와 크게 다르지 않겠지만 조심스럽다. 실수가 싫은 것이다. 실수는 집에 가는 시간을 늦출 테니까. 열차를 타러 내려가는 길에 역무원에게 표를 보여주니 우리가 타야 할 방향을 가리켜준다. 손짓으로만 한 것이 아니라 같은 말을 몇 번이나 반복했지만 알아들은 말은 '끼옙스까야'뿐. 거길 가긴 가는 모양이다. 두 정거장만 가면 되는 것도 알았다. 손가락 2개를 펴 보이며 '끼옙스까야'를 외쳤으니까. 열차는 내려가자마자 탈 수 있었다. 운이 좋았던 게 아니라 모스크바 지하철은 배차 시간이 엄청 짧단다.

난 무얼 보러 가는지도 모르고 열차를 타고 내린다.

열차에서 내리는 순간 엄청난 인파에 밀려 걸어간다. 키가 커서 그런가? 속도도 무지 빠르다. 주변의 속도가 빠르니 덩달아 짧은 다리로 뛰다시피 걷는다. 이건 뭐 전쟁통 피난길도 아니고. 하지만 마음 놓고 불평할 여유도 주지 않는다. 급한 걸음으로 밀려간 눈앞에 나타난 에스컬레이터. 우와! 기절하게 가파르고 길고 빠르다. 내 눈에는 저 아래가 가물가물한 것이 100m는 될 것 같은데 그 정도는 아니라는 걸 나중에 알았다. 여기서 잠깐! 가이드북에서 찾은 정보를 밝히자면, 모스크바에서 가장 깊은 역은 '빠르끄 빠베드이.' 깊이는 84m란다.

에스컬레이터는 기차처럼 철커덕거리며 지하로 달린다. 드디어 끝이 보이고 내려서는 순간 사람들은 또 엄청난 속도로 걷는다. 에스컬레이터 속도가 그대로 이어지는 기분이다. 정신도 없이 사람의 파도 속에 휩쓸려간다.

드디어 5호선 플랫폼에 도착. 우린 플랫폼 벽면에 붙어 선다. 이리저리 바쁘게 걸어가는 사람들 때문에 어정쩡하게 서 있을 수가 없어서다. 모두가 움직이는 곳에선 멈추어 있는 것 자체가 진로방해가 된다. 사실 밀려드는 인파 속에 서 있는 것이 공포로 다가왔다. 인해전술이 상당히 무서운 전술이란 걸 조금 실감했다고나 할까. 학창 시절, 역사 시간에 '한국 전쟁'이 나오면 반드시 중공군의 인해전술도 나왔다. 아무런 감흥 없이, 그저 글자로만 배웠던 그 말이, 움직이는 인파 속에서 갑자기 실감나게 떠올랐다.

그런데 이런 곳에서 무얼 본다는 말인가.

벽에 붙어선 채로 내가 묻는다.

"무얼 보라고?"

높새가 말 대신에 손가락으로 어딘가를 가리킨다. 손가락이 향하는 곳을 따라간다. 벽면에 장식된 모자이크 벽화가 눈에 들어온다. 그러고 보니 벽과 천장이 예사롭지 않게 꾸며져 있다. 아름다운 벽화가 가득하다. 지하철 플랫폼을 장식한 모자이크 벽화라니. 참 대단하다. 하지만 제대로 감상하진 못한다. 사람들로 혼잡한 플랫폼을 어슬렁거리며 구경을 한다는 것 자체가 어불성설. 우리가 서 있는 곳 가까이 있는 벽화만 보고 떠나기로 한다.

모스크바 지하철 플랫폼은 역사마다 독특하고 아름다운 벽화 장식으로 유명하단다. 그래서 '지하궁전'이라 불리기도 한다는데, 우린 겨우 그 맛을 본 셈이다. 그래도 그게 어딘가. 맛을 기억하고 있는 한 다음을 기약할 수도 있으니 말이다.

다시 엄청나게 긴 에스컬레이터를 타고 지상의 세계로 나온다.

지상은 느린 속도로 흐르고 있다. 그제야 마음이 안정된다.

역 앞에 자연스럽게 사람의 발길을 끄는 분수 광장이 보인다. 씨스뜨라의 발걸음도 광장 쪽으로 향한다. 분수를 중심으로 둥글게 둘러싼 계단엔 사람들이 앉아 햇빛바라기를 하고 있다. 언제 비가 왔는지 모를 하늘이다. 우리도 햇볕을 쬐며 광장을 어슬렁거린다. 몸이 좀 따뜻해진다.

분수 광장 옆으로 강이 흐른다. 그리고 눈길을 사로잡는 거대한 다리. 다리의 규모 때문에 새삼 큰 강이라는 걸 깨닫는다. 하지만 다리가 눈길을 끌었던 이유는 온실처럼 온통 유리로 덮여 있었기 때문이다. 다리에 관심을 보이자 높새가 그 다리를 건너갈 것이라 한다. 다리를 건너 걸어서 집으로 갈 것이라고. 우리가 묵고 있는 아파트 앞에 강이 있는데 그 강이란다. 모스크바 강이라고 했다. 강 건너편에 숙소가 있다는 말이다. 정확하게 얼마가 걸릴지는 모르지만 적어도 1시간은 넘지 않을 거란다. 모스크바에 온지 사흘 만에 내 인식은 큰 변화를 보이고 있다. 1시간 걷는다는 말쯤은 예사로 들린다는 것.

푸른 강물을 가로지르는 유리의 왕국으로 향한다.

다리로 들어가는 유리문을 통과하자 바로 에스컬레이터가 눈에 들어온다. 에스컬레이터 옆에는 계단도 있지만 무조건 에스컬레이터에 오른다. 안은 온실처럼 후끈하다. 거대한 다리를 온통 둘러싼 유리집을 지은 이유를 알 것도 같다. 겨울이 긴 러시아의 공공건축물에서 본 국가의 배려라고나 할까. 그렇게 생각할 수밖에 없는 것이 온실처럼 유리로 감싸인 다리가 무지 많다니까 말이다. 강가엔 바람이 많이 불고 강을 가로지르는 다리에 부는 바람은 더욱 매서울 것이다. 특히 겨울바람은. 물론 오해나 무지가 불러온 결론인지도 모른다. 어디까지나 나의 자의적인 해석이니까.

유리로 덮인 실내를 걷다가 답답하면 실외 다리로 나가 걸을 수도 있었다. 걷다가 보니 실외로 통하는 문이 여러 개 있었기 때문이다.

유리문 밖으로 나갔다 들어왔다 하면서 긴 다리를 건넌다.

다리가 끝나자 강변길이다.

다시 강변길을 따라 걷고 또 걷는다.

분수광장에서 잠깐 쉬며 얻은 에너지는 다리를 건너면서 고갈되었고 또 춥고 배가 아프다. 그래도 집에 가는 일만 남았으니 얼마나 다행인가. 그것만이 위안이다. 웃음도 말도 잃은 채 걷는다. 오직 걷는 일에만 몰두한다.

드디어 눈앞에 아파트가 보인다.

끝이 있긴 있구나.

시간이 얼마나 걸렸는지 모르겠다.

높새 말대로 1시간은 넘지 않았겠지.

드디어 귀가.

바로 화장실로 뛰어들어 큰 볼일을 보고 뜨거운 물로 목욕.

수지침으로 발가락을 따고 뜨거운 꿀차를 한 잔 마신다.

배가 진정된다.

아무도 모르게 냉기를 몰아내는 데 성공한 것 같다.

저녁으로,

어제 먹고 남은 밥에 물을 부어 끓이고 계란찜, 오이무침, 김으로 반찬을 삼는다.

감자 요리와 굼 백화점

점심을 먹기 위해 중간에 시티 투어버스에서 내렸단 얘긴 했다.

붉은광장에 내린 씨스뜨라는 어떤 곳에서 무얼 먹었을까. 그 자세한 이야길 좀 해야겠다.

점심을 어디서 먹지?

버스에서 내리긴 했지만 그때까지 갈 곳이 정해지지 않았다. 번화한 곳이니까 식당도 많고 선택의 폭도 넓을 것이란 생각만 있었지 구체적인 계획은 없었던 것이다. 먹을 곳이 사방에 널려있어도 아무것도 결정되지 않은 채론 방향조차 잡기 힘들다. 씨스뜨라는 버스에서 내린 그 자리에 서서 잠시 고민에 빠진다.

하늬가 감자 요리가 어떠냐고 한다. 책에 소개되어 있는 유명한 곳이 있다고. 굼 백화점 근처란다. 모두가 찬성. 하늬는 감자를 매우 좋아하고, 높새는 싫어하지 않고, 갈마와 난 먹을 수 있게 요리된 것이라면 무엇이든지다. 높새와 갈마가 책을 보고 위치를 확인한다. 목표는 정해졌다. 다시 신나게 걷는다. 오래 앉아 있었더니 이 순간은 걷는 것이 시원하다.

지도가 말하는 위치에 책에서 설명한 식당이 없다. 높새는 식당이 있어야 할 곳에 다른 상점이 있단다. 그리고 그 상점 옆엔 아주 작은 식당이 있다. 간판에 감자 요리 사진도 있다. 그 거리를 몇 번이나 오갔지만 감자 요리를 하는 다른 식당은 없었다. 어쩌면 책에 소개되었던 유명한 그 집이 없어졌거나 축소되었을 것이라나. 이건 어디까지나 높새의 판단. 어찌되었든 우린 작은 그 식당에서 점심을 먹기로 한다.

사실 처음 지나갈 때 식당 안을 들여다보긴 했다. 그런데 앉을 자리가 없었다. 벽에 붙여놓은 선반 같은 테이블과 의자 네 개가 전부였는데 손님 둘이 차지하고 있었다. 중년으로 보이는 몸집 큰 러시아 여자 둘로 그 자리는 꽉 찼다. 원하는 곳이 맞는지 긴가민가한 마당에 너무나 협소한 데 놀라 얼른 나와 버렸다.

그리고 다시 헤매기를 10여 분. 신나던 걷기가 금세 풀이 죽었다. 점심때가 지났고 다시 기승을 부리는 햇살에 뽑아놓은 상추처럼 시들어가고 있었다. 이건 어디까지나 나를 기준으로 하는 말이다. 다른 이들은 좀 더 나은 식당을 찾아 헤맬 의지와 체력이 남아 있었는지도 모르겠다. 하여간 난 햇빛을 피할 수 있는 곳으로 들어가 앉고 싶은 갈망밖에 없었고, 저기라도 들어가서 먹을까, 하는 높새의 말이 구세주 같았다. 그래서 말이 떨어지기 무섭게 얼른 작은 식당 안으로 발을 들여놓았다.

음식을 포장해 나가는 손님이 들어서는 우리와 엇갈린다.

식당 안엔 기적처럼 아무도 없다.

너희들을 위해 준비했어, 라고 말하듯 의자 네 개가 빈 채로 놓여있다. 씨스뜨라가 거리에서 헤매는 사이 러시아 여자 두 분의 식사가 끝난 것이다. 아, 운명이란 이렇게 정해져 있는 것이던가. 점심 한 끼에도 운명을 들먹이며 카운터로 간다. 젊은 주인 여자가 카운터 뒤에 서서 우릴 본다. 웃지도 인사도 하지 않는데 이상하게 친절이 느껴지는 얼굴이다. 무덤덤한 얼굴에서 풍기는 따뜻함. 인

상 좋다는 말은 이럴 때 쓰는 것인가. 그런 생각을 한다. 그러고 보니 러시아에
와서 흔히 보던 인상이다. 큰소리로 인사하는 것도 아니고 웃으면서 맞아주는
것도 아닌데 나쁘지 않은 인상. 아니 잔잔한 친절을 느낀다고 해야 하나. 나만
의 느낌인지는 모르겠다.

상냥함도 냉정함도 없는 얼굴로 주인은 기다리고 있다. 말없는 기다림에 어
떤 독촉도 느껴지지 않는다. 우린 완성된 요리 사진을 쳐다보며 선택을 해야 한
다. 그 방법밖에 없다. 사진으로 보고도 무엇인지 모를 재료가 많다. 알지도 못
하고 먹어본 적도 없는 재료인 모양이다. 모르는 재료에 대해선 멋대로 온갖 상
상을 갖다 붙이며 우리말로 떠든다. 그래봤자 음식이 우리가 상상한 대로 달라
지는 것도 아닌데 말이다. 실컷 떠들고 난 뒤 주문을 할 땐 입을 다물고 오직 손
가락으로 한다. 카운터 위 벽면에 있는 요리 사진을 가리키는 것으로.

음식을 선택하고 나니 안에 들어가는 재료를 고르란다. 8가지나 되는 것들이
네모난 그릇 속에 각각 담겨있다. 아는 것이라곤 양파 다진 것뿐. 그것도 손가
락 주문으로 끝낸다. 그저 다양한 색깔을 선택해서 영양을 갖춘다는 느낌으로.

드디어 주문이 끝난다.

무지한 자들의 어려웠던 주문에 비해 요리방법은 아주 간단하다. 미리 익혀
둔 감자를 전자레인지에 데워 반을 자르고 그 속에 여러 가지 속 재료를 얹어
주는 식.

맛은?

삶은 감자 맛과 속에 넣은 재료 맛.

한 마디로 기억에 오래 남지는 않을 맛.

먹고 나니 또 볼일이 생긴다.

사람이 매일 해야 하는 중요한 일 세 가지는?

먹고, 내보내고, 자는 것.

그 중요한 일은 때와 장소를 많이 가리는 걸로 더욱 값을 올린다. 더구나 여자들에겐.

'볼일을 어디서 보지?'

점심을 먹고 밖으로 나온 씨스뜨라의 얼굴에 적힌 질문이다. 집에서 나온 후로 가지 못했으니 당연하다. 질문에 대한 답이 바로 나온다. 답이 그렇게 쉽게 나온 이유는 좀 있다 밝히겠다.

백화점 가자. 백화점 화장실이 제일 낫지 않겠어? 높새가 말한다. 맞네! 나머지 여자들이 맞장구친다. 장소가 아주 마음에 든 만족한 표정이다. 역시 장소를 많이 가린다. 먹는 일보다 더욱 까다로운 기준으로 선택하는지도 모른다. 그리고 꿈 백화점이 지척이니 얼마나 멋진 발상이냐. 정말 멋진 발상엔 군더더기 없는 만장일치가 이루어지는 법. 1초의 망설임도 없이 통일을 본다. 그리고 뒤를 잇는 다양한 제안들.

후식으로 달콤한 아이스크림도 하나씩 먹자.

백화점 내부 구경도 좀 하자.

어제는 너무 시간이 없어서 아쉬웠다.

맞다. 사진도 한 장 못 찍었네.

한 질문에 한 가지 답은 심심하다. 행동 하나에 결과 하나도 역시 매력 없다. 한 줄기 당겼을 뿐인데 주렁주렁 감자가 뽑혀 나와야 탄성이 터진다. 꿈 백화점 행은 그저 목적 하나로 결정된 것이 아니었던 것이다.

그렇게 씨스뜨라는 다양한 소원을 안고, 도랑 치고 가재도 잡는 곳을 향하여 행진한다.

+ + +

사실 어제도 굼 백화점엘 들렀다. 오늘과 똑 같은 이유로.

붉은광장에 가면 굼 백화점을 보지 않을 수가 없다. 그래도 들어갈 생각은 하지 못하고 있었다. 화장실 생각이 나기 전까지는. 백화점이 아니라도 광장에 너무 볼 것이 많았다. 광장 주변에 있는 볼거리 중 빼야 할 것이 있다면 백화점이라 여겼다. 실내가 아름답다 하지만 그래봤자 백화점이니까. 그렇게 순위에서 밀려나 있다가 화장실 때문에 잠깐 들어가기로 한 것이다.

그런데 들어가선 점심까지 먹게 되었다.

볼일을 보고 나니 비로소 배가 고팠고 다리가 너무 아팠다.

간절히 앉고 싶었고 편하게 앉아서 천천히 무얼 먹고 싶었다.

모두가 같은 심정이 아니었겠는가. 그 심정을 높새가 건드렸다. 백화점 안에 유명한 러시아식 뷔페식당이 있다고. 우린 그 말에 매달리듯 그러자 했다. 어차피 점심은 먹어야 하니 정말 괜찮은 결정이지 않은가. 일부러 식당을 찾아다닐 필요도 없고 말이지. 그리고 당시엔 한걸음이라도 더 걷고 싶지 않았으니까. 오직 앞장선 높새를 따라 가느라 백화점 실내 장식은 눈에 들어오지도 않았다. 금강산도 정말 식후에 구경하는 게 정답이었다.

뷔페식당은 금방 찾았다.

헤맬 수가 없는 위치에 자리 잡고 있기도 했다. 3층까지 천장이 뚫려 있는 중앙홀 3층 끝이었다. 보란 듯이 넓은 자리를 차지하고 있어 멀리에서도 보였다.

음식이 진열된 앞에 사람들이 줄을 서 있었다. 줄은 그다지 길지 않았다. 이미 드넓은 자리가 거의 차 있는 것으로 보아 한창 줄이 길었던 시간이 지나간 모양이었다. 음식을 사고 먹는 방식은 우리나라 고속도로 휴게소 자율식당과 비슷했다. 진열된 음식을 황홀하게 쳐다보며 줄을 섰다. 배가 고프니 음식에 대한 존경심까지 생긴다.

예쁘고 먹음직스럽게 보이는 후식부터 진열이 되어 있고 마지막에 빵 종류가 줄지어 있다. 상술은 어디나 같은 모양이다. 배고픈 사람들이 화려하고 맛있어 보이는 비싼 후식을 그냥 지나치지 못하게 하는 비법 아닌 비법. 하늬는 먼저 과일 후식을 두 종류 고른다. 상술에 말려든 것이 아니라 과일을 워낙 좋아해서라지만 글쎄. 정말 주요리부터 진열이 되어 있었다면 결과는 좀 달라졌을지도 모르겠다.

모두들 눈으로 그리고 맛의 기억으로 음식을 고른다. 하지만 여기는 러시아. 맛의 기억이 별로 없다. 그러니 거의 눈이 선택하는 모양새다. 혀와 입으로 먹어야 하는 음식을 눈으로 선택해야 한다니. 무엇이 잘못되지 않았는가. 맛보지 못하고 고르는 음식. 물론 후각을 동원할 수는 있다. 하지만 너무 많은 음식 냄새가 섞여 있어 후각은 별 도움이 되지 못한다.

오직 눈으로만 선택해야 하는 음식들. 그래서 맛이 아니라 외양에 더 신경을 쓰는 추세로 변해가는 것 아닌가 싶다. 외식 산업이 발달하면서 음식의 외양은 점점 중요해지고 있다. 어떤 경우엔 외양 때문에 맛이 포기되기도 하는 것 같다. 보기 좋은 떡이 맛도 좋다 하지만 그건 정성을 다해 만든 떡이 맛은 당연하고 모양도 좋다는 뜻이 아닐까 싶은데.

그래도 맛을 상상하고, 모양을 감상하며, 음식을 고르는 재미는 있다.

음식 진열이 끝나는 곳에 계산대가 있다. 마지막에 서 있던 총무인 내가 한꺼번에 계산해야 하는데 맨 앞에 섰던 높새는 벌써 계산을 하고 있다. 상황 설명이 어려워 그랬던 모양이다. 그건 나중에 정산하면 된다. 세 사람 몫을 계산하고 카운터를 벗어난다.

선택된 음식으로 가득 찬 쟁반을 들고 시원한 자리를 찾아 앉았을 땐 만족한 웃음이 절로 났다.

맛보다 꿀 같은 휴식으로 기억에 남는 점심이었다.

1시간 정도 앉아서 쉬었다.

쉬면서 비로소 백화점 내부를 찬찬히 바라보았다. 3층 건물이지만 중앙홀은 3층까지 천장이 뚫려 있어 눈도 마음도 시원했다. 더구나 유리로 덮인 돔 스타일 천장으로는 하늘과 햇살이 그대로 비쳐들었다. 하늘의 변화가 고스란히 반영되는 천장 아래 시원하게 툭 터진 실내. 특별한 구조며 화려한 색채의 내부 장식. 햇살 아래 다채로운 빛깔로 빛나는 내부를 보고 있으니 백화점이라기보다 아름다운 미술관에 와 있는 것 같았다. 건물 내부가 아름다워 그 자체를 즐기는 관광객이 많다는 말이 아주 지당한 말씀으로 받아들여졌다.

식당에서 일어나선 곧바로 백화점을 나왔다.

유명 브랜드가 많이 입점한 곳이라지만 구경은 하지 않았다. 아직 남은 일정이 있었고 백화점 구경은 맨 끝에 두었다. 시간이 나면 다시 오자면서.

+ + +

다시 찾은 백화점은 유리 돔으로 비쳐 들어오는 햇살로 우릴 맞는다.

입구에서 가방 검사를 받는 것이 좀 번거롭게 느껴졌는지 높새가 불평을 한다. 어깨에 걸려 있는 것이 많았으니 귀찮았을 법도 하다. 등에는 백팩. 앞에는 손지갑과 휴대폰을 넣은 작은 크로스백. 목에 걸린 카메라. 백팩을 벗으려면 목에 걸려 있는 걸 다 빼야 하니 이해는 한다. 하지만 어제는 아무런 불평이 없었다. 어제 아무렇지도 않던 일이 오늘은 불편한 것이다.

또 '처음'의 의미를 생각하게 된다.

불과 두 번 만에 불평이 되어버린 일. 똑같은 일이 어제는 괜찮았다. 처음이었으니까. 백화점 입장에 가방 검사라니, 고국과 다르다는 이유 하나로 신기하게만 보일 수도 있었다. 그래서 귀찮은 감정은 느낄 새도 없었으리라. 귀찮아진다

는 건 반복을 전제로 한다. 그렇다면 인간은 반복되는 걸 참기 힘들어하는 존재인가. 그래서 그렇게들 여행을 떠나고 싶어 하는가. 반복되는 것을 피해서? 여행하는 동안만이라도 매일 다른 것을 보고 다른 일을 겪고 싶어서?

높새가 다시 가방을 메고 소지품 정비를 하는 동안 그런 생각을 한다.

하지만 높새의 불평은 입에서 나오는 순간 날아가 버린다. 그 불평을 잡고 있는 사람은 나뿐이다. 내가 이미 버려진 불평 속에 갇혀 허우적거리는 동안 그녀의 마음은 벌써 다음 목적지로 가 있다. 매의 눈으로 주변을 둘러보던 높새가 화장실 방향을 찾아냈는지 자신에 찬 걸음을 내딛는다. 굼 백화점은 출입구가 한두 개가 아니다. 어제 들어왔던 곳으로 들어오지 않았으니 나에겐 처음 오는 것과 다름없다. 백화점 안에서 길을 잃을 지경이다. 하지만 길 찾기는 내 소관이 아니니 두리번두리번 실내 구경이나 하며 따라갈밖에.

다시 보는 백화점은 어제보다 더 멋지다.

하늘이 비치는 돔 아래 무지갯빛 파라솔이 줄지어 있는 것도 장관이고 상품을 선전하는 모델의 대형 브로마이드도 아름다운 그림 같다. 그리고 색색의 파라솔과 브로마이드의 배경이 되고 있는 실내 도색은 차분한 미색. 자세히 뜯어보니 결코 화려하게 치장된 실내가 아니다. 아니 차라리 단순하기 그지없다. 매장 외벽은 오직 미색으로 도색되어 있고, 처마처럼 내민 부분 아래 까만색이 서까래처럼 줄을 이었을 뿐이다. 그런데도 하늘이 비치는 돔 아래 실내는 화려하게 빛나고 있다. 결코 많은 치장을 해서 화려한 게 아니었다. 각자의 색채가 서로를 더욱 빛나게 하는 조합이었다. 어떤 건축가, 어떤 예술가의 가슴에서 나왔는지 모르겠지만 무조건 감탄한다.

빈 하늘에 떠 있는 무지개.

답은 바로 그것이었다. 무지개만 떠 있어도 하늘은 아름다움으로 가득해진다. 더 이상의 무엇이 필요할까. 하나만으로도 가득한 느낌. 하나만으로도 충분히 화려하고 오히려 부족하지 않다. 하늘과 무지갯빛 파라솔의 배치가 바로 그것 아닌가. 혼자의 해석에 탄성을 지르며 화장실로 들어간다.

가장 급한 볼일을 봤으니 이젠 두 번째 볼일을 볼 차례다.

하늬와 높새는 가방을 지키며 예쁜 벤치에 앉아 있기로 한다.

매장이 늘어서 있는 복도를 따라 화려하게 채색된 벤치가 놓여 있다. 그 벤치 중 하나를 골라 둘은 자리를 잡고 앉는다. 그리고 갈마와 나는 백팩을 벗어놓고 가벼워진 몸으로 아이스크림을 사러 1층으로 내려간다. 높새가 잘 찾을 수 있겠냐고 묻는다. 그럼! 내가 갈마를 믿고 자신 있게 대답한다.

그런데 아이스크림을 사는 것부터 쉽지 않았다. 어제 들어올 때는 바로 입구에서 아이스크림을 팔고 있었다. 아까도 이야기했지만 입구가 하나가 아니다. 그리고 오늘 들어온 입구는 어제와 다르다. 그래도 걱정하지 않았다. 길 찾기의 2인자 갈마와 함께니까. 하지만 갈마가 헤매고 있다. 높새의 질문에 이유가 있었던 것이다. 정신 차리지 않으면 혼란에 빠질 것을 미리 알고 있었음이 분명하다. 익숙해지기까지 시간이 좀 걸리는 구조라는 걸. 책임 의식을 가지고 앞장서서 안내를 했던 사람만이 느꼈던 어떤 예감 같은 것이 있었던 모양이다.

좀 헤매긴 했지만 아이스크림을 샀다. 그런데 그 후가 진짜 문제였다. 벤치를 찾을 수가 없었다. 늘어선 매장과 벤치가 모두 같아 보였다. 아이스크림은 시간을 기다려주지 않는다. 모양이 흐트러지기 시작하고 우리 마음은 점점 바빠졌다. 양 손에 녹아가는 아이스크림을 들고 홀을 연결하는 어떤 다리를 건너가는데 외마디 괴성이 언뜻 들린다. 소리가 난 쪽으로 고개를 돌리니 저 멀리 높새가 미친 듯이 손을 흔들고 있다. 백화점에서 크게 소리 내어 이름을 부를 수도 없으니 짧게 내 성을 부른 것이다. 그래도 다행히 아이스크림 형태가 다 무너지기 전이었다.

아이스크림을 먹으면서 욕도 좀 얻어먹었다. 그래도 달고 시원했다.

우리가 그곳을 두 번 지나가더라 했다. 처음 지나갈 때 뛰어오면서 손을 흔들었는데도 모르더라고. 길을 못 찾겠으면 살펴보기라도 해야지 앞만 보고 가면 어떡하냐고. 앉아서 편히 얻어먹으려 했는데 팔자가 아닌 모양이라고 한탄한다. 갈마가 웃으면서 미안하다고 하고, 높새는 툴툴거리며 괜찮다고 하고, 하니는 그래도 맛있다고 한다.

녹아가는 아이스크림을 급히 먹고 나자 할 일을 마친 기분이다.

상품 구경은 매장 밖에서 보는 걸로 만족한다. 목표하는 물건이 있는 것도 아니고 등짐을 진 채로 매장 안을 돌아볼 마음도 없다. 그러니 남은 할 일은 사진을 찍는 것. 각자 한참동안 백화점 여기저기 카메라를 들이대고 사진을 찍는다. 나도 화면 속에 슬쩍 그들을 넣어 찍기도 한다. 배경과 잘 어울려 자연스럽게 찍힌 것이면 전달할 것이다.

나이가 들어가면 사진 찍히는 게 달갑지만은 않다. 본바탕이 어디 가는 것이 아니지만 사진으로까지 변한 모습을 확인하고 싶지는 않은 것이다. 그래서 화면에 크게 잡히는 게 부담스럽다. 배경 속에서 인물이 점점 작아지고 본인이 아니면 누군지 알아보지도 못할 정도가 되어야 편하게 들여다보게 된다. 그래서 어떤 사진은 전달이 되고 나머지는 영원히 삭제된다. 전달되는 사진보다 삭제되는 사진이 점점 늘어나고 있다. 언젠간 사진조차 찍지 않는 날이 올지도 모르겠다.

백화점에 들어간 지 1시간이 조금 지나서 거리로 나온다.
그리고 계획대로 시티 투어버스를 다시 탔다.

〈 떠나기 전에 3 〉

여행은 결심을 하는 순간 이미 시작된 거나 다름없어.

심지어 준비 과정이 더 재미있다는 사람도 많고 말이야. 높새도 그렇고 갈마도 준비 자체를 즐긴다고 한 적이 있어. 하긴 준비가 싫다면 어떻게 그렇게 자주 여행을 떠나겠어. 물론 갈마야 요즘은 떠나는 게 차라리 생활이 되어버렸지만.

그러고 보니 하늬에겐 물어본 적이 없네. 나중에 만나면 물어봐야겠어. 갑자기 궁금해졌거든. 왜냐면, 셋 다 여행을 좋아하는 사람들이야. 그래서 어쩌면 여행을 좋아하는 사람들은 준비과정도 즐기는 게 아닐까, 하는 생각이 막 들었어.

나? 이 글을 쓰면서 나에 대해서도 생각해봤지. 적어도 싫어하는 건 아니야. 아니 어떤 경우엔 재미있기도 했어. 이번 여행을 준비하면서도 재미있는 일이 꽤 있었지.

복잡한 관광지에서 소매치기 당했다는 정보가 많더라고. 그래서 복대를 하나 사야겠다는 생각을 하게 되었어. 여행을 꽤 다녔지만 아직 옷 속에 복대를 하고 다닌 적은 없었거든. 그런데 이 번 여행에선 하나 구입해야겠다는 생각이 들었어. 아마 여권이나 신용 카드에 신경을 덜 쓰고 싶었는지도 모르겠어. 이제 내 정신에 대한 믿음이 많이 하락한 거지. 그리고 신경을 쓰면 곧 머리가 아파오고 말이야.

하여간 인터넷에 '여행복대'로 검색을 해봤더니 재미있는 상품이 엄청 많았어. 그걸 보고 고르는 일에 하루를 보냈지. 처음엔 모양도 비슷하고 기능도 같은 것 같았어. 근데 자꾸 보니까 미세한 차이가 보이더라고. 값도 조금씩 차이가 있었지만 크기와 기능과 모양도 조금씩 차이가 있었지. 웃기게도 그 작은 차이 때문에 얼마나 심각해지는지. 간단하게 생각하고 들어갔다가 갈수록 빠져들었어. 엄청난 심사숙고 끝에 구매를 해놓고선 그걸 또 내내 기다리고 있더라고. 아무리 요모조모 뜯어보고 골랐다 해도 직접 보고 선택한 것이 아니니까 말이야. 정말 탁월한 선택이었는지 궁금했던 거지.

마침내 복대가 도착했어.

그게 뭐라고 포장지를 뜯자마자 여권과 카드를 넣어서 허리에 매어봤지. 그리고 거울로 가서 복대 찬 모습을 이리저리 비춰보기까지 했어. 어차피 옷에 덮여 보이지도 않을 복대인데 말이야. 구매한 물건이 도착하고 준비물을 챙기고 하니까 마음이 좀 설레기도 했어. 여행이 실감도 나고 말이야.

그리고 복대는 여행 내내 참 요긴하게 사용했어. 편리하더라고. 여권과 카드가 안심되는 곳에 있으니 아주 마음이 편했어. 지켜야 할 물건들로부터 신경을 꺼놓고 여행할 수가 있었지. 백팩에 들어있는 것들이야 잃어버려도 조금 불편한 정도로 끝날 수 있는 것들이니까.

그리고 러시아어 공부도 재미있었어.

알파벳만이라도 익혀가야지 하고 시작했는데 '배우고 때로 익히는' 즐거움에 살짝 떨렸지. 학창시절에 느꼈던 희열을 느끼면서 말이야. 오해는 하지 말았으면 좋겠어. 난 '공부가 제일 쉬웠어요.'에 속하는 인간은 아니야. 공부가 힘들고 시험도 지겨웠던 학생이었지. 하지만 어쩔 수 없이 시험을 앞두곤 공부에 매달릴 수밖에 없잖아. 그게 학생의 본분이니까. 그리고 시험 결과가 좋으면 흐뭇했던 그런 학생이었을 뿐이야. 공부가 마냥 싫었던 게 아니라 결과를 향해 달려야 하는 게 힘들었던 거지.

아마 시험이 없었다면 학창시절 공부는 엄청 다른 추억으로 자리 잡고 있을지도 몰라. 새 교과서를 받고 뒤적여 볼 때의 즐거움 같은 것으로 말이야. 아직 시험은 멀고 그저 호기심만 일으키는 새 책의 향기. 그럴 땐 행복했어. 새로운 것을 알아가는 학생이라는 신분이. 오직 공부만 하면 되었던, 단순했던 그 시절이 즐겁게 다가오기도 해. 사실은 잘 모르겠어. 정말 그 시절이 단순해서 즐거웠는지는. 기억은 상당히 믿을 수 없는 거라 하니까.

화면 속의 강사가 알파벳을 칠판에 쓰면서 발음을 하는데 학창시절이 떠오르며 가슴이 뛰었어. 러시아어 초급 과정을 가르치는 무료 동영상을 찾아서 그걸로 공부를 시작했거든. 처음엔 분명한 목표가 있었지. 알파벳이라도 익혀가서 공항이나, 건물이나, 거리에 있는 글자라도 읽자. 그랬던 것인데 나중엔 러시아어 자체에 흥미가 생기더라고. 새로운 언어 속에 새로운 나라와 세계가 보이기 시작하니까 말이야. 여행 덕분에 새로운 언어의 맛을 보게 되었으니 여행이 고맙기까지 했지. 여행을 다녀와서도 계속 공부해야지, 하는 야무진 결심도 했었어. 하지만 애피타이저를 맛보는 것으로 식사가 끝난 것처럼 공부는 끝이 났어. 여행을 떠났고 돌아와선 다른 일들에 완전히 밀려나버린 상태야. 여행기를 마무리하고 나면 정말 결심대로 러시아어 공부를 하게 될까. 지금으로선 아주 회의적이야. 중요한 일의 순서가 달라졌으니 말이야.

학창시절이 낭만적으로 다가오는 이유는 이 때문인지도 모르지. 공부가 가장 중요한 시절이었다는 것. 인생에서 그런 시절은 다시 오지 않잖아. 항상 다른 중요한 것이 생기지. 아니 급한 일 때문에 중요한 건 밀려나는지도 몰라. 아무튼 여행 덕분에 배우는 즐거움에 잠시 빠지고 또 새로운 세계도 맛보았으니 그것으로 만족해야겠지. 여행이 아니었다면 꿈에서라도 도전해보지 않았을 러시아어 공부였으니 말이야.

넷째 날
5월 5일, 목요일

또 택시!

쌍뜨뻬쩨르부르그로 이동하는 날이다.

오늘의 일정은 예매한 기차를 잘 타고 예약된 숙소까지 잘 도착하는 것.

가장 단순한 일정이지만 실패를 하면 가장 곤란해지는 일정이기도 하다.

열차는 9시 40분발. 예매가 필수인 기차를 놓치게 되면 언제 이동을 할 수 있을지 예측할 수 없다. 그리고 만약 하루라도 더 모스크바에 머물러야 된다면 다시 숙소를 찾아야 한다는 것도 커다란 부담이다. 그야말로 짐까지 끌고 말이다. 그러니 그런 일은 없어야 한다.

하지만 우리가 가지고 있는 것은 책이나 인터넷을 통해 모아들인 정보일 뿐 확실한 것은 아무것도 없다. 가본 적도 없는 기차역에, 이용해본 적이 없는 택시를 불러 가야 한다. 시간이 얼마나 걸릴지, 길이 얼마나 밀릴지도 모른다. 이럴 때 우리가 과감하게 투자할 수 있는 것은 시간뿐이다. 그래서 넉넉하게 시간 여유를 두고 출발하기로 한다.

아, 그러나 삶은 늘 우리를 우롱한다.

온갖 방비를 하고 온갖 방책을 동원해도 물 샐 틈은 있나니. 오죽하면 존재의 비밀을 가장 잘 꿰뚫어본다는 시인조차 그렇게 노래했을까. '삶이 그대를 속일지라도 슬퍼하거나 노하지 말라.'고. 물론 시인이 어떤 마음으로 그런 노래를 했는지 잘 모르지만.

7시경에 컴퓨터를 열고 인터넷을 연결한다. 호출택시 우버를 이용하기 위해서다. 인터넷으로 예약과 결제가 가능하다는 정보만 믿고 하는 것이었다. 우린 전화로, 그러니까 말로써 택시를 부를 방법이 없으니까.

그러나 아뿔싸! 믿고 있던 도끼가 발등을 찍는다. 반드시 되어야 하는 예약이 되지 않는 것이다. 높새의 신용카드 결제가 나지 않는다. 몇 번이나 시도했는지 모르겠다. 높새가 내린 결론은 바꾸어 넣은 심 카드 때문에 스마트폰 번호가 달라진 게 원인인 것 같다고. 현지에서 심 카드를 구입해서 쓰는 것이 로밍보다 저렴하다고 공항에서 심 카드를 사서 바꾸어 넣었기 때문이다.

정확히 어떤 이유로 결제가 나지 않는지 모르겠지만 우버 택시는 포기해야 했다. 포기를 해야 다른 방법을 모색하게 된다. 다른 방법을 생각해야 했지만 누구의 머리도 묘안을 내지 못한다. 분명한 건 앉아서 택시를 부를 방법은 없다는 것. 그러는 사이 8시가 되고 말았다. 계획대로라면 우리가 택시를 타고 있어야 하는 시간이다.

일단 나가자.

무거운 침묵을 깨고 내가 말했다.

곧바로 일어나 짐을 챙기는 걸로 모두 동의한다. 언제라도 나설 수 있도록 준비가 되어 있던 씨스뜨라는 말이 나온 지 5분도 안 되어 집을 나선다.

사실 지나가는 택시를 세우는 방법밖에 없었다.

러시아에선 호출택시 탈 운은 없나 보다. 안전을 외치며 그렇게 타지 말자고 했던 일반 택시를 또 선택할 수밖에 없게 되다니. 나가면 바로 지나가는 택시가 있을지조차 모르는 지금은, 호객을 당했던 그때가 그리울 판이다. 택시가 아니면 당장 방법이 없기 때문이다. 지하철이나 버스에 대한 연구는 해놓지도 않았다. 짐을 끌고 대중교통을 이용하는 건 아무래도 무리라 생각했기 때문이었다. 지하철을 이용한다 해도 역까지는 어차피 택시를 이용해야 했고, 버스는 도로 사정 때문에 고려하지도 않았다. 모스크바 러시아워가 세계적으로도 유명하다는데 그런 위험을 감수할 수는 없었다. 열차 시간에 맞추어 가야 하는 일이 아니라면 생각을 해볼 수도 있었겠지만 오늘은 정말 아니었다.

그래도 아파트 바로 앞이 대로이니 택시가 다니긴 하겠지. 모두들 그것 하나만 믿고 있는 눈치다. 황당한 마음으로 좁은 엘리베이터를 타고 1층으로 내려올 때까지 우린 밖에 비가 오는지도 몰랐다. 설상가상이란 관용구가 굳이 오늘 같은 날 실현될 필요까진 없는데 말이다.

사샤가 말한 대로 아파트 열쇠는 1층 우편함에 넣는다.

그 열쇠는 주인이 와서 우편함을 열기 전엔 다시 꺼낼 수가 없다. 그러니 모스크바 숙소와도 안녕이다. 이젠 진정 모스크바를 떠나야 하는데 밖엔 비가 오고 예약된 택시도 없이 거리로 나선다. 불안이 뒤섞인 공기가 쓸쓸하기까지 하다. 인간의 마음이란 참······.

비가 오지만 아무도 우산을 꺼낼 생각을 않는다. 그나마 억수같이 퍼붓는 비가 아니라 다행이다. 가방도 사람도 비를 고스란히 맞으며 큰길 쪽으로 행진한다. 여행객에서 갑자기 피난민이 된 기분이다.

나와 갈마가 앞서고 높새와 하늬가 뒤에 오고 있었다.

그런데 바로 앞 대로변에 택시가 한 대 섰다.

손님이 막 내리고 있는 택시였다.

바로 저것이다! 저걸 꼭 타야 한다.

난 그 택시가 기적이라고 생각했다. 확실한 건 아무것도 없는 지금.

길거리에서 택시를 잡아 타본 적이 없으니 아무데서나 세울 수 있는지 알지 못하고, 언제 빈 택시가 이 앞을 지나갈지도 모르고, 이렇게 넓은 도로 가운데를 쌩쌩 달리고 있는 택시를 도로가에서 세우는 게 가능한지도 알 수 없다. 더구나 비가 오고 있는 길거리에 짐을 들고 서 있다. 그리고 저 택시는 적어도 안전하다는 확신을 한다. 손님이 타고 내렸으니 영업하는 택시임이 분명하니까. 남은 문제는 바가지를 쓰는 것인데, 사실 그 문제는 고려 대상도 아니었다. 돈을 아무리 많이 날라 해도 타야 할 판이었으니까. 기차를 타지 못하는 것에 비하면 문제도 아니었으니까. 무엇이 중한지는 상황을 바라보는 마음에 달렸음이 분명했다.

택시가 도로가에 서는 순간 이런 생각들이 지나갔고, 나는 택시를 향해 뛰었다.

동시에 갈마도 뛰었다. 같은 생각을 하고 있었는지도 모르겠다.

갈마가 맨 먼저 택시 앞에 당도한다.

내가 도착했을 때 앞쪽 창이 열리고 운전기사의 얼굴이 드러난다.

털북숭이의 몸집 굵은 기사가 무슨 말을 했지만 물론 완전 불통.

우린 기사가 무슨 말을 하든지 상관없이 기차역 이름을 말한다. 그리고 얼마냐고 묻는다. 우리가 아는 러시아 말 몇 개가 여기에서 다 나오고 있다. 기사가 얼마라고 했겠지만 못 알아듣는다. 볼펜과 종이를 꺼내 주니 적어 준다. 종이에 적힌 숫자는 '1,000.'

1,000루블을 달란다. 나는 타자고 한다. 그런데 갈마는 조금 더 흥정을 하고 싶은 모양이다. 하지만 어떻게? 언어로는 불가능이다. 말이 통했다면 요금이 조

금은 내려갔을 것이다. 말은 가장 간편하고 신속한 소통방법이니까. 그런데 그 말이 지금 쓸모가 없는 것이다. 조금 느린 소통 방법이 있긴 하다. 그것도 아라비아 숫자라는 세계적으로 널리 퍼진 문자 덕분에. 그런데 상황이 마냥 우리에게 불리하지 않은가. 비를 맞으며 펜과 종이로 흥정을 하고 있기가 그랬던 모양인지 갈마도 결국 포기한다.

트렁크에 짐을 싣고 택시에 모두 올라타자 한시름 놓인다.

기사는 기분이 좋은지 계속 말을 붙인다. 하지만 무슨 말씀이신지 도통……. 어색한 웃음만 지을 수밖에.

레닌그라드 역(레닌그라드스끼 바그잘)까지는 20분도 걸리지 않아 도착한다. 바가지가 분명하다. 선심 쓰듯 바가지 쓴다. 무사히 역에 도착했으니 그걸로 만족이다.

+++

출발 시간까지는 1시간 조금 넘게 남아 있었다.

서둘러도 너무 서둘렀다는 생각이 들지만 시간이 아깝다는 생각은 없다. 어디에서 보내든 그건 내 시간이니까. 도착 시간을 아슬아슬하게 맞추는 걸로 스릴을 즐기고 싶진 않다. 스릴은 모험을 통해서나 즐기는 것이다. 탈것에 의존하는 도시에서의 이동은 모험 대상이 아니다. 그런 모험 아닌 모험을 위해 집에서 시간을 채우며 기다려야 하는가. 집에서 시간을 채우다 바빠지고 싶진 않은 것이다. 꼭 처리해야 될 일이 있어서 머무는 것이 아니라면, 그건 시간을 아끼는 것이 아니라 그냥 바빠지고 싶은 것이다.

난 바쁜 것이 싫다. 바쁜 것이 미덕처럼 되어버린 사회가 사람들의 시간을 엉뚱하게 요리하고 있다는 생각을 많이 한다. 그런 사회의 모습을 작가 생텍쥐페리는 어린 왕자의 눈으로 이미 고발했다.

갈증을 해소하는 약을 파는 상인에게 어린 왕자가 묻는다.

"왜 그런 약을 팔고 있나요?"

상인이 말한다.

"그 약들은 엄청난 시간을 절약해 주거든. 일주일에 한 알씩 삼키기만 하면 뭔가 마실 필요가 없지. 자그마치 일주일에 53분을 절약할 수 있다고."

어린 왕자가 다시 묻는다.

"그 53분으로 뭘 하는데요?"

상인이 말한다.

"내가 하고 싶은 것이면 무엇이든……"

그 말을 들은 어린 왕자는 이렇게 속으로 말한다.

'나라면, 마음대로 쓸 수 있는 53분이 있다면, 맑은 물이 있는 샘을 향하여 천천히 걸어가겠어.'

물 먹는 시간까지 아끼며 살아야 하는, 어린 왕자의 눈엔 기형적으로만 보이는 삶의 형태는 아직도 여전히 대세다. 하지만 그런 사회의 모습이 아무렇지도 않게 보이는 사람도 '어린 왕자'의 시선엔 공감한다. 그 공감이 사회를 변화시키고 있는 걸까. 알게 모르게 서서히 변해가는 것일까.

작품 《어린 왕자》가 나온 지 70년이 지났다. 그리고 아직도 끊임없이 읽히고 있다. 바로 그 사실을 절망으로 받아들여야 할지 다행이라 해야 할지 모르겠다. 사회의 혼탁이 그런 신선한 공기를 더 필요로 해서인지, 아님 어린 왕자의 시선이 서서히 먹혀가는 증거인지.

초고속 열차 삽산

기차 타는 곳은 1층이고, 대합실은 2층에 있다.

그다지 넓지 않은 1층과 2층을 구경하느라 어슬렁거렸을 뿐인데 9시가 다 되어간다. 카페에 앉아 무얼 먹고 마시기엔 남아 있는 시간이 어중간하다. 대합실에 앉아 기차 시간을 기다리기로 한다. 2층 대합실로 들어가 창가 의자를 차지하고 앉는다. 상당히 넓은 대합실엔 여행객들이 드문드문 앉아 있고, 한쪽 벽면을 차지한 커다란 전광판에는 열차 시간이 붉은 빛으로 번쩍이고 있다.

평범하고 조용한 대합실 풍경이다.

높새와 하늬는 스마트폰을 들여다보고 있고, 갈마와 나는 기차에서 먹을 빵을 사기 위해 자리를 뜬다. 커피와 빵을 파는 가게에서 두 종류의 빵을 고른다. 물론 눈으로, 짐작으로 고르는 것이지만 신중함을 포기하진 않는다. 무식한 자의 신중함이 좋은 결과를 낳는 데 아무런 도움이 되지 않는다 할지라도 말이다. 적어도 열과 성을 다했다는 마음의 만족감은 남아야 하니까.

맛있겠지? 그럴 거야!

서로를 격려하는 그 말이 최종적으로 선택된 빵에 뿌려지는 맛있는 양념이 되기를 바라면서 계산을 한다. 어찌하였든 빵 봉지를 가슴에 안고 돌아가는 마음은 뿌듯하다. 사람은 맛있는 걸 먹을 상상을 하는 것만으로도 행복할 수 있다. 그러니 먹는 것에서 엄청 행복을 많이 느끼는 종이다. 다른 동물도 먹을 생각을 하는 것만으로도 행복할까? 상상은 짧게 끝난다. 빵 가게가 바로 코앞이었고, 그래서 곧 대합실로 들어서게 되었으니까.

자리로 가니 갈마와 내가 각자의 의자에 벗어놓고 간 백팩이 한 곳에 모여 있다. 그것도 높새의 코트를 덮은 채. 내가 눈으로 묻는다. 왜? 높새가 작은 소리로 대답한다. 수상한 사건이 하나 있었어!

이 수상한 스토리는 높새가 눈으로 직접 본 상황에 자기의 짐작을 섞고 상상력으로 채운 이야기다.

우리가 들어올 때부터 허름한 차림새의 남자 둘이 대합실에 있었단다. 분명 우리보다 먼저 대합실에 와 있었을 거라고. 높새도 처음부터 알아챈 것이 아니라 그들이 자꾸 자리를 옮기는 바람에 눈에 띈 것이란다. 난 기억에 없다. 눈썰미 있는 높새만 봤을 것이다. 하여간 좀 이상해서 신경을 쓰고 있었다 한다. 그리고 나와 갈마가 빵을 사러간 뒤의 일이다. 스마트폰을 들여다보고 있는데 갑자기 기분이 이상해서 고개를 들었다고. 분명히 주변에 아무도 없는 창가 자리에 앉아 있었는데 어느 새 허름한 차림새의 두 남자가 의자 바로 뒤에 있더란다. 의자 뒤에서 여행객의 가방을 노리는 절도범이 있다는 글을 읽었던 기억이 나면서 가슴이 철렁했다고. 아차, 싶어서 의자에 방만하게 흩어져있는 우리의 짐들을 살피며 한 자리로 모으고 있었고, 그때 어딘가에서 나타난 제복의 남자가 다가왔단다. 경찰복인지 군복인지 모르겠지만 권위와 위엄이 뚝뚝 흐르는 태도와 복장이더란다. 제복의 남자는 허름한 차림새의 남자들에게 무슨 말인가를 했고, 그들은 꼼짝도 못하고 자리에서 일어났다. 아마도 수상한 사람들에 대한 신고가 들어갔던 모양이고, 그래서 대합실에서 내쫓긴 것 같다고.

놀라운 이야기였다.
절도를 당할 뻔했다는 사실에 놀란 게 아니었다.
기차를 탈 사람이 아닌 사람이 대합실에 있으면 쫓겨날 수 있다고?
여기는 그런 곳이라고?
우리나라에서는 있을 수 없는 이야기가 아닌가. 공공건물에 머물 수 있는 자유는 누구에게나 있다. 기차를 탈 일이 없는 사람도, 비행기를 탈 마음이 없는 사람도 역이나 공항 출입에 통제를 당하진 않는다. 행패를 부리거나, 사고를 치거나, 범죄를 저지르지 않는 이상 말이다.

높새의 이야기 어디까지가 사실일지 몰라도 마음이 복잡했다. 한편으론 안심도 되면서 말이다. 낯선 나라를 여행 중인 여행객으로서 최소한의 보호를 받고 있다는. 그러나 그런 정책의 피해를 보는 자가 분명 있을 것 아닌가. 이미 두 남자도 피해자인지 모른다. 어떤 일로 왔건 아직 아무런 사고도 저지르지 않았다. 그런데도 쫓겨난 것이다. 범죄 행위가 일어나기도 전에 행위에 제약을 가할 수 있는 정책이 통하는 곳이라니.

이곳은 내가 살고 있는 나라와 다른 나라임이 분명하다. 그러나 이와 같은 다름의 색채는 흥미롭지 않다. 색다른 것에서 느껴지는 가슴 설레는 색채는 분명 아니다. 아니 좀 우울하기까지 하다.

그들은 어쩌면 이야기할 장소가 필요했는지도 모른다.

카페에서 차를 마실 돈이 없었는지도 모른다.

비바람을 피할 장소로 대합실을 선택했는지도 모른다.

그런데 차림새가 허름하다는 이유로 신고를 당했을지도 모르겠다.

아무리 많은 추측을 늘어놓아도 답이 될 수는 없다. 그렇지만 답을 얻기 위한 어떤 노력이나 행위는 더 답이 아닌 것 같다. 내가 이곳에서 무얼 할 수 있단 말인가. 처해 있는 상황이 그렇게 말해준다. 정답을 모른 채로 생각을 접는 마음이 씁쓸하다.

열차를 타기 위해 플랫폼을 엄청 걸었다.

우리가 탈 차량이 역사에서 제일 먼 곳인 꼬리부분에 있었기 때문이다. 그리고 지정된 좌석이 아닌 차량엔 승차 자체가 불가능하다. 차량 입구마다 제복을 입은 승무원들이 서서 탑승하는 손님들을 맞이하고 있다. 아니 검사를 하고 있는가? 차량마다 요금도 다르고 설비도 다르다. 물론 씨스뜨라는 가장 저렴한 일반석 손님. 이미 탈 때부터 신분을 구분하듯 다른 차량으로는 승차할 수도 없다. 우리가 타는 차량이 가장 먼 것도 우연은 아닐 것이다.

저렴한 손님은 가방을 끌며 플랫폼을 행진한다.

마침내 도착한 일반석 차량.

열차 입구에서 여권과 기차표를 검사받은 후 승차.

기차는 타는 순간이 가장 설렌다.

번호를 확인하고 자리에 앉으니 몹시 즐겁다.

씨스뜨라 자리는 통로를 사이에 두고 옆으로 나란히 네 개. 앞뒤로 앉는 것보다 서로 보기에 더 좋을 것이란 판단에서였다. 나란히 앉고 보니 선택이 훌륭했다는 생각이 든다. 높새와 하늬가 같이 앉고 난 갈마와 앉는다. 좌석은 편하고 실내는 깨끗하다. 그리고 덩치가 큰 민족의 기차라 그런지 좌석도 공간도 KTX에 비해 넓다. 씨스뜨라는 다리를 앞으로 쭉 펴기도 하면서 아주 만족해한다. 그때까지가 호시절이었다. 기차가 출발하기 전까지.

하늬는 장장 4시간 동안 눈을 뜨지 못한 채 앉아 있어야 했다.

모스크바를 출발해 쌍뜨뻬쩨르부르그에 도착할 때까지.

생각지도 못했던 불찰 때문이었다.

아무리 열린 생각을 가지고 있다고 해도 사람이 하는 일에 틈은 있는 법. 머리 셋을 합해도 보지 못한 것이 있었다. 기차 예매는 높새와 갈마와 나, 셋이 시간을 엄청 보내며 매달려 한 일이었다. 하지만 역방향일 줄은 꿈에도 몰랐다. 우리가 탄 차량 자체가 몽땅 역방향이라니. 모두 같은 쪽을 바라보고 있으니 당연히 바라보는 쪽으로 달린다고 생각했다. 물론 타고 보니 역방향 아닌 좌석이 있긴 했다. 중앙에 테이블이 놓이고 네 개의 좌석이 마주보게 된 자리가 두 군데 있었다. 그러니까 그 자리는 두 좌석이 순방향이 되는 셈이다.

사실은 맨 먼저 그 자리를 탐냈다. 일행이 4명이니 딱 좋았다. 그 자리를 예매할 수 있었으면 만사형통이었겠지만 이미 예약된 자리였다. 그런 운은 우리의 것이 아니었던 모양이다.

하늬는 역방향으로 달리는 차를 타지 못한다. 멀미를 한다. 그래서 고국에서 기차를 탈 때는 반드시 확인하고 표를 산다. 그걸 잘 알고 있었다. 하지만 러시아 기차를 잘 알지는 못했다. 상대를 알고 나를 알아야 백전백승인 법인데 씨스뜨라는 상대를 잘 몰랐던 것이다.

기차가 출발하는 순간 하늬가 당황했다. 나머지 셋은 혼비백산했다. 그래도 하늬가 우리 셋의 혼이 더 이상 흩어지지 못하게 급히 수습책을 내놓는다. 창 쪽을 보고 앉아 눈을 감고 있으면 괜찮을 거라고 안심시킨다.

등 기댈 곳도 없이 창 쪽을 향해 웅크리고 앉은 뒷모습을 보고 있는 심정이 난감하다. 높새가 자기 어깨에 등을 기대라고 하지만 그럴 하늬가 아니다. 폐가 되는 행동을 할 수 없는 성격이다. 아마 눈을 감고 자신을 탓하고 있을지도 모른다. 다른 사람의 마음을 불편하게 하고 있는 자신을. 내 마음이 아니니 확신할 수는 없다. 하지만 짐작대로라면 정말 못 말리는 독립적인 당신이다.

눈을 감고 있으니 먹을 수도 없었다. 사실 눈을 감고 있어 못 먹은 게 아니라 멀미가 날까봐 먹지 않았는지도 모르겠다. 가는 내내 괜찮다고 했지만 속이 좋지는 않았을 것이다. 다행히도 기차가 출발한지 1시간쯤 지나서는 눈을 감은 채 자리에 바로 앉았다. 눈을 감고 있으면 방향 감각이 없어진단다. 그래서 창 쪽을 보며 앉은 채 최면을 걸었단다. 순방향으로 달리고 있다는 최면을. 그리고 정말 남은 시간은 눈을 감은 채 자리에 바로 앉아 올 수 있었다. 그렇게만 하고 있어도 마음이 좀 놓였다. 쪼그린 채 등도 못 기대고 앉아 있는 것이 보통 힘든 일이었겠는가. 몇 년 전에 다친 무릎 때문에 쪼그려 앉기가 쉽지 않은 걸 우리 모두는 알고 있었다.

아무튼 박수를 보낸다.

인생 처음으로 역방향 열차 타기에 성공한 셈이니.

이렇게 러시아 열차 '삽산'은 '초고속 열차'로서가 아니라 '하늬의 인간승리'로 씨스뜨라의 기억에 더 강렬한 인상을 남기게 되었다.

마스꼽스끼 바그잘

모스크바에서 4시간을 달려와 내린 곳은 모스크바 역.

실제 기차역 이름이 마스꼽스끼 바그잘(모스크바 역)이다.

무슨 소리냐고?

나도 엄청 헷갈렸다. 우리와 다른 사고방식이 낳은 체제를 이해하기 전에는.

모스크바에는 모스크바 역이 없다. 다시 말하면 쌍뜨뻬쩨르부르그에는 쌍뜨뻬쩨르부르그 역이 없다는 말씀. 러시아 기차역 이름은 도착지 지명을 쓰기 때문이다. 그러니까 모스크바에서 쌍뜨로 가려면 쌍뜨 역을 찾아가야 한다는 것. 물론 반대로 쌍뜨에서 모스크바로 가는 기차를 타려면 모스크바 역으로 가야 한다.

설명이 좀 더 필요하겠다.

사실, 우리가 타고 온 삽산은 레닌그라드스끼 바그잘(레닌그라드 역)에서 출발했다. '쌍뜨뻬쩨르부르그'가 옛 소련 시절 '레닌그라드'로 불렸기 때문. 그래서 기차역 이름은 아직도 옛 지명을 쓰고 있다. 그러니 모스크바에서 쌍뜨로 오려면 레닌드라드스끼 바그잘(레닌그라드 역)을 찾아야 한다.

처음엔 정말 이상했지만 한 번 타보니 기발한 발상과 합리적인 사고의 걸작품이란 생각이 들었다. 크고 복잡한 기차역에서 기차를 잘못 타는 일은 꽤 흔히 일어나는 실수 아닌가. 그리고 기차역에서 벌어질 수 있는 가장 난감한 실수도 기차를 잘못 타는 경우이다. 하지만 러시아식이라면 이런 문제가 애당초 근절이다. 일단 역을 바로 찾아가기만 하면 다른 곳으로 가는 기차를 탈 염려는 없으니까. 그리고 목적지 지명을 모르고 가는 경우는 없을 것이니 역을 잘못 찾아가는 실수를 할 확률은 아주 낮을 것 아닌가 말이다.

역시 사람은 죽을 때까지 배워야 한다. 아니 죽을 때까지 유연해야 한다. 단단하게 굳어지는 사고의 껍질을 늘 경계해야 한다. 내가 알고 있는 지식의 벽으로 주변을 단단하게 둘러싸는 고지식은 노인이 걸리기 가장 쉬운 질병일지도 모른다. 그리고 나도 이미 질병의 언저리에 발을 디밀고 있을 것이란 생각에 남몰래 놀란다. 그렇지 않다면 '남몰래 놀라기'가 아니라 그것조차 웃으면서 이야기할 수 있는 '열려있는 유연함'을 실천해야 하지 않는지. 하지만 나는 곧바로 실천하지 않고 생각만 하고 있다. 이것도 오래된 나의 버릇이다. 생각이 바로 말로 나가지 않는 것.

나이가 들수록 습관은 점점 고착화된다는데.

생각은 꼬리를 물고 기차는 쉬지 않고 달린다.

차창에 스마트폰을 들이대고 러시아 들판을 몇 장 찍는다.

지나가는 풍경은 왜 쓸쓸한지 모르겠다.

+ + +

기차에서 내려 역 대합실로 들어간다.

집주인 세르게이가 마중을 나오기로 되어 있기 때문이다.

갈마가 오는 내내 이메일로 연락을 주고받은 성과물이다. 모스크바의 쉐레메 찌에보 공항에서 가슴 졸이며 택시를 타고 숙소를 찾아갔던 생각을 하면 이런 서비스가 엄청 고맙게 다가온다. 낯선 역에 내렸는데도 마음이 편했던 이유는 가까운 미래의 안전이 보장되어 있었기 때문인지도 모르겠다.

갈마가 대합실에서 뾰뜨르 대제 흉상을 찾으란다. 흉상 앞에서 만나기로 했 단다. 찾을 것도 없이 흉상이 우릴 맞이한다. 걷다보면 그냥 지나칠 수가 없게 대합실 중앙에 높게 버티고 있기 때문이다. 우리 말고도 흉상 앞엔 서성이는 사 람이 많다. 뾰뜨르 대제 흉상은 서울역 시계탑 같은 존재인 모양이다.

세르게이는 아직 오지 않은 것이 분명하다. 여자 4명이 모여 있는 여행팀은 우리밖에 없으니 찾지 못할 리가 없는데 우리에게 다가오는 자가 없다. 그러니 분명 그는 도착 전이다.

이제 기다리기만 하면 되니 달리 할 일이 없다.

두리번거리다 올려다본 벽면에서 해독 가능한 러시아 문자를 발견한다. 붉은 대리석에 금색으로 커다랗게 적혀있는 САНКТ—ПЕТЕРБУРГ(쌍뜨뻬쩨르부르그). 드디어 쌍뜨에 왔다는 감격이 몰려온다. 왜 감격했는지는 지금도 모르겠다. 그냥 그 글자를 보고 떠듬떠듬 읽는데 가슴이 뛰었다. 어쩌면 앞으로 겪을 감동을 미리 알았는지도 모르겠다. 마음은 다 알고 있었는지도.

갈마가 다시 세르게이 소식을 전한다. 길이 막혀 조금 늦어진다고.

기다린 지 20분 후에 세르게이가 나타난다. 얼굴이 가무잡잡한 30대로 보이는 청년이다. 우릴 보고 좀 놀란다. 아니 실망한 눈치다. 아마도 젊은 여자들을 기대했는지도 모르겠다. 노골적은 아닐지라도 숨기진 못했다. 에어비앤비를 통해 숙소를 찾아오는 여행객 나이대로선 분명 많은 나이임에 틀림없다. 표정을 읽어버린 가슴이 순간 서늘하다. 잘못한 것도 없는데 미안한 마음이 스친다. 늙어서 죄송합니당. 혼자 속말을 하며 서늘함을 떨쳐버린다.

그는 모를 것이다. 이유 없이 박대당한 이 기분을. 아니 이유가 없진 않다. 그보다 빨리 세상에 나온 것이 이유가 되겠다. 하지만 억울할 건 없다. 세르게이의 저 표정은 언젠가 내 표정이었을 수도 있다. 누가 알겠는가. 나도 태어날 때는 울기만 하는 아기였고 그리고 청춘을 지나왔다. 어느 날 갑자기 이 나이로 세상에 온 건 아니니까. 나를 앞선 수많은 사람들 앞에서 지었던 표정과 태도와 말을 기억하지 못하는 이상, 세르게이의 표정도 당연히 무죄.

죄가 없는 세르게이는 이제 집주인의 역할에만 충실하다. 마중을 나오면서 했을 막연한 두근거림은 완전히 멀리 갔다. 호출택시를 불러놓았다고 하면서 역 밖으로 나가자고 한다. 자기 차가 작아서 다 태울 수 없어 택시를 불렀다고. 그리고 이동하면서 우리의 여행 가방 중 하나를 들고 가는 걸 잊지 않는다. 분명 친절하다. 하지만 젊은 여자들이었다면 어떤 태도를 보였을까. 가방을 양손에 들고 가지 않았을까? 그 모습을 상상하니 웃음이 난다. 남자가 여자 앞에서 제일 먼저 자랑하는 게 힘이라니까. 아니 요즘은 돈인가?

씨스뜨라는 세르게이가 불러 준 택시에 탄다.

택시 요금은 알아서 하겠고 목적지도 기사에게 알려놓았으니 아무 염려 없이 타기만 하면 된단다. 세르게이와 기사 사이에 도통 알아들을 수 없는 말이 오고 가고 택시는 출발한다.

모스크바에서 택시를 탔던 순간이 다시 떠오르면서 세르게이의 마중이 무척 고맙게 다가온다. 아무런 의심도 불안도 없이 이동할 수 있게 해준 은공이 빛 나는 순간이다. 잠시 후 은공의 빛이 희미해지면서 또 웃음이 난다. 뒷자리 중 앙 자리에 끼어 앉은 내 어깨가 이리저리 부딪치며 생각을 일으킨다. 씨스뜨라 가 젊은 여자들이었다면 적어도 지금 세르게이가 혼자 자가용을 몰고 가고 있 진 않을 것이라고. 차가 아무리 작다 해도 1명은 태워가지 않았겠는가. 아마 이 야기 내용도 달라졌을 것이다. 편안하게 2대로 나누어 모시겠다고. 우리처럼 이 렇게 뒤에 3명이 끼어가진 않았을 게 분명하다. 어차피 2대의 차로 이동하는 것 이라면 말이다. 거기까지 생각이 미치자 갑자기 그가 불쌍해진다. 차를 몰고 오 는 동안 했을 화려한 상상을 무참히 짓밟아 버린 것 같다. 진정 우리가 그의 꿈 을 깨버린 것인가. 하지만 내 생각도 곧 깨어진다. 높새의 강의가 시작되었기 때 문이다.

쓸데없는 생각이 길어질 뻔했는데 오히려 고맙다.

강의는 상세하다. 살고 있는 도시를 설명하는 듯하다. 모스크바보다 더 연구 를 심하게 한 곳이니 오죽하겠는가. 사실 이번 여행의 중심은 쌍뜨이고 앞으로 열흘을 머물 곳이다. 그러니 얼마나 보고 싶은 곳이 많았겠으며 그곳을 찾기 위 해 지도를 또 얼마나 보았겠는가. 그러다보니 쌍뜨의 거리도 머리에 그려진 모 양이다.

높새의 강의는 세르게이의 아파트 앞에 도착할 때까지 계속되었다.

나야 아무리 설명을 들어도 거리가 머리에 그려지지 않는다. 하지만 적어도 그녀가 말하는 건물이나 상점이 나타날 때는 아는 척을 하지 않을 수가 없었다. 그래서 가끔 감탄사를 내지르며 호응을 하고 한국어 간판을 발견했을 땐 진짜 감탄을 했다.

사실 달리는 내내 가장 흥분하고 있는 자는 높새다.

지도와 사진으로만 보았던 것을 실물로 확인하는 감격에 완전히 빠져있다. 상상으로만 그렸던 신대륙을 발견한 탐험가들의 심정인지도 모르겠다. 사람은 누구나 자신의 세계를 가지고 있고 그 세계의 왕이다. 그리고 그 세계의 질서를 스스로 만들고, 다스리고, 누릴 때 가장 신나는 것이다. 그것이 자유 의지 아니던가. 지금 자유 의지 실현에 가장 신나 있는 사람이 높새다. 애써 만든 자가 그 완성을 가장 기뻐하는 것은 너무나 당연하다.

택시가 거의 숙소 앞에 도착할 즈음 높새의 흥분은 극에 달한다.

"저기 봐. 아리랑이다."

눈에 확 들어오는 우리 글자. '아리랑.'

"와! 아리랑이다."

나도 모르게 소리 내어 글자를 읽고 있다.

마침 길이 밀리는 바람에 택시는 한국 음식점 '아리랑' 앞을 아주 천천히 지나간다. 익숙한 한글이 다정하게 눈앞을 스치고 가슴이 뛴다. 진정 감탄을 한다.

숙소 근처에 한국 음식점이 있다는 건 도착 첫 날 알았던 셈이다.

"우리 저기에서 밥 한 번 먹자."

모두 그렇게 말했다. 그리고 한 번은 가게 될 줄 알았다. 그렇게 숙소 가까이 있는 한국 음식점이었으니 당연했다. 그런데 가보지 못했다. 참 이상하게 자꾸 엇나갔다. 그렇게 반갑게 만난 식당이었는데…….

사람이나, 물상이나, 첫사랑은 이루어지지 않는 모양이다.

모이까 강, 그리고 숙소

모이까 강 앞에 택시가 서고 세르게이 자가용도 곧 도착.

세르게이의 아파트는 모이까 강변에 있다. 바로 집 앞에 강이 흐르는 것이다. 강에는 그림처럼 유람선이 지나가고 있었다. 우와, 베네치아다. 베네치아에 가 보지 않은 사람이라도 그 말이 절로 나올 판이다. 아침 일찍 일어나 뜻밖의 일로 노심초사도 했던 마음의 피로가 시원한 강바람에 날려간다.

숙소 위치는 정말 대박이다.

강을 따라 넓지 않은 도로가 이어져있고 도로변에 3, 4층 높이의 건물들이 줄을 이어 있다. 그 건물들 중 하나를 향해 세르게이가 우리를 이끌고 간다. 그리고 곧 자동차가 드나들 수 있을 정도로 큰 철문 앞에 멈춰 선다. 철문 옆 벽면에 있는 출입통제기기에 시크릿 카드를 대고 철문 고리를 당기자 문이 열린다.

문 안으로 펼쳐진 세계는 그리 낯설지 않은 아파트 단지. 아파트는 세계 어느 곳이나 비슷한가 보다. 집집마다 같은 모양의 창문을 가진 낡은 아파트 건물이 작은 놀이터를 중심으로 둘러서 있다.

놀이터를 지나서 마주한 건물의 한 통로에 선다. 굳게 닫혀 있는 철문 앞이다. 철문 옆 벽면에는 출입통제기기가 있다. 역시 시크릿 카드를 대고 문을 당긴다. 오래된 건물에서 나는 냄새가 밀려나온다. 세르게이를 따라 안으로 들어간다.

우리가 머물 아파트는 3층. 엘리베이터는 없다. 올라가는 계단 모서리가 깨어져있고 바닥도 패어나가 고르지 않은 곳이 많다. 무척 오래되었나보다. 살짝 걱정이 된다. 안락한 잠자리에 몹시 집착하는 나로선.

난방이 제대로 될까. 적어도 잠자리가 추우면 안 되는데.

하지만 낡은 커다란 문 앞에 섰을 땐 걱정이 사라진다. 걱정거리가 해결된 것이 아니라 체념한 것이다. 빠른 체념도 나의 습관이다. 체념한 마음은 얼른 다른 소망으로 갈아탄다. 다음 걱정은 다음 상황을 보고 난 뒤에 하는 걸로.

아파트 현관문이 엄청 높고 크다. 커다란 창고의 출입문 같은 외양이다. 말을 타고 들어가도 되겠다는 우스운 생각을 한다. 그리고 세르게이가 꺼내든 열쇠를 보고 또 놀란다. 어른 손바닥 길이만큼 되는 무쇠 열쇠로 문을 여는 것이 아닌가. 문과 딱 어울리는 모양과 크기이긴 하다.

문이 열리고 실내가 눈에 들어오자 생각 자체가 사라진다.

보는 순간 받아들였기 때문이다. 보기 전에 했던 상상들은 이제 아무런 소용이 없다. 아니 상상이 필요 없어진 것이다. 이제 내가 할 일은 보고, 파악하고, 적응하는 것. 이것이 내가 새로운 상황에 적응하여 살아가는 방법이다.

제법 친하게 된 이들이 이런 나를 보고 생각보다 수월하다고 표현한다. 어떤 일을 하기 전엔 엄청 꼼꼼하게 따지다가 막상 일에 부닥쳤을 땐 따따부따 하지 않는다. 아무런 용도가 없는 따지기에는 흥미가 없다. 바꿀 수 없는 상황이면 얼른 마음을 고쳐먹는다. 그래서 불평이 없는 사람으로 보이는 모양이다. 조건이 많은 까다로운 사람으로 보였던 것에 비해 그렇지 않다는 표현인지도 모르겠다. 어쩌면 여전히 까다로운 사람일 수도 있다. 수월하다는 말이 아예 필요 없는 사람이 정말 수월한 사람 아닌가?

세르게이의 집 사용에 대한 짧은 설명이 끝난다.

그는 빨리 임무를 끝내고 가고 싶은 모양이다.

더 이상의 질문이 없으면 가겠다는 몸짓으로 우릴 본다. 하지만 그를 그냥 보낼 수는 없다. 그의 임무는 끝났지만 우리가 그에게 볼일이 남아 있다. 높새가 갈마에게 눈짓을 한다. 볼일을 봐야 할 때가 왔다는 뜻이다. 갈마가 알았다고 고개를 끄덕인다. 높새와 갈마의 말없는 소통을 보지 못한 하늬가 갈마에게 말한다. "그거 물어보지?"라고. '그거'란 우리가 택시를 타고 오면서 도모해왔던 것으로 세르게이에겐 아주 쉬운 일일 수 있지만 우리에겐 어렵고도 중요한 일이다.

'그거'를 교섭할 중요한 임무가 갈마에게 주어졌다.

여행이 끝나고 돌아가는 날 비행기 출발 시간은 밤 11시 30분. 숙소 퇴실 시간은 낮 12시. 퇴실 후 비행기 출발 시간까지 남는 시간을 어떻게 보낼 것인가. 문제는 여행 가방. 여행 가방을 모두 지니고 관광을 하는 건 무리다. 그렇다고 바로 공항으로 간다면 긴 시간을 공항에서 보내야 한다. 물론 다시 시내로 나올 수는 있지만 이동 시간이 얼마나 길어질지 알 수가 없다. 길거리에서 시간을 다 보낼 수도 있다. 그래서 내린 결론이, 세르게이가 저녁 7시 정도까지 퇴실 시간을 늦추어준다면 제일 좋다. 물론 추가 요금도 물겠다. 그날 예약 손님이 없어야 그것도 가능하겠지만. 하여간 물어보자. 그게 제일 좋은 방법이다. 그리고 그 문제가 해결되면 또 하나 더. 퇴실 시간에 맞춰 택시를 불러달라는 것. 말이 통하지 않는 곳에서 호출택시를 부르는 일이 불가능함을 이미 모스크바에서 절실히 체험했으니까.

하지만 그 체험은 헛되지 않아서 이렇게 미리 준비하고 있는 것이다.

갈마의 한껏 상냥한 말 뒤에 세르게이의 흔쾌한 대답 소리가 들린다.

오, 횡재라.

저녁 7시까지 집을 써도 좋다고 한다. 추가 요금도 필요 없단다. 택시 불러주는 일도 문제없다고. 여태까지 본 모습 중에 제일 마음에 드는 친절한 모습이다. 집이 좀 춥고, 지저분하고, 낡았지만 그 모든 걸 기꺼이 감수할 마음이 들게 하는 친절함이다. 역시 인간에게 마음보다 큰 것은 없는 모양이다. 친절함이 모든 걸 이기고 승리했다.

대충 짐을 풀고 나니 오후 3시가 넘었다.

정리정돈은 뒤로 미루고 나가기로 한다.

점심은 부실했고, 더구나 하늬는 아침 이후로 아무것도 먹지 못했다. 가장 급한 것은 슈퍼마켓을 찾아 장을 봐서 저녁을 제대로 먹는 것. 슈퍼마켓을 찾으러 가는 동안 자연스럽게 주변 환경도 파악될 것이다.

조금 전 우리가 들어왔던 철제문을 열고 나간다.

아, 바로 앞에 모이까 강이 햇살에 반짝이며 흐르고 있다.

배가 고픈 것도 잊어버리고 물가로 가서 난간에 붙어 선다.

물은 왜 볼 때마다 아름다운지 모르겠다. 그리고 왜 물가에 있는 모든 것들은 더 아름답게 보일까. 물가로 난 길도 아름답고 물을 따라 서 있는 건물들도 아름답다. 그리고 물가에 서 있는 사람들은 저절로 그림이 된다. 물길로 배가 지나가고 있다. 춤추듯 일렁이는 물과 배도 그대로 그림이 된다. 그림 속에서 배를 탄 사람들이 손을 흔든다. 평화롭다.

여기는 러시아.

그런데 왜 유럽의 한가운데 있는 느낌일까.

쌍뜨 숙소 앞의 모이까 강

베네치아가 떠오르는 것과는 다르다. 유럽풍의 건물 때문도 아니다. 모스크바와 분명 다른 무엇이 있다. 그 이유가 무엇인지 깨닫는다. 그건 자유로움과 통해 있다. 사람들의 행동과 표정에서 자유를 느낀다. 좀 더 많이 감정을 드러내는 사람들의 모습이 나의 감정도 풀어놓은 것이다. 모스크바에선 사실 좀 억눌려있었다. 그게 전적으로 모스크바의 상황과 분위기 때문이었는지 나의 경계심이 만들어낸 착각이었는지는 정확하게 모르겠다. 하지만 분명한 것은 쌍뜨의 거리가 지금 몹시 편안하게 다가온다는 것.

슈퍼마켓은 숙소에서 100미터 정도 떨어져 있다.

뛰어가면 1분도 안 걸리는 곳에 있으니 정말 가깝다.

마음 놓고 필요한 식료품을 고른다. 이제 숙소 이동도 없을 테고, 먹고 남는 식료품이 있다면 과감히 포기하고 가면 된다. 쌀, 생수, 양파, 고추, 감자가 담기고 요구르트, 사과, 과자 몇 봉지도 담긴다. 날이 날이니만큼 맥주도 넣는다. 아니 배가 고프면 이상하게 목도 마르다. 그래서 평소 즐기지도 않던 맥주가 눈에 들어온 것이다.

나는 아까부터 돼지고기를 찾는다. 집을 나설 때 갈마가 물었다.

"혹시 저녁에 돼지불고기 가능해요?"

내가 대답한다.

"돼지고기만 있다면요."

그런데 온갖 고기가 푸짐하게 포장되어 쌓여있는 냉장고에 돼지고기만 아주 가난했다. 얇은 삼겹살 몇 겹이 들어있는 스티로폼 용기 포장육 2개가 전부. 아무리 둘러봐도 다른 돼지고기는 없다. 기왕이면 먹고 싶다는 걸 하고 싶은데 말이다. 그나마 포장육이 2개라 다행이라 생각하며 사기로 한다. 러시아에서 돼지고기는 인기가 없는 모양이다. 아니면 생고기가 인기 없는지도 모르겠다.

씨스뜨라는 배가 너무 고프다.

집으로 가는 발걸음이 급하다.

그리고 숙소로 돌아오자마자 과자봉지부터 뜯는다. 난 거기에 합류하지 않는다. 과자를 좋아하지 않아서가 아니라 위장을 고려해서다. 지금 과자를 먹으면 하루 종일 밀가루 음식에 시달려 온 위장이 보복할 것 같다. 그녀들의 위장도 안심할 수 없다. 내가 아는 한 그다지 막무가내로 통하는 위장들은 아니다. 그런데도 과자에 매달리는 건 아주 배가 고프다는 증거다. 나도 배가 고프지만 현재 먹을 만한 것이 아무것도 없다. 할 수 없이 과자에 달려드는 대신 저녁 준비에 달려든다.

장을 봐온 봉지를 뒤적거리자 높새와 갈마가 얼른 다가온다.

나는 말없이 저녁에 쓰일 재료를 꺼내놓는다. 높새와 갈마도 말없이 그것들을 다듬고 씻고 썬다. 맨 먼저 밥부터 지어야 한다. 전기밥솥이 없으니 냄비 밥이다. 붙어 서서 불 조절을 해야 하고 제일 시간이 오래 걸리는 일이다. 반찬을 하는 동안 경계를 게을리 하지 않고 살펴보면 된다. 밥을 앉혀놓고 '하늬표 고추장볶음'과 드디어 포장을 해제한 고추장을 섞어 돼지불고기 양념을 만든다. 양파와 감자, 풋고추를 썰어 넣고 된장을 한 숟갈 풀어 된장찌개도 끓인다. 얼추 30분이 지나니 밥도 뜸이 들고, 찌개 냄새가 진동하고, 돼지불고기도 그럴듯하게 완성되었다.

상을 차리고 시원한 맥주까지 꺼내놓는다.

와!

상차림을 끝내고 박수부터 친다.

씨스뜨라가 눈을 빛내며 상에 둘러앉는다.

묵묵히 저녁 준비를 하던 조금 전까지와는 아주 다른 얼굴이다.

배고픈 채 즐거울 수는 없는 모양이다. 나도 그렇다. 눈앞의 밥상이 그렇게 귀하고 반가울 수가 없다. 분명 부족한 양념에 찰기가 없는 밥이지만 배고프고 목마른 씨스뜨라에겐 부족함이 없는 맛이다. 맛을 빛낸 일등공신은 배고픔. 무엇이든 부족할 때 그 가치가 온전히 살아나는 것 아닌가 싶다.

돼지불고기를 요청한 갈마가 고기를 제일 맛있게 먹는다. 보람이 하늘을 찌른다. 주부들이 이 맛에 그렇게 한결같이 부엌을 지킬 수 있는지도 모르겠다. 술을 못 마시는 하늬와 높새도 시원하게 맥주잔을 비운다. 좀 있으면 둘은 목까지 빨개져 침대에 쓰러질 것이다. 술을 분해하는 효소가 부족한 사람들이 그렇다는데 둘은 맥주 반잔에도 온몸이 붉어진다. 그러니 좋아하지도 않거니와 웬만해선 마시지 않는다. 그런 그들에게 맥주 한 잔은 엄청 과음이다.

과음을 한다는 건, 그들이 지금 몹시 편하고 풀어졌다는 증거다.

나만 억눌린 감정이 풀어진 것은 아닌 모양이다.

쌍뜨의 첫날밤이 강물처럼 유유하게 흘러가고 있다.

〈 떠나기 전에 4 〉

여행사를 통해 가는 것이 아니니 모든 준비는 스스로.

개인 물품은 각자의 방법으로 준비하고 즐겼어. 하지만 정말 여행 준비는 따로 있지. 함께 결정해야 할 필수적인 것들 말이야.

비행기, 숙소, 일정.

적어 놓고 보니 아주 간단해.

이 간단한 걸 해결하는 데 3주 이상이 걸렸어. 물론 3주 내내 이 일에만 매달려 있었던 건 아니야. 일상생활을 해가면서 각자 검색하고, 때로는 만나고, 자주 채팅방을 통해서 의견을 교환했어. 그렇다 하더라도 준비 기간이 너무 길게 느껴진다면 그건 씨스뜨라의 나이 탓일 거야. 물론 능력 부족 때문이기도 해. 어쩌면 지나치게 조심스러웠던 지도 몰라. 구구절절 적어놓고 보니 어차피 같은 뜻인 걸? 나이가 들면 능력이 떨어지고 노파심이란 질병도 생기니까 말이야.

비행기표 예매는 쉽게 끝났어.

할인되는 왕복표가 있어서 먼저 질러버렸거든. 마침 날짜가 얼추 우리가 원하는 기간에 속해있었어. 그러니까 확실한 여행 날짜는 비행기 표가 정해준 셈이지. 할인되는 대신에 취소하면 위약금이 많았어. 위약금을 무는 일은 없어야 했지. 하늘이 무너지는 일이 생기지 않고는 취소할 일은 없다는 걸 알고 있었어. 누군가 입원할 정도로 아프지만 않다면 떠날 거란 얘기지. 씨스뜨라 생각도 나랑 다르지 않다고 믿고 하는 말이야. 그럴 만큼 오래된 친구들이거든. 가까이 지낸지 모두 20년이 넘었어.

처음엔 직장 동료로 만났지. 나이 차이가 있지만 마음은 나이같은 걸 문제 삼지 않더라고. 좀 더 젊었을 땐 같이 여행도 자주 다녔어. 여행하면서 많이 친해진 것 같아. 당일치기 말고 적어도 며칠씩 걸리는 여행 말이야. 하루 24시간을 같이 있으면서 같이 먹고, 같이 다니고, 같은 곳에서 자는 것. 그처럼 밀접하게 있다 보면 그 사람을 새롭게 알게 되는 것도 많아. 완전히 알게 된다고 해야 할까. 물론 사람을 완전히 안다는 게 가능한지는 모르겠지만 몰랐던 걸 알게 되면서 비로소 전체가 보이는 느낌이 들지.

하여간 많은 것이 새롭게 다가와. 새로운 것에 놀라기도 하고 새롭게 적응하기도 하지. 그저 만나서 밥을 먹고, 차를 마시고 헤어졌을 땐 몰랐던 게 분명히 있어. 연애를 아무리 오래 해도 결혼해 살아보면 놀랄 일이 많다지 않아? 근데 여행은 결혼해 사는 것보다 더 밀접한 관계로 있게 돼. 물론 기한이 정해져 있다는 게 다르긴 하지만.

생각해보면 가족도 이처럼 붙어있진 않아. 젖먹이가 아니고선 말이야. 어린아이도 몇 시간은 유아원에 보내지지. 부부나 아이들도 일터로, 학교로 가야 하니까 일정한 시간은 다른 공간에서 보내는 각자의 생활이 있단 말이지. 그러니 가족도 저녁에나 만나는 거잖아. 그리고 집에 있다고 해서 꼭 같이 시간을 보내게 되는 것도 아니야. 대체로 각자의 방이 있고, 더구나 자녀들이 고학년이 되면 서로 얼굴 못보고 지나가는 날도 있을 거야.

근데 여행지에선 같은 방을 써야 하는 경우가 많고, 때로는 여러 명이 한 방에서 자기도 하지. 잠자는 시간도, 잠버릇도 다른 사람들이 말이야. 오죽하면 신혼여행지에서 같이 돌아오기만 해도 다행이란 말이 있을까. 사실 의기투합해서 해외로 배낭여행을 갔다가 마음이 안 맞아 따로 돌아왔단 이야긴 의외로 많아. 말다툼은 애교로 봐줘야 할 정도지. 친했던 사람들이 여행 갔다가 틀어져 만나지 않는 경우도 있고 말이야.

그들 사이에 도대체 어떤 일이 있었던 걸까. 서로가 서로를 참아낼 수 없을 정도로 실망한 걸까. 아님 서로에 대한 사랑과 신뢰가 실망에 무너질 정도로 얕았던 걸까. 그것도 아니라면 상대가 성인군자이길 기대했던 건 아닐까. 하여간 보고 싶은 것만 보다가 부정하고 싶은 걸 발견했는지도 모르지. 그리곤 자신의 판단력에 실망하는 것이 아니라 상대에게 실망해 버린 건지도.

씨스뜨라는 어땠을까.

물론 비슷한 마음의 과정을 겪었을지도 몰라. 갈등이 없는 인간관계란 없다니까. 갈등 없는 변화도 없고 말이야. 하지만 그 갈등이 어떻게 흘러가고 변해갔는지는 모르겠어. 새롭게 알게 된 가치관이나 습관에 놀라거나 실망하기도 했을 거야. 하지만 실망이 마음의 갈등을 키워가도록 두진 않았던 것 같아. 아니 실망 정도로 인격 전체를 부정하고, 실망 정도로 모든 관계가 오염될 그런 사이는 아니었던 지도 몰라.

결론적으로 말하면, 실망이 신뢰를 깨뜨릴 수 없었던 사이였어. 그만큼 서로에 대한 믿음이 컸던 거지. 고로 여행을 계속 할 수 있었고. 다른 건 모르겠지만 확실한 하나가 있었던 건 분명해. 인간 자체에 대한 믿음.

하지만 이것도 어디까지나 나의 해석.

결과를 두고 그런 해석을 해본 것뿐이야. 같은 결과라 해도 원인은 다를 수 있으니까. 생각이 같으리라고 단정 짓는 버릇은 언제나 실수를 불러 오지. 그래서 그들의 생각은 또 다를 것이라고 봐. 대화를 해보면 생각지도 못한 이유를 들을 수 있을지도 몰라. 그런 다른 생각들이 재밌기도 하고, 때론 궁금하기도 해. 그래서 같이 시간을 많이 보내는 사이일수록 할 말도, 들을 말도 더 많은 것 같아.

숙소 예약은 씨스뜨라의 조건이 까다로워 힘들었지만 삽산(САПСАН) 열차 예매가 진짜 큰 숙제였어. 비행기 다음으로 중요한 교통편이었지. 여행 나흘째에 모스크바에서 쌍뜨뻬쩨르부르그로 이동을 해야 했거든. 여행 짐을 다 꾸려서 이동해야 하는 먼 거리라 편리함과 신속함을 모두 갖춘 교통편이어야 했어. 비행기가 빠르긴 하지만 수속시간이 길고 도착지 공항이 숙소에서 너무 멀었어. 그래서 열차만큼 괜찮은 선택이 없었지. 그것도 4시간이면 이동이 가능한 모스크바와 쌍뜨 간 논스톱 초고속 열차라니 말이야.

삽산은 2009년에 처음으로 개통된 초고속 열차야. 그리고 우리가 예매하려는 모스크바 쌍뜨 간 논스톱 열차는 2011년에야 생겼대. 운이 좋은 거지. 그게 아니었으면 운행 시간이 7시간이 넘는 열차를 타거나 비행기를 타야 했겠지.

문제는 예매.

러시아 여행 가이드북에 의하면 한국에서 예매를 하는 것이 가장 현명한 방법이라고 했어. 가능한 일찍 해야 원하는 좌석표를 구매할 수 있기도 하지만, 러시아 말을 모르면 현지에서 구입하는 것이 상당히 어렵다고. 그나마 러시아 철도청 사이트에 들어가면 영어 사이트가 있으니 말이야.

물론 이 숙제 해결에도 높새와 갈마의 활약이 눈부셨지. 컴퓨터를 이용한 인터넷 예매니까. 나는 옆에 앉아 훈수만 들었어. 시간이 많이 걸리긴 했지만 무사히 예매를 끝낼 수 있었어. 하지만 큰 실수가 있었지. 역방향 좌석인 걸 꿈에도 몰랐거든. 생각지도 못했던 실수는 기차가 출발하는 순간에야 발견이 되었지. 덕분에 하늬가 엄청 고생을 했단 이야긴 이미 알고 있을 거야.

여행 일정에 대해선 모스크바와 쌍뜨에 숙소가 정해지는 순간 더 이상 의논하지 않았어. 각자의 몫으로 돌려놓았지. 큰 테두리는 정해진 것이고 세세한 것은 여행지에 가서 얼마든지 변경할 수 있으니까 말이야. 가고 싶은 곳을 찾아보고 조사하는 기쁨을 저마다 누렸겠지만 결과가 그다지 다르지 않을 거란 예상은 할 수 있었어. 어차피 참고하고 있는 가이드북이 같고 또 같은 곳에 머무르는 걸?

아무튼 여행보다 더 긴 여행 준비가 이렇게 끝났이.

다섯째 날
5월 6일, 금요일

맑음과 흐림은 뫼비우스의 띠

쌍뜨의 첫날이 밝았다.

하늘이 가을처럼 맑고 푸르다.

잠자리와는 참 다른 상쾌함과 우아함이다.

푸르름으로 눈부신 하늘을 바라보다 이부자리를 보니 웃음이 난다.

내 위에는 누더기가 겹겹이 덮여있다.

염려는 사실이 되었다. 낡은 아파트에 난방이 제대로 되지 않았다. 집안에 설치되어 있는 라디에이터는 작동되지 않는 것이었다. 난방기라곤 이동식 작은 라디에이터 하나가 전부. 그 작은 라디에이터를 침실과 거실 사이에 켜 두고 잠자리에 들어야 했다. 더구나 거실 소파침대엔 이불다운 두꺼운 이불도 없다. 제대로 된 이불은 침실에 하나가 있을 뿐. 그리고 침실 침대엔 하늬와 높새, 거실 침대는 갈마와 나, 이렇게 쓰게 되었다.

　난방이 제대로 되지 않으면 이불이라도 두꺼워야 했지만 현실은 그렇지 않았다. 그래서 집안에 있는 덮을 거리를 모두 찾아내어 겹겹이 쌓았다. 여름 이불, 시트, 침대 덮개 할 것 없이 꺼내 덮어놓은 것이 자그마치 일곱 겹. 얇은 것들이라도 쌓아놓으니 엄청 무거웠다. 추운 것보단 낫겠지? 하며 물에 젖은 거적을 들치듯 이불 아래로 기어들어가 잠이 들었다.

　침침한 불빛 아래선 그런대로 이부자리로 보이던 것이 밝은 햇살 아래에선 누가 봐도 누더기. 사실 하나 하나 자세히 보면 그리 험한 덮을 거리는 아니다. 그런데 색깔도 다르고 두께도, 형태도 다른 것들을 중구난방 모아놓으니 도무지 조화로움과 거리가 멀다. 따로 두면 제법 괜찮은 이불이라도 수거함에 버려져 모여 있으면 어쩔 수 없이 초라하고 궁색해 보이는 것처럼.

　그래도 춥지 않았으니 다행 아닌가. 이 누더기도 정이 들겠지. 그리고 시간이 누더기를 이불로 바꿔놓겠지. 아마 떠날 때쯤이면 다정한 눈빛으로 누더기들을 하나하나 개킬지도 모른다. 벌써 주방은 다정해지지 않았는가. 어제 저녁을 같이 했을 뿐인데도 말이지. 물론 씨스뜨라의 마술 같은 손길 덕분이다. 높새는 우리가 쓸 주방 용기를 다시 씻어 재정비하고, 갈마는 식료품을 보기 좋고 쓰기 좋게 배치해두었고, 하늬는 그릇들을 쓰기 전보다 더 반짝이게 닦아놓았다. 그리고 눈에 익은 양념들이 싱크대 위에 나열되어 있으니 하룻밤 사이에 숙소가 씨스뜨라의 집이 되었다.

　느긋한 아침이다.

　높새가 익숙하게 커피를 내린다.

　사다놓은 빵과 치즈, 사과를 내놓으면 아침 준비 끝.

　천천히 커피를 마시고 빵을 먹으면서 오늘 일정을 확인한다. 에르미따쥐 박물관 개관 시간이 10시 30분. 그러니 아침 시간이 아주 여유롭다.

오늘은 에르미따쥐 박물관 가는 날. 어제 합의본 결과다.

박물관 관람이 생각보다 피곤할 수 있다. 아름다운 미술품만 모아놓은 곳이니 욕심이 나지 않을 수가 없으니까. 그래서 아무리 마음을 느긋하게 먹고 가도 무리를 하게 된다. 그러니 기운 짱짱할 때 먼저 가는 게 맞다. 더구나 이번 여행의 하이라이트가 아니던가. 혹시 여행 중 병이라도 나면 정말 보고 싶었던 걸 못 보게 될 수가 있다. 게다가 수요일과 금요일은 저녁 9시까지 관람이 가능한데 오늘이 마침 금요일이다.

이런 이유를 들어가며 1순위로 박물관을 선택했다.

그리고 하루를 더 할애하는 걸로 의견을 모았지만, 그 날짜는 정하지 않았다. 비가 오고 날씨가 나빠 야외 활동이 서글픈 날 가는 게 좋겠다, 정도로 융통성 있게 여지를 남겨두었다.

하지만 씨스뜨라는 이틀 연달아 박물관에 가게 된다.

그렇게 해야만 할 피치 못할 사정이 생겼기 때문이다. 이 이야기는 뒤에 상세히 밝히겠지만 넋두리는 좀 늘어놓아야겠다.

아! 지금 생각해도 아찔하고도 어처구니없는 사건이었다. 미래의 계획을 보장해주는 자는 없었다. 그런 보장을 인간이 할 수는 없지만 하늘도 무심하긴 마찬가지였다. 운명은 참 기상천외한 방법으로 계획을 무너뜨리고 지나갔다. 그래서 우리는 계획에도 없는 강행군을 하게 된다. 아니 사실은 강행군을 피하려고 했던 짓이었지만 그것도 뜻대로 되지 않았다. 이번엔 인간의 마음이 또 문제였던 것이다. 아무튼 어떤 거대한 힘에 떠밀려가듯 이틀 동안 박물관 관람에 내몰리게 된다.

그렇게 되기 전엔 아무것도 몰랐다.

다리가 부러지도록 박물관을 맴돌게 될 것이라는 것도,

그것을 연이틀 하게 될 것이라는 것도,

물론 아찔한 사고를 당하게 될 것이라는 것도.

모든 것이 좋았던 시간 속에 어려운 시간들이 예정되어 있었던 걸까.

아니면 모든 것이 좋았던 시간이 모든 힘겨운 것을 보상하고도 남는 걸까.

여행이 끝나고 시간을 추억할 때 더 강렬하게 남는 시간은 무얼까.

어떤 시간 속의 감정이 최후의 승리자가 될까.

그것도 마음이 정하는 걸까.

그것이 운명일까.

그렇다면 마음이 운명인 걸까.

에르미따쥐 가는 길과 궁전광장

한껏 여유를 부리며 옷을 골라 입고 박물관으로 향한다.

하늘은 맑고 바람은 상쾌하다. 모든 것이 좋다. 아파트를 나서는 순간 모이까 강이 반짝이며 인사까지 하니 어찌 좋지 않겠는가. 거리가 바로 예술이다. 눈을 빛내며 거리 사진을 찍고 행복한 표정으로 눈앞의 세상을 바라본다.

도시를 가로지르는 강의 역할은 어느 정도일까. 이곳에서 강은 절대적인 가치를 지닌 것으로 보인다. 강이 없다면 무엇이 남을까. 무엇으로 아름다움을 삼았을까. 강을 따라 건물이 늘어서고, 강을 따라 길을 내고, 강을 따라 길을 가는 사람들.

씨스뜨라도 강을 가로지르는 다리를 건넌다.

다리 중앙에 잠시 서서 강물을 내려다보는 것도 잊지 않는다. 다리 밑을 유유히 지나가는 배가 물살을 가른다. 물위를 떠가는 배는 그림 같고, 갑판에 선 채로 온몸으로 바람을 맞아들이는 사람들의 표정은 평온하다. 아니 내 마음이 평온한가? 아니면 강물이 모든 것을 흐르는 물처럼 만들어버리고 있는가. 흐르는 대로 맡겨두는 것만큼 평온한 것이 있을까.

다리를 건너면 상점이 늘어선 도로가 이어진다.

도로를 끼고 이어진 그다지 넓지 않은 인도를 따라 계속 걷는다. 높새는 생전 처음 걸어보는 길을 현지인처럼 자신 있게 가고 있다. 머릿속 지도가 잘 작동되는 모양이다. 중심가답게 거리엔 오가는 사람들로 어깨가 부딪칠 지경이다. 어슬렁거리던 자세를 고치고 행인들의 속도에 맞추어 걸음을 빨리 한다. 말하자면 흐르는 물결을 타는 것이다. 그래야 나도 다른 행인도 주춤거리지 않게 된다.

인파 속에선 앞을 보며 걷기에만 집중한다.

앞장 선 높새와 갈마를 따라가려면 두리번거릴 여유가 없다. 어떻게 방향을 잡아가는지 나는 모른다. 그런 걸 생각할 짬도 없지만 그래봤자 머리만 아프고 성과는 없다. 나의 재주가 미치지 못하는 부분은 재주 있는 자에게 시원하게 맡긴다. 잘 의존하는 것도 능력이다. 의존도 믿음에서 나오는 것이다. 그리고 믿음은 상대의 능력을 더욱 잘 발휘하게 만드는 힘이니까. 비록 실패가 있을지라도 실패에서 배우는 것이 있으니 정말 실패는 없는 셈이다. 그러니까 믿고 의존하는 것도 누군가의 재주를 더욱 세련되게 키워주는 엄청난 능력이 아니겠는가. 아기가 엄마에게 보이는 그 믿음과 의존이 엄마의 기능을 최대한 뽑아내듯이 말이다. 이렇게 적고 나니 내가 왠지 남의 피를 빠는 흡혈귀 같다.

흡혈귀는 지금 숙주에서 눈을 떼지 못하고 따라가고 있다.

+ + +

목적지는 걸어서 10분 거리.

숙소를 중심가에 정했던 보람이 밀려온다.

드디어 박물관 앞 궁전광장에 이른 것이다.

우와!

우선은 감탄사가 최선이다.

사람의 머리만 보면서 복잡한 거리를 정신없이 걸어왔다. 그런데 어느 순간 그 많던 사람들이 흩어져버리면서 앞이 시원해진 것이다. 갑자기 눈앞이 터지면서 나타난 드넓은 광장에 눈과 마음이 동시에 환호한다.

아득한 광장의 끝에는 구름 한 점 없는 푸른 하늘이 드리워 있다. 마치 땅과 하늘이 주인공인 세상처럼. 물론 광장을 둘러싼 우아한 건물들이 존재한다. 단순한 건물이 아니라 광장의 이름이 있게 한 궁전 건물들이다. 그리고 우린 곧 그 건물들 속으로 들어갈 것이고, 건물 자체가 오늘의 관광 목적지이기도 하다.

하지만 지금은 단연코 광장이 주인공이다.

눈이 따라가지 못하는 넓이로 펼쳐진 광장은 다른 건물들의 존재를 압도하는 무엇이 있는 모양이다. 정보를 수집하고, 판단하고, 계획을 잡았던 높새도 놀란다. 하늬와 갈마의 표정에도 감탄이 넘친다. 모두에게 상상 이상임이 분명하다. 나? 나는 미친 듯이 광장의 중앙으로 내닫는다. 예습 없이, 아무런 정보도 없이 왔던 나는 충격에 가까운 감동에 휩싸인 것이다. 박물관 관람을 하는 걸로만 알고 왔을 뿐이니까.

자연물이든 인공물이든 감각적으로 즐기려는 경향이 강한 나로선 정보 수집에 흥미가 없다. 아니 일부러 사전 지식을 피하기도 한다. 선입견 없이 감각을 즐기고 싶은 것이다. 정보에는 정보를 쓰는 자의 느낌과 의견이 깔려 있는 법이니까. 그리고 사람은 선입견에서 누구도 자유로울 수는 없으니까. 그래서, 아무런 정보도 없이 광장에 도달한 나는 한참 동안 마구 날뛰게 된다.

에르미따쥐 박물관과 알렉산드로프 전승기념비

하지만 한없이 흥분하고 있는 인간은 없다.

아니 뇌 자체가 그렇게 생겨먹었다. 모든 자극은 무디어진다.

충격적인 감동이 지나가고 뇌도 다소 안정을 되찾는다.

자세히 보니 구경할 것은 없다. 광장이니까. 탁 트인 장대하면서도 아름답고 우아한 광장일 뿐이다. 그렇다고 실망이 찾아왔다는 뜻은 결코 아니다. 느끼는 방법 외엔 달리 볼 것이 없는 데도 자꾸 눈이 간다. 여전히 가슴이 뛴다. 그리고 뛰고 있는 가슴 한가운데로 들어온 것이 광장 중앙에 높이 솟은 기념비.

그제야 정보가 필요해진다.

저건 뭐지?

나중에 책을 보고 알았지만 그건 알렉산드로프 전승기념비였다.

그리고 '궁전광장'이란 이름의 유래도 그때 자세히 알게 된다.

'선 감상, 후 정보'가 내가 좋아하는 여행 방법이다. 그것도 감상이 제대로 된 것에 한해서만 정보가 궁금해진다. 너무 시간에 쫓기거나 피곤에 절면 감상이 없다. 그러면 정보도 저절로 필요 없게 된다. 그러니 아무리 많이 본다 해도 감상이 없다면 의미도 없다. 다리만 아프고 끝나는 것이다.

어차피 여행의 의미는 개인적인 감각 즐기기 아닌가? 조사하고 연구해서 논문을 쓰겠다는 포부가 아니라면 말이다. 그리고 사람들이 즐겨 찾는 지구촌에 대한 웬만한 정보는 이미 넘치고 있다. 필요할 때 찾아보면 되는 것이다. 정보는 감상을 더 깊게 하기 위한 보조자 역할을 할 뿐이다. 물론 이런 주장은 순전히 여행을 감각적으로 즐기려는 자의 이기적이고도 자의적인 해석에서 나온 것이다. 여행을 이어가기 위한 필수 정보는 다른 사람에게 의존할 수 있으니 하는 배부른 소리란 말씀. 덕분에 누구는 더욱 감각적이 되고, 누구는 더욱 많은 정보를 찾아야 하는 고통이 있을지니. 연기(緣起)의 법대로라면 언젠가 갚아야 하는 빚이 날마다 쌓여가고 있는 셈이다.

다음은 책에서 찾아본 궁전광장과 알렉산드로프 전승기념비에 대한 정보다.

에르미따쥐 박물관 앞에 있는 드넓은 광장이 궁전광장이다. 궁전광장이란 이름은 18세기 황제들의 거주지였던 겨울궁전이 들어서면서부터 생겨났다. 현재 겨울궁전은 에르미따쥐 박물관 중 하나로 사용되고 있다. 궁전광장 중앙에 50m 높이로 서 있는 구조물은 알렉산드로프 전승기념비. 나폴레옹과의 전쟁에서 승리한 것을 기념하기 위해 1834년에 세워졌다고.

그리고 우리가 엄청난 인파에 섞여 통과한 아치가 에르미따쥐 박물관 본관과 마주 보고 서 있는 구 참모본부 건물의 개선 아치였다는 것도 그제야 알았다. 그러니까 참모본부 건물 뒤편에서 개선 아치를 통해 궁전광장으로 들어선 것이다.

천장과 벽에 가려졌던 하늘과 공간이 한꺼번에 열리는 감동을 선사한 개선 아치.

아치를 벗어나는 순간 갑자기 나타난 궁전광장.

그래서 광장의 모습이 더 극적으로 다가온 듯하다.

그림, 또 그림

자동발매기에서 에르미따쥐 박물관 관람표를 구입한다. 600루불.

박물관 본관 매표소 앞에는 줄이 길었다.

높새는 자동발매기를 찾아가자고 했다. 사전 조사를 어지간히 한 모양이다. 광장까지 길게 늘어선 줄을 무시하고 건물 사이로 들어서자 작은 정원이 나왔고 양쪽에 자동발매기가 여러 대 놓여있었다. 자동발매기엔 줄이 길지 않았다. 그리고 영어버전이 있어 구입하는 데 큰 어려움은 없었다.

그렇다고 한방에 해결된 것은 아니다. 몇 번의 실패 후 성공한다. 지폐를 잘 먹어주지 않아서 실패하고, 이유도 모르는 이유로 실패를 했다. 드디어 발매기가 돈을 무사히 잡수시고 표를 토해내자 박수를 친다. 돈이 스르륵 빨려 들어가는 것이 얼마나 고맙던지. 그리고 돈을 먹은 값으로 표를 뱉어내 주는 것이 얼마나 장하던지.

당당하게 표를 들고 우리가 향한 곳은 참모본부 건물.

그것도 정보를 통해 얻은 값진 선택이다.

에르미따쥐 박물관 본관 3층에 전시되어 있던 18~19세기 인상파, 야수파, 입체파 등의 서양 미술품이 그곳으로 옮겨져 전시되어 있다고. 어느 곳을 먼저 보아도 상관없단다. 입장권만 잃어버리지 않고 잘 간직하면 된다. 전시장으로 들어갈 때는 반드시 구매한 표를 스캔해야만 입장이 가능하다니까. 그리고 우리가 참모본부 전시관을 먼저 선택한 가장 중요한 이유는 본관보다 더 조용하다는 정보 때문. 특히 오전엔. 왜냐하면 대부분의 관람객이 궁전 박물관을 먼저 보기 때문이란다. 하루를 박물관 관람에 할애하는 경우에도 그렇고, 만약 시간이 더 짧아 하나를 선택해야 된다면 대개 궁전 박물관을 보는 게 일반적이니까.

씨스뜨라는 무조건 조용한 곳을 먼저 보기로 한다.

정보는 옳았다. 그리고 완전 성공했다.

다음 날 오후에 참모본부를 다시 찾았을 때 절감했다. 첫날의 선택이 얼마나 성공적이었는지를. 오후의 참모본부 전시관은 꽤 붐볐다. 첫날의 감상과 비교할 수 없었던 것은 물론이다. 더 이상 그림 앞에 조용히 서 있을 수 있는 곳이 아니었던 것이다.

검색대를 통과하고 가방을 보관소에 맡긴 후 관람을 시작한다.

아직은 배도 든든하고 다리에도 힘이 있으니 감각은 오직 그림에만 집중된다.

집중의 즐거움.

선과 색채가 던지는 감정의 강렬한 표출에 전율한다. 인물의 표정과 동작 그리고 배경에서 수많은 이야기를 듣고 역사를 본다. 그 많은 것을 오직 색채와 선으로 드러낼 수 있다니. 특히나 시선을 사로잡는 색채의 향연. 직접 보지 않고는 결코 느낄 수 없는 빛의 잔치다.

하지만 얼마 지나지 않아 즐거움은 곧 들끓는 쾌락 추구로 변질된다.

아름다운 색채가 나를 행복하게 했다.

빛의 마술에 행복해져서 욕심이 났다.

여기에서 살고 싶다는.

매일 이곳에 와서 그림 앞에 앉아 있을 수 있다면 얼마나 좋을까.

욕심이 자라나면서 행복감은 줄어든다.

아름다움을 좀 더 많이 즐기고 싶은 마음에 발걸음이 빨라진다.

그러자 마음이 허둥대면서 기쁨은 정작 사라지는 걸 눈앞에서 목도한다.

그러지 말자고 최면을 걸어보지만 시간에 쫓기는 버릇이 자꾸만 되살아난다.

많은 그림이 눈앞에서 지나갈수록 감정은 메말라갔다. 즐거움은 다른 욕망이 없을 때 오롯이 빠질 수 있는 감정이니까. 욕심이 앞을 가린다는 걸 알면서도 쉽게 포기되지 않았다. 눈앞의 색채들이 자꾸만 더 움직이라고 나를 획책하는 것 같았다. 아닌 게 아니라 오후 2시가 넘어가는데 아직도 우리 앞엔 많은 전시실이 남아 있었으니까. 그리고 드디어 배도 고파지고 다리도 아파졌으니까. 그런데도 아직 궁전 박물관은 통째로 남아있었으니까. 오후엔 궁전 박물관을 조금 봐두자고 했는데 어떻게 될지 알 수가 없게 되어버렸다. 오후 9시까지 관람이 가능한 금요일이라고 좋아했었다. 하지만 이제 보니 체력이 문제가 될 게 뻔했다.

체력이 문제라면 관람을 포기하면 된다.

집에선 그런 결심이 쉬웠다. 그림을 보기 전에는.

그런데 눈앞에 두고 포기하는 건 쉽지가 않았다. 인간이 얼마나 보이는 것에 흔들리는지. 의지라는 게 얼마나 강해야 그 모든 감각을 이겨먹을 수 있는지. 그 한계를 나는 모르겠다. 그림은 한 발자국 앞에서 나를 부르고, 나는 영혼이 없는 사람처럼 그림 앞으로 자꾸 불려가곤 했다.

동행자들도 마찬가지인 모양이다. 그만 보고 쉬면서 점심을 먹자고 한지 2시간이 지났다. 그런데 그들도 그림 앞에 마취된 듯이 서 있다. 아니 사실은 너무 지쳐서 생각이 없어진지도 모르겠다.

3시가 되어서야 아쉬운 마음을 뒤로 하고 참모본부 건물을 나선다.

하루를 더 할애하기로 했으니 그날을 기약한 채다. 그런 기약이라도 없었다면 아쉬운 마음이 아니라 절통한 마음으로 나왔을 것 같다. 도대체 인간에게 그림이 뭔지, 예술이 뭔지. 난리 아닌 난리를 겪고 있는 기분이다.

거리에서 빵과 음료를 사서 공원 벤치에 앉아 늦은 점심을 먹는다.

몰려드는 비둘기들이 처음으로 성가시게 느껴진다. 옆에 놓인 커피 잔에 이물질이 들어갈까 신경이 쓰인 것이다. 너무 지쳐 빵을 씹는 것도 힘든 판이다. 그런데 비둘기들이 너무 가까이 다가와 날개를 퍼덕인다.

아, 난 커피 잔까지 들고 있을 힘이 없다.

그러니 귀찮게 하지 말고 저리 가라.

진정으로 비둘기가 좀 조용히 물러나 주었으면 싶다.

깃털 달린 것들만 보면 눈을 못 떼던 사랑의 감정은 어디로 가버린 것일까.

사랑도 별 것 아니구나!

난 쓴웃음을 지으며 마시고 씹는다.

+ + +

점심을 먹고 난 뒤 의견이 좀 분분했다.

원래 예정대로라면 오후엔 본관 전시관 관람이었다.

관람 시간은 저녁 9시까지. 전날까지만 해도 그 사실은 축복이었다. 저녁을 먹고 다시 와도 되겠다며 좋아했다. 그런데 지금 야간 관람시간이 씨스뜨라를 혼돈에 빠뜨리고 있다. 아니 욕심이 온통 정신을 흐리게 하고 있다. 예정에 없던 일정을 하나 더 보태고 싶은 것이다. 사실은, 최근에 도자기 만드는 것을 배우고 있는 높새의 심중엔 본래 들어있었던 곳이었다. 일정이 너무 빡빡할 것 같아 발표를 보류하고 있었을 뿐.

우리가 구매한 600루블짜리 입장권엔 도자기 타일 벽으로 유명한 멘쉬꼬바 영주의 궁전 관람이 포함되어 있었던 것이다. 높새에겐 놓치기 싫은 유혹이었음에 틀림없다. 지도상으론 아주 가까운 거리에 있었으니까. 에르미따쥐 박물관 뒤로 흐르는 네바 강을 건너면 바로였다.

"거리가 가까우니 잠깐 가서 보고 오면 되지 않을까?"

거절하기 힘든 제안이었다. 잠깐 보고 오면 된다는데. 더구나 지척지간에 있다니 말이다. 어차피 에르미따쥐 박물관은 오늘로 끝이 아니다. 하루를 더 할애하기로 약속이 되어 있다. 그리고 오후 일정에 다른 것을 하나 끼운다 해도 에르미따쥐 폐관 시간은 9시. 우리가 묵는 숙소에서는 10분 거리. 저녁을 먹고 다시 오는 것도 어렵지 않다.

멘쉬꼬바 궁전을 보고 바로 숙소로 돌아가자. 그리고 집에서 저녁도 먹고 쉬다가 다시 에르미따쥐로 오면 되지 않겠느냐. 늦은 시간이니 조용하기도 할 것이다. 그때 와서 본관 전시관 몇 개만 보자.

그렇게 결론을 내리고 네바 강을 건넌 것이다.

네바 강을 건너 멘쉬꼬바 궁전으로

강은 함부로 건너는 게 아니었다. 특히 지도에 표시되어 있는 강줄기에 속으면 안 된다. 단순하고 좁은 파란 줄기가 사람을 제대로 속였다. 그래도 다리를 건널 때만 해도 기분이 좀 살아 있었다. 출렁이는 강을 가로지르는 다리라는 것이 원래 사람의 마음을 흔드는 묘한 구조물이니까. 햇살이 뜨거웠지만 강에서 불어오는 바람이 그런대로 땀을 식혀주었다. 하지만 강변길로 들어서자 바람도 사라지고 햇빛만 작렬했다.

한낮의 햇살 속에 그대로 노출되어 있는 강변길.

그곳에 강변의 낭만은 없었다. 적어도 당시 나에겐. 선글라스 속으로까지 햇빛이 치고 들어와 눈도 제대로 뜰 수 없는 마당에 낭만은 무슨. 괜히 죄 없는 '낭만'을 불러놓고 욕을 하며 걸었다. 자연 속에 적나라하게 노출되어 있는 게 보통 힘든 일이 아니었다.

그래서 인간이 문명을 만들었는가?

아이고 궁전은 언제 나오나.

강만 건너면 된다더니 이게 무슨 날벼락이냐.

난 내리쬐는 햇빛 아래 이렇게 오래 있지 못한단 말이다.

정말이다. 난 햇빛에 오래 서 있지 못한다. 학창 시절엔 운동장 조회 때 여러 번 쓰러진 경험이 있다. 그리고 지금 정말 속이 울렁거린다.

울렁증이 마침내 화로 치밀어 오르는 순간 궁전에 도착한다.

40분 정도 걷고 난 뒤의 일이다. 그 시간이면 듣기 좋은 꽃노래에도 귀를 막고 싶을 만큼의 시간이 아니겠는가 말이지. 아까도 말했지만 너그럽지 않은 환경 속에서 그렇다는 뜻이다. 쾌적한 산책이라면 얼마든지 환영이다.

혼자 투덜거리고 화를 낸 자신에게 이런 변명을 하며 궁전 안으로 들어선다. 그저 우선은 그늘이 반가울 뿐이다.

궁전 앞에 멘쉬꼬바 영주의 흉상이 있었지만 관람이 끝나고 나올 때야 눈에 들어왔다. 그것도 흉상 주변에 놓인 벤치에 앉아 잠시 다리를 쉬고 있는 참에 본 것이다. 궁전의 주인한테 인사가 늦었지만 앉은 채로 아는 체를 했다. 들어갈 땐 너무 힘들어 눈에 보이는 게 아무것도 없었다고.

궁전 내부 벽면과 천장은 온통 타일이다.

멘쉬꼬바 궁전의 가장 큰 특징이 타일로 장식된 내부.

손바닥만한 타일들은 궁전 내부를 장식하기 위해 특별히 제작된 것으

네바 강과 강변의 건축물들

로 타일마다 독립된 그림이 그려졌다. 오직 푸른색으로만. 그 타일을 하나하나 붙여 완성한 천장과 벽면. 작은 그림이지만 같은 것이 하나도 없다. 첫눈에 화려하게 다가오지 않지만 볼수록 놀랍다.

그 작은 타일로 수많은 방들을 덮어놓았으니 도대체 그 그림들이 얼마나 될까. 몇 천, 아니 몇 만이 넘지 않을까. 타일을 자세히 보면 작은 그림 어디에도 소홀함이 보이지 않는다. 마음먹고 그림 하나하나를 제대로 감상하려면 몇 번을 다시 태어나 오직 그림만 보며 지낸다 해도 다 끝내지 못할 것 같다.

영주는 일본이나 중국 같은 동양 문화에 매혹되어 있었던 모양이다. 푸른색으로만 채색된 그림이 그렇고, 그림 속의 인물과 건물과 자연의 모습도 동양적이다. 그리고 방마다 진짜 동양화가 가득하다. 궁전 내부를 보고 있는 동안 멘쉬꼬바란 남자의 취향에 대한 궁금증이 생기기도 했다. 하지만 궁전을 떠나면서 궁금증도 떠나고 여행이 끝날 때까지 생각도 나지 않았다. 멘쉬꼬바와 푸른 그림의 타일은 나날이 이어지는 화려한 볼거리에 내내 밀려나 있었다.

+++

그리고,

컴퓨터 앞에 앉은 지금 비로소 푸르스름한 불꽃으로 살아났다.

한참 들여다보고 있어야 제대로 빛이 살아나는 비색처럼.

여행이 끝나고 나서야 멘쉬꼬바 궁전에 대한 정보를 찾았다.

궁전에 대한 간단한 설명뿐, 멘쉬꼬바란 인물에 대한 정보는 없었다. 내가 참고한 책은 '러시아 여행 가이드북.' 여행 가이드북에서 그런 정보까지 바란다면 그건 나의 잘못이다.

인물이 궁금하면 다른 시도를 해봐야 하지만 하지 않는다. 시간을 많이 들여야 접근이 되는 인물이라는 파악만 한 채로 궁금증을 접는다. 궁금증을 접었다는 말은 궁금하지 않다는 뜻과 다르다. 궁금하지만 어쩔 수 없이 포기한다는 말이다. 학자적인 근성도 부족하고 두 가지 일을 한꺼번에 잘해낼 능력도 없다. 우선은 하고 있는 이야기를 마무리하는 일에 전념하고 싶다. 사실은 멘쉬꼬바 영주에 대한 누군가의 열정과 노고가 나에게 기쁨으로 다가오기를 기대한다. 그리고 지금은 궁전에 대한 정보에 감사하며 그 정보를 간략하게 옮겨 놓는다.

멘쉬꼬바 궁전은 현재 에르미따쥐 박물관 산하 별관으로 사용되고 있지만 18세기 초까지 멘쉬꼬바 영주의 거주지였단다. 누가 봐도 엄청난 공력이 들었음직한 타일 내부 장식은 10여 년에 걸쳐 진행되었고, 그 아름다운 방은 주로 귀족들의 연회장으로 사용되었다고. 1727년 국가 소유로 넘어간 뒤 여러 다른 용도로 사용되다가 1960년대부터 복원 작업을 거쳐 현재에 이르렀다고 한다.

달밤의 함박눈, 요르단 계단

오후 5시가 넘어 다시 네바 강을 건너 숙소로 돌아온다.

집으로 들어서자마자 일단 침대에 몸을 던진다.
무거운 피로가 침대 속으로 몸을 끌고 들어간다.
눈을 뜨고도 잠으로 빨려 들어갈 지경이다.
자고 싶다. 한숨만 자고 싶다.
하지만 이성이 준열하게 나무란다.
자면 안 된다. 우리는 저녁을 먹어야 하고 그리고 다시 밤 외출을 해야 한다. 에르미따쥐 박물관 본관엔 들어가 보지도 못했다. 본격적인 관람은 시작도 못한 것이나 마찬가지다. 그러니 맛이라도 봐야 한다. 지금 그대로 포기해버리면 9시까지 관람이라는 기회를 버리는 것이다. 그리고 기껏 저녁을 먹으러 온 보람도 사라지고 만다. 이대로 누워버릴 것 같았으면 멘쉬꼬바 궁전을 보고 오는 길에 에르미따쥐 박물관으로 바로 갔어야 했던 것이라고.

솔직히 말하면 나는 포기하고 싶다. 하지만 감히 입 밖으로 내지 못한다. 어쩌면 씨스뜨라 모두 같은 심정일지도 모른다. 아니 잘 모르겠다. 내 심정도 잘 모르겠다. 정말 포기하고도 후회하지 않을지 장담할 수 없다. 그런데 포기하지 못하는 진짜 이유가 도대체 무엇인가. 생사가 걸려 있는 것도, 나라의 운명이 걸려있는 것도, 엄청난 이권이 걸려 있는 문제도 아닌데 말이다.

내가 지금 본전 타령을 하고 있는 것인가. 기껏 본전 생각? 안 보면 왠지 아까운 생각이 드는 것 때문? 폐관 시간이 이미 지났다면 들지 않았을 생각 아니냐고? 오, 맙소사! 믿고 싶지 않지만 다른 이유가 생각나지 않는다. 다른 이유가 생각날 때까지 그렇다고 치자. 그런데 사람들은 왜 자꾸 본전을 생각할까. 장사를 하고 있는 것도 아닌데 말이다. 그리고 도대체 600루불의 가치는 무엇이며, 관람의 본전은 어디까지란 말인가.

생각은 거기까지.

마음의 갈등을 이기고 몸을 일으키고 있다. 습관은 무섭다. 난 그렇게 살아온 모양이다. 본전 때문이 아니더라도 지난밤에 했던 말이 있으니까. 9시까지 꽉 채워 관람하자며 입을 모았다. 약속이었다. 그리고 긴 관람시간이 축복이라도 되는 듯 얼마나 희망에 차 있었던가.

갈등은 이겨냈지만 몸을 일으키는 데는 큰 용기와 함께 기합 소리도 필요하다. 하지만 기합 대신 신음 같은 끙, 소리가 난다.

배가 고프다.

익숙한 먹을거리로 몸의 피로를 달래보자. 그러면 새로운 힘이 날지도 모른다. 난 씨스뜨라의 주방장. 어떤 저녁이 되건 주방의 장으로서 책임을 다해야 할 시간이다. 집에 있는 재료를 떠올리면서 침대에서 내려선다. 간단하면서 포만감이 드는 음식이 머릿속에서 만들어지고 있다. 이제 실행의 문제만 남았다.

밥을 짓고 양배추를 볶고 달걀 프라이를 한다.

그게 끝이다.

초간단하지만 먹어보면 꽤 괜찮다.

갓 지은 밥에 양배추 볶음, 달걀 프라이를 얹고 고추장으로 비벼보시라. 맛도 영양도 그런대로 갖추어진 밥상이다. 물론 이 밥상의 가장 위대한 점은 아주 간단하다는 데 있다. 오늘같이 피곤하고 배가 고픈 날, 손도 시간도 많이 필요한 요리는 중죄인이다. 밥을 먹기도 전에 사람이 먼저 죽을 판이 되기 십상이다. 그리고 더구나 지금 씨스뜨라는 시간도 아껴야 하니까.

밥을 먹고 나니 한결 다리가 가볍다.

그만 포기할까 했던 갈등도 슬그머니 모습을 감춘다.

밥 하는 시간도 아껴서 저녁을 먹었으니 이젠 보람을 찾으러 떠날 때다.

씨스뜨라는 전열을 재정비하고 나갈 준비를 한다.

7시에 다시 집을 나선다.

그런데 몇 걸음 걷지 않아 곧 다리가 무거워진다. 방전된 에너지가 제대로 충전되지 못한 모양이다. 하긴 너무 짧은 휴식이었다. 쥐꼬리 충전은 아파트 단지를 벗어나면서 떨어지고 만다. 기력과 함께 말을 잃은 나는 무거운 다리를 끌고 잠자코 뒤를 따른다.

박물관 문을 닫는 시간까지 남은 시간은 2시간. 짧게 남은 시간이 어쩐지 위로가 된다. 아무리 고달파도 2시간이면 끝이 난다. 박물관에 입장하자마자 편안한 의자를 찾아 앉아 있어야지, 그런 결심도 한다.

하루 사이에 제법 익숙해진 거리다. 그도 그럴 것이 오늘만 해도 3번째 지나가는 길 아니냐. 동서남북이 그려지진 않아도 눈에 익은 건물이나 가게는 있다. 특별하게 눈에 들어오는 사물은 언제나 있으니까. 편해 보이는 샌들이 많았던 가게의 진열창을 지나고 인도풍의 옷과 물건을 파는 작은 상점도 지나간다.

드디어 에르미따쥐 박물관 입장.

늦은 시간이라 줄을 설 필요도 없다.

+++

아, 궁전이구나!

화려하다는 말도 너절하고 감탄사조차 부질없다.

말이 막히는 게 그 증거다.

겨울궁전의 요르단 계단 앞에서 감각이 정지된다.

모든 감각이 춤을 추어도 시원찮을 시점에 오히려 감각이 정지되어 버린다.

기껏,

아, 궁전이구나!

당연한 말, 한 마디를 한다.

눈부신 흰 색과 찬란한 황금의 향연.

천장의 그림을 제외하곤 오직 희거나 금색이다.

벽도, 장식도, 조각상도, 기둥도.

흰색과 금색은,

황금빛 전등에서 뿜어져 나온 불빛에 극도로 화려해져,

마치,

함박눈이 달빛 속을 날아다니는 것처럼 부서진다.

에르미따쥐 박물관은 제정 러시아 시대 황제들의 거처였던 겨울궁전을 중심으로 4개의 건물이 통로로 연결된 구조다. 나는 지금 중앙 통로로 입장해 겨울궁전의 중심 계단인 요르단 계단을 만난 것이다.

요르단 계단은 황족들이 네바 강 세례식에 참석할 때 이용한 계단이라 하여 붙여진 명칭이라고. 신앙을 가진 사람에게 세례는 아주 중요한 행사였으리라. 그래서 가장 아름다운 곳을 통해 행사에 참석함으로써 세례를 더욱 빛내고 싶었던 지도 모르겠다. 물론 아름다운 이 계단은 외교사절이 접견실로 갈 때도 이용하는 통로였다고 한다.

황홀한 계단을 오르면서 외교 사절은 어떤 생각을 했을까.

그리고 궁전의 주인은 그들에게 어떤 인상을 심어주고 싶었을까.

황제의 속마음이 어떠했는지 몰라도 외교 사절의 눈을 호강시켜주었음에 틀림없다. 아니 사절들은 뛰어난 예술성에 탄복했는지도 모르겠다. 어쩌면 황제가 노렸던 것이 바로 그것이 아니었을까. 권력과 재력만 있는 것이 아니라 심미안이 살아있는 인간임을 자랑하고 싶었던 지도. 예술을 알고 예술을 사랑하는 인간의 내면을 최고의 가치로 두고 있었는지도. 가치관대로 살았는지에 대한 평가는 별개로 두고서도.

감격에 겨워 감각이 정지한 사이 마음이 앞선다.

갑자기 마음이 급해진 것이다. 아름다움을 목격한 마음이 더 많은 아름다움을 추구하기 시작하고, 욕심에 지배된 마음이 시간이 얼마 남지 않았음을 깨달은 것이다. 입장하자마자 의자를 찾아 앉아야지, 하던 마음은 요르단 계단 앞에 서는 순간 뒤로 밀려났다. 그 화려함의 극치 앞에서 잠시 피로도 잊고 둥둥 떠다닌다. 그리고 눈앞의 찬란함을 충분히 즐기지도 못한 채 새로운 아름다움을 찾아 이동을 하고 있다.

방이 천 개도 넘는다 했던가?

어떤 방들이 어떤 모습으로 꾸며져 있을까?

머리는 이제 욕망의 지배를 받고 있다.

아주 바빴다.

방은 너무나 많았고 수없이 이어져 있었다.

뛰다시피 전시관을 가로질렀다.

그래서 그날의 야간 관람에 감상은 없다.

그리고 욕망의 흔적만 남았다. 아주 바삐 움직였다는 기억으로.

+ + +

짧은 시간에 궁전의 화려함만 맛보고 허둥지둥 박물관 밖으로 나온다.

정말 9시였다.

9시까지 보겠다는 계획은 실천했지만, 그게 뭐?

과욕이 낳은 작은 사고

횡단보도 신호등에 녹색 불이 들어왔다.

앞서 가던 높새와 하늬가 길을 건너가고 있다.

갈마와 나는 아직 횡단보도 몇 미터 전이다. 좀 서둘러야 했다. 내가 뛰기 시작하고 갈마가 뒤를 따른다. 드디어 횡단보도로 들어섰고 뛰기는 속보로 바뀌었다. 그리고 뒤가 궁금했다. 바로 옆으로 따라붙어야 할 갈마가 보이지 않으니 이상했던 것이다. 걸음이 느린 사람이 아닌데 아직 내 뒤에 있나? 그런 생각이 드는 순간 누군가의 기척이 등에 느껴졌고 나는 알았다. 갈마가 넘어지고 있다는 걸.

돌아서는데 이미 갈마는 횡단보도에 엎어져 있었다. 엎어지면서 손끝이 등에 닿았던 것이다. 아니 사실은 이러했다. 나중에 갈마가 해 준 이야기다. 엎어지는 순간 바로 앞에 있는 나를 피하고 싶었단다. 잘못하면 같이 넘어질 것 같아서 밀쳐내고 싶었다고. 무엇에 걸린 것도 아닌데 왜 넘어졌는지 아무리 생각해도 모르겠단다. 어찌되었든 나는 무사했고 갈마는 픽, 소리가 나도록 심하게 엎어지고 말았다.

아무것도 걸릴 것 없는 횡단보도에서 갈마가 넘어지다니.

씨스뜨라 최고의 통뼈라 자랑하던 갈마가.

이건 분명한 무엇을 보여주고 있었다.

다리 힘이 빠진 게 원인이다. 나는 그렇게 판단했다.

무리한 일정이 낳은 참사였다. 우린 12시간 넘게 걷고 있었던 것이다. 물론 중간에 점심도 먹고 저녁도 먹긴 했지만 밤 9시가 넘도록 거리에 있다. 씨스뜨라의 나이가 감당할 수 있는 한계를 넘은 건 분명하다. 그리고 갈마가 넘어졌다. 가장 건강하다고 믿었던 사람이. 그걸 다행이라 해야 할지. 다른 사람이 넘어졌으면 뼈가 부러졌을지도 모른다고 우리 모두가 위로삼아 한 말이다. 그만큼 엎어지는 소리가 컸다.

뛰지만 않았어도 괜찮았을 텐데.

신호를 보고 뛰었던 걸 얼마나 후회했는지 모른다.

길을 건너면 곧 숙소에 도착하는데 집을 지척지간에 두고 사고가 나버렸다.

갈마는 약 3초 동안 움직이지 못했다. 충격이 컸던지라 자신도 어딘가가 잘못되었는지 모른다고 생각한 것 같다. 그렇다면 함부로 움직이면 위험하니까. 조심성 많은 갈마는 엎어진 채 몸을 조금 움직여보더니 천천히 일어난다. 다행히 다리도 팔도 움직일 수 있었다. 뼈는 무사한 모양이었다. 스스로 일어나는 것만 보아도 한결 마음이 놓인다. 엎어져 있을 땐 정말 하늘이 노랬다. 깁스라도 해야 한다면 여행지에서 얼마나 불편하겠는가.

횡단보도를 다 건너가서야 가장 충격이 컸던 왼쪽 손목을 자세히 살필 수 있었다. 시계를 낀 왼쪽 손목이 바닥에 가장 먼저 닿았던 모양이다. 시계 몸체가 손목과 아스팔트 바닥 사이에 끼어 손목을 더 날카롭게 할퀴었다. 상처부위가 크지는 않지만 피가 조금 배어나오고 있었다. 집에 가서 약만 바르면 되겠구나. 다행이라고 가슴을 쓸어내리며 집으로 왔다.

후폭풍.

손목이 부풀어 오르고 있었다.

갈마가 어지럽다며 침대에 누워버린다.

진짜 충격은 이제야 오는 모양이다.

어두워지고 있는 거리에서 잘 보이지 않아 몰랐던 것일까. 아니면 지금 막 부풀고 있는 중일까. 손목의 힘줄이 팽팽해진 것처럼 부었다. 원래 엎어지는 순간은 아픈 것도 잘 모른다. 갈마도 집에 와서야 아픔을 호소한다.

다시 걱정이 몰려온다. 그래도 아픈 사람 앞에서 흥분하면 안 된다. 우선 진정을 시켜야 하니까. 그건 높새가 누구보다 잘 하고 있다. 갈마를 편히 누이고 왼팔을 조심스럽게 잡아 움직이게 한다. 팔꿈치가 접히고 손가락도 자유롭게 움직인다. 다친 팔 여기저기를 눌러보아도 아픈 데는 없단다. 찰과상이 있는 손목 외에는. 뼈는 괜찮은 거 같다고 안심시킨다. 내가 보기에도 그렇다. 상처가 나고 부었으니 며칠 아프긴 하겠지만 큰일은 아닌 것 같다.

하지만 하늬 생각은 다르다. 일단은 병원에 가야 한단다. 처음엔 그냥 걱정하는 소리로 들었다. 병원에 가면 제일 안심이 되고 좋겠지만 그럴 수 있는 상황이 아니었으니까. 그때 높새는 갈마의 다리와 팔을 주무르고 있었다. 엎어지면서 근육이 긴장했을 것이고, 아침에 일어나면 결릴 수도 있다면서. 나는 수지침을 꺼내 손을 따고 있었다. 놀랐을 것 같아서다. 볼펜형 수지침은 여행할 땐 필수품으로 들고 다닌다. 워낙 잘 체해서 집에서도 자주 쓰고 여행할 때도 항상 지참한다. 갈마도 나의 수지침엔 익숙하다. 침을 엄청 겁내는 사람이었지만 급할 때 몇 번 경험하더니 이젠 혼자 손가락을 따기도 할 정도다.

그런데 하늬의 병원행은 걱정 차원이 아니었다. 우리의 행위가 턱없이 답답한 게 분명했다. 그때는 나도 답답했다. 하늬는 병원에 데리고 가지 않는 높새와 나를 책망하고, 우리 둘은 갈 필요가 없다고 항변하는 꼴이 되고 있었다. 다친 갈마는 아무 말이 없으니 주변인들의 신경전같이 되고 만 것이다. 병원에 갈 필요성의 문제가 아니라 누구 말대로 해야 할 것인가가 문제가 된 것 같은.

본질에서 벗어난 감정의 문제로 치닫고 있다는 걸 어느 순간 깨달았다.

계속 병원에 가야 한다는 말에, 그럼 어떻게 누가 데리고 가겠는가? 라고 되물으려는 순간이었다. 그 질문은 정말 본질에서 벗어난 것이었다. 정말 병원에 갈 필요가 있느냐와 상관이 없는. 그걸 깨닫는 순간 입을 다물었다. 같은 마음에서 나온 다른 말일 뿐이었으니까. 걱정하는 방법의 차이였던 것이다.

그리고 어차피 병원에 가는 건 불가능해 보였다. 10시가 넘었고 우린 러시아의 병원 체제를 전혀 모른다. 체제를 안다고 해도 난관은 얼마든지 기다리고 있다. 늦은 시간이니 응급병원을 찾아야 할지도 모르고. 응급병원은 가까운 곳에 있는지. 간다면 택시를 타야 하는데 어디로 가자고, 무어라 말해야 하는지. 누가 어떻게 말을 해서 택시를 부르고 병원을 찾아갈 수 있을지. 병원에 간다면 그 다음엔 어떻게 해야 하는지도……. 유럽에선 배가 아파 병원에 갔더니 환자를 격리부터 시키더라고. 그래서 검사가 끝날 때까지 난데없는 이산가족이 되어 복도에서 밤새 기다렸다는 말도 들었다.

물론 집주인이 와서 도와주면 가장 좋겠지만 아무리 생각해도 집주인까지 불러서 병원에 가야 할 상황은 아니었다. 우리나라에서도 이 정도면 날이 밝기를 기다려 병원에 가는 게 일반적이란 생각을 나는 하고 있었다. 그래서 늦은 밤에, 그것도 말도 통하지 않는 낯선 나라에서 병원을 찾아가는 게 더 응급 상황같이 느껴졌다.

여하튼 그날 밤에 병원엔 가지 않았다.

잠시 후에 갈마는 어지럼증이 사라졌다며 일어났지만 일상이 엄청 불편해져버렸다. 아픈 손목의 상태를 자세히 모르니 함부로 움직일 수가 없었기 때문이다. 그런데 아직 하루의 마무리가 남아있었다. 여자들에겐 아주 중대한 마무리가. 화장을 지우고 세수는 해야 했으니까.

높새가 세수를 시켜주겠다고 했지만 갈마는 혼자 할 수 있다며 화장실로 들어갔다. 어설프게 한 손으로 세수는 했지만 많은 난관이 기다리고 있었다. 속옷을 빨긴 했지만 짜는 것은 어림없었고, 화장품 케이스 지퍼를 여는 것도, 화장품 뚜껑을 여닫는 것도 되지 않았다. 주변의 도움을 받는다 해도, 아니 살펴준다고 애를 써도, 아마 불편한 점 투성이었을 것이다.

어렵게 하루를 마무리하고 갈마는 손목에 손수건을 묶은 채 잠자리에 들었다. 손수건을 묶어주면서 밤새 감쪽같이 나아 있기를 바랐다. 그녀를 위해서. 우리 모두를 위해서. 아니 우리 모두의 남은 여행을 위해서. 그리고 정말 뼈에 금이라도 갔으면 어떡하나 걱정도 되었다. 그래서 다시 기도를 바꾸었다. 좀 불편해도 좋으니 시간이 지나면 낫는 단순한 타박상이기를.

하늘은 기도를 들어주었다. 갈마의 손목은 날이 갈수록 좋아졌다. 그래서 여행이 끝날 때쯤에는 힘을 많이 써야 하는 행위 외엔 자유로워졌고, 고국으로 돌아와서는 완전해졌다. 물론 병원에 갈 필요도 없었다.

동행자의 사고는 혼자만의 상처로 끝나는 것이 아니다. 더구나 밀착의 강도가 높은 여행 중에는. 그런데 사고가 생겼다. 어차피 해야 할 일은 변하지 않는데 구멍이 생긴 것이다. 든 자리는 몰라도 난 자리는 안다고. 손 하나가 무서웠다. 가장 타격을 받은 자는 높새였을 것이다. 같이 손 맞춰 일하던 유능한 조리 보조자가 사라진 셈이니까. 그날부터 높새의 손엔 물이 마를 날이 없었고, 돌아와선 손에 습진이 생겼다고 투덜댔다.

긴 하루였다.

나는 발도 씻지 못하고 잤다. 세수를 못하고 잤던 적은 더러 있었어도 발을 못 씻고 잔 건 그날이 처음이었다. 사실 갈마가 집으로 들어서는 순간 침대에 누워버리는 데 울고 싶었다. 나야말로 집에 도착하면 바로 눕고 싶었으니까. 어쩌면 갈마가 다친 데 대한 상심은, 끝나지 않은 고난의 시간에 대한 상심과 맞먹었을 것이다. 그날 그 밤엔 정말 아무 일도 일어나면 안 되는 날이었다. 실은 씨스뜨라 모두에게 그랬던 날이라고 생각한다. 하지만 사고가 상황과 사정을 봐가면서 일어난다면 사고가 아니다. 그리고 씨스뜨라는 여행 중에 사고의 진면목을 경험한 것이다.

　가장 감탄을 많이 한 날이고,

　가장 길게 밖에서 보낸 날이고,

　가장 정열을 불태운 날이고,

　그래서 가장 긴 하루였던 날에,

　하늘은 작은 사고로 진정 무엇을 일깨워주려 했던 것일까.

　세상엔 그냥 일어나는 일은 없다 하니 말이다.

여섯째 날
5월 7일, 토요일

다시 에르미따쥐
....

하늘은 맑다.

비가 올 징조는 어디에도 없다. 그리고 일기 예보에도 비는 없다.

하지만 오늘 일정도 에르미따쥐 박물관이다. 궂은날 하루 더 가기로 되어 있던 일정이 바뀐 것이다. 아시다시피 어제의 사고 때문이다. 한 손이 자유롭지 못한 갈마가 불편한 몸으로 낯선 길거리를 다니는 것보다 최소한의 편의와 안전이 보장된 박물관이 제일 낫겠다는 생각에서다. 그래야 다른 사람도 안심하고 관람을 할 수 있을 것 같았다. 원하면 언제든 앉아 쉴 자리가 있고, 관람이 힘들면 박물관 내 카페에 앉아있어도 되니까.

갈마의 손목은 어제보다 확실히 낫다. 부기가 좀 가라앉았다.

타박상에 바르는 연고를 듬뿍 바른 후 손수건을 살짝 묶어 환부를 감싸고 집을 나선다. 나가면서 시간을 확인한다. 10시 40분. 박물관 개관 시간은 이미 지났다. 하지만 서두르는 기색도 없다. 어제의 무리가 오늘의 의욕을 떨어뜨려 놓았음에 분명하다. 어제는 입장 시간을 1초도 넘길 수 없다는 심정으로 시계를 보면서 움직였지만 지금은 시간을 확인하는 사람도 없다. 어제의 열정은 어디로 날아가 버렸는가.

아무렴 어때.

되는 대로 하는 거지.

인생이 어디 뜻대로 되나.

느긋함인지 게으름인지 모를 기운이 씨스뜨라를 둘러싸고 있다.

어제와 같은 길을 따라 간다.

길에 익숙해진 하늬가 드디어 속도를 내어 앞서간다. '직진 순재'의 본성이 제 기능을 발휘하고 있다. 하늬는 걸음이 빠르다. 아니, 걸음은 어쩌면 갈마가 제일 빠를지도 모른다. 하늬가 앞서 가는 이유는 별명이 잘 말해주고 있다. 목적지가 정해지면 옆도 뒤도 보지 않고 목적지까지 그대로 직진이다. 그래서 옆길로 자주 새는 갈마와 높새는 때로는 호기심을 포기해야 한다. 불러 세우긴 너무 멀리 가버린 경우가 많기 때문이다. 물론 길을 알아야 가능하다. 그리고 마침내 러시아에서 목적지가 분명한 아는 길이 하늬에게 생긴 것이다.

오늘 아침,

열정은 사라졌는지 몰라도 하늬의 본성 덕분에 걸음은 아주 열정적이다. 그래서 어제보다 더 빨리 목적지에 당도한다.

어느새 궁전광장.

하지만 어떤 기운이 우리의 마음을 들여다 본 모양이다. 열정적인 걸음 속에 숨겨진 게으름을 파악해 버린 게 분명하다. 마치 속마음을 읽은 듯 뜻밖의 난관으로 우리 앞을 막아선다. 그야말로 설상가상! 그러지 않아도 출발이 늦은 우리의 앞길이 막혀 있다. 광장을 가로질러갈 수가 없게 된 것이다.

궁전광장은 러시아 전승기념일 행사 준비로 둘레에 바리케이드가 쳐지고 군인들이 차지했다. 바리케이드 안으로 일반인은 들어갈 수가 없다. 오, 맙소사! 탄식이 절로 난다. 가로질러도 짧지 않은 길이다. 오늘은 에르미따쥐 박물관 본관부터 보아야 하고, 그러려면 참모본부 아치를 지나 곧바로 광장 중앙을 지나가야 했다. 바리케이드에 가로막힌 채 잠시 멍청히 광장을 바라본다. 다른 방법이 있을 리 없다. 빙 돌아가는 수밖에.

하루 사이에 어제 본 광장의 모습은 어디로 가버린 것인가. 시야를 시원하게 하던 광장의 우아함과 장대함은, 마음대로 들어갈 자유와 함께 사라지고 없다. 그저 엄청난 행사를 준비하는 관계자로 북적이는 넓은 곳일 뿐이다.

공간을 아름답게 만든 것은 여백이었던 모양이다.

여백 없는 광장은 그저 시끄럽고 복잡한 곳으로 변해버렸다.

+ + +

아름다움이 사라진 광장에 대한 안타까움은 불편한 현실에 비하면 아무것도 아니다. 그 넓은 광장을 꼼짝없이 빙 돌아야 했으니까. 그래서 관람을 시작하기도 전에 꽤 걷고 만다. 어제와 같이 자율매표기에서 입장권을 구입해 박물관으로 들어갔을 땐 이미 12시가 넘었다. 곧 점심을 먹어야 할 판이었다. 그리고 더 절망적이었던 건 광장의 인파를 그대로 옮겨놓은 듯한 박물관 안이었다. 지난 밤에 잠깐이지만 돌아보았던 게 다행이란 생각이 들 정도로 붐빈다. 특히 유명한 그림이 있는 방은 발 들이밀 틈이 없다.

인파 앞에서 감상에 대한 의욕이 힘없이 흔들리고 있다.

결국 얼마 지나지 않아 전의를 상실한 우리는 카페에서 좀 쉬기로 한다.

어제 너무 늦은 점심으로 허기에 지쳤던 과오가 생각났기 때문이기도 하다. 관람을 시작한지 얼마 지나지는 않았다. 하지만 1시가 넘었으니 커피와 빵으로 간단한 점심을 삼아도 좋을 시간이었다.

카페도 엄청 붐볐다.

어수선한 입구 쪽에서 겨우 빈자리를 발견한다. 하늬와 높새가 자리를 지키고 갈마와 나는 한참동안 줄을 서서 빵과 커피를 산다. 가격은 우리나라에 비해 조금 싼 편이다. 테이블에 먹을거리를 놓고 앉으니 어수선한 자리도 그런대로 정이 간다.

앉은 김에 충분히 다리를 쉰다.

덕분에 괜한 생각도 활동을 시작한다.

이곳도 궁전의 안이다. 하지만 실내는 몹시 소란하고 혼잡하다. 분명 화려한 곳이지만 아름다움을 제대로 느끼지 못한다. 수많은 사람들의 호흡과 어지러운 발걸음이 제 빛을 가려버린 건지도 모르겠다. 궁전 본연의 모습은 어떠할까. 지금 이곳에 인적이 끊긴다면 어떤 모습일까. 소리조차 사라진 궁전은 어떤 빛으로 채워질까. 상상이 잘 되지 않는다. 상상력은 카페 앞으로 끊임없이 지나가는 사람들을 따라 흩어져버린다.

카페 맞은편엔 기념품 상점이 있다.

명화 사본이나 도록, 각종 기념품 등이 있겠지. 어떤 기념품이 있을까. 미술관 내 기념품 상점에는 나름의 독특한 기념품이 있다. 오직 그곳에서만 구매할 수 있는. 관심이 일지만 참는다. 다리를 아끼고 있는 중이다. 다리는 쉬고 있어도 눈은 자꾸만 상점으로 향한다. 상점엔 끊임없이 사람들이 들락거린다. 기념품이란 것은 기념의 대상을 직접 보고 난 뒤에야 더욱 관심이 가게 마련이다. 그래서 관광지에서 산 기념품은 선물 받는 자보다 선물하는 자에게 더 기념이 되는 경우가 많다. 지금 무엇인가를 구경하고 고르는 그들의 손엔 어떤 기념품이 들려있을까. 내가 보았던 것이 들려있을 수도 있겠지. 그리고 또 얼마나 많은 보지 못했던 것이 있을까. 아니 이 넓은 미술관에 있는 것들을 난 결코 다 볼 수가 없을 것이다.

에르미따쥐를 있게 한 예까쩨리나 2세는 어떠했을까.

물론 자신이 모아들였던 것은 다 보았을 테지.

그녀는 독특한 미술품 애호가였다.

귀한 미술품을 사들여 에르미따쥐에 감춰두고 혼자 즐겼다는데.

'에르미따쥐'가 '은자의 집', '외딴집'이란 의미를 가졌으니 이미 이름 속에 그녀의 의도가 반영되었다고 할 수 있겠다. 너무 아끼는 것이라 누구에게도 보여주기 싫었던 것일까. 아니면 감상에 방해되는 걸 애당초 막고 싶었던 걸까. 재미있는 드라마나 영화를 혼자 보고 싶어 하는 것과 같은 심정일까. 난 정말 좋아하는 영화나 드라마는 혼자 보고 싶어 한다. 하지만 명화(名畵)는 소장한 것이 없으니 그럴 기회를 아예 가질 수 없다. 그래서 혼자 명화를 감상하는 기분은 모른다. 그렇다고 이해를 하자면 못할 것도 없다. 좋은 그림을 가까이에서 원하는 만큼 보고 싶은 마음은 아니까. 누구의 방해도 없이. 그래서 갤러리가 조용하기를 바라는 것 아니겠는가.

예까쩨리나 2세는 황제였다. 그래서 엄청난 재력이 필요한 욕망을 실천할 수 있었다. 말하자면 마음에 드는 것을 개인적으로 소유하고 혼자만의 공간에 두고 볼 수 있는 능력자였던 셈이다. 다른 황제와 다른 점이 있었다면 높은 심미안이 있었다는 것?

휴식이 다시 구경을 할 힘과 의욕을 불어넣었다.

본격적으로 감상에 나선다.

여전히 관람객은 많지만 처음 입장할 때의 절망적인 기분은 아니다. 휴식 덕분이다. 내 마음이 바뀐 것이다. 이럴 땐 몸이 정신을 담고 있는 것이 분명해 보인다. 건강한 신체에 건전한 정신! 요런 믿음이 얼마나 길게 갈지 모르겠지만 지금은 그렇다.

궁전의 방들 앞에선 탄성이 저절로 터진다.

방마다 다른 색채와 장식으로 독특하지만 '아름다움'이란 가치 앞에서는 한치의 양보도 없다. 모든 방은 절대적 화려함이나 우아함으로 눈부시고, 각기 다른 아름다움으로 완전하다. 어떤 용도의 방인지 누구의 방인지에 상관없이 혼자서 이름을 붙여본다.

찬란한 황금의 방,

붉은 장미다발에 둘러싸인 장미의 방,

초록의 숲에 싸인 숲속의 방,

파스톤색 은은한 문양의 꿈의 방.

꽃과 나무 그림으로 뒤덮인 정원의 방.

하늘의 은하수가 땅에 내려앉은 별의 방.

방을 연결하는 복도도 그냥 지나칠 수 없다. 하지만 그냥 지나치고 있다. 그곳에서까지 걸음을 멈춘다면 코끼리의 다리 하나만 보고 물러나는 격이 될 것 같아서이다. 궁전은 너무 넓고 방들은 너무 많다. 그래서 복도는 과감히 지나간다. 아쉬운 대로 복도 벽을 장식한 대형 초상화들과 조각상을 눈으로 훑으면서.

계속되는 감탄에 정신은 온통 공중을 떠다닌다. 어지러울 지경이다. 그런데 흔들리고 있는 정신을 끌어당겨 땅을 딛게 하는 방이 있었으니.

그곳은 궁전의 서재.

갑자기 화려한 잔치가 끝난 것이다.

오직 적갈색으로만 치장된 방. 온갖 색의 잔치에 지쳤는지 적갈색만이 진실한 색채로 느껴진다. 천장도, 바닥도, 책장도, 그리고 그곳에 놓여있는 책상까지 온통 적갈색. 밖으로 떠다니던 정신이 돌아오면서 아름다움에 대한 기준도 변한다. 고요한 이 방이 몹시 아름답다. 시각에 의존하던 정신이 내면에 귀를 기울이는 모양이다.

서재 앞에서 한참을 머문다. 궁전의 방들 중에서 실질적으로 탐이 나는 방이다. 단순한 장식도 그렇고 안정된 분위기도 그렇다. 읽지 않아도 배부른 책들. 방을 차지하고 있는 유일한 가구인 넓은 책상. 그 책상 앞에 내가 앉아 있는 상상으로 잠시 즐겁다.

천장은 몹시 높다. 높은 천장 끝까지 짜 넣은 책장. 그래서 책장은 2층 구조다. 아무리 키가 크다 하더라도 2층의 책을 도구의 도움 없이 꺼내볼 수는 없다. 사다리를 이용하지 않고서는. 하지만 궁전 안에 사다리라니. 존재만으로 서재의 고요함을 깨뜨리는 물건이다. 그래서 2층 책장에 다가갈 수 있는 층계참을 두고 그곳으로 올라갈 수 있는 계단을 마련해 두었다. 계단은 몹시 우아하다. 책을 골라서 내려오다 걸터앉고 싶은 곳이다. 책장을 들춰보며 잠시 머물러도 좋을 것 같다.

물론 서재로 들어가진 못한다.

출입을 금하는 줄이 내 앞을 가로막고 있다.

그래서 마음만 보낸다.

마음은 적갈색 계단을 따라 2층으로 올라간다.

천천히 반듯한 나무 계단을 오르고 층계참에 서서 아래도 내려다본다.

아무리 보아도 탐나는 방이다.

그림 사진을 많이 찍어둔다.

이번 여행만큼 사진을 많이 찍어본 적이 없다. 물론 사진을 찍지 못하게 하는 미술관도 많았지만 그림을 사진으로 찍어두는 의미를 알 수 없었다. 사진이 그림의 색채를 그대로 살릴 수는 없으니까. 그랬는데 나는 자꾸 사진을 찍고 있다. 그렇게라도 남겨서 다시 보고 싶은 것이다. 그림 속에 많은 이야기가 보였기 때문이다. 마치 한 컷의 만화처럼. 그리고 만화보다 더 상세하고 더 풍부한 색채로 표현된 이야기가. 결국 선과 형태와 색채는 화가의 영혼이 표현하고픈 욕구의 결과니까. 그림이 색으로만 이루어진 게 아니니까.

한 번 보고 지나가기엔 너무 안타까운 그림들.

못다 읽은 이야기를 두고 돌아서기가 힘들었다. 욕심이 났던 건 사실이다. 너무 많은 그림들이 있었고, 그래서 자꾸 욕심이 생겼던 모양이다. 감상할 시간은 모자라고 그러니 카메라에 담아가서 두고 보리라. 그런 심정으로. 그러면서도 내 행동이 아주 미더웠던 건 아니다. 그냥 감상이나 하지 왜 이럴까. 도리어 이렇게 사진을 찍고 있던 시간을 후회할지도 모른다는. 아무래도 감상에 방해가 되었으니까.

여행이 끝나고 돌아와 사진을 보면서 후회했다.

더 많은 그림을 찍어오지 못한 것을.

조용한 방에서 혼자 그림을 보는데 감상의 즐거움이 생생하게 살아났다. 기억의 문제는 아니다. 어떤 그림은 기억에도 없었다. 처음 보는 것처럼 반가운 것도 있었다. 그래서 더 좋기도 했다. 감상하는 데 기억의 유무는 상관이 없었다. 어찌하였든 다시 보는 그림은 결코 단순한 사진이 아니었다. 내가 찍은 사진엔 당시의 내 감정이 담겨있는 것이 분명했다. 드디어 나의 예술품이 된 것이다. 그래서 사람들이 각자의 카메라로 각자의 사진을 찍어가는 모양이었다.

오후 4시가 지나 참모본부 건물로 이동한다.

어제 아쉽게 포기하고 나왔던 마티스 그림을 다시 찬찬히 보고 싶었기 때문이다. 어제보다는 관람객이 많았지만 궁전 미술관에 비해 역시 조용하다. 마티스의 색채를 실컷 구경하고 나오면서 고갱과 고흐, 세잔도 다시 보는 행운을 얻는다. 우리가 선택한 통로 방향에 있었기 때문이다.

미술관이 크고 통로가 많아 안내 지도를 들고도 헤매는 형편이다. 그러니 갔던 곳을 다시 찾는 것도 쉽지가 않다. 더구나 한정된 시간 안에 찾아야 하는 경우엔 더욱 그렇다. 그런데 폐관 시간이 되어 가는지라 슬슬 출입구 쪽으로 방향을 잡아 가다가 그 반가운 강렬한 색채들과 다시 만난 것이다.

이곳에서도 사진을 꽤 찍었다.

오후 6시.

폐관 시간이 되어 미술관을 나온다.

밖으로 나오니 툭 트인 광장이 시원하다.

바리케이드가 사라지고 없다. 행사 연습이 끝난 모양이다.

궁전광장은 다시 제 모습으로 돌아와 있다.

여유가 있는 공간이 사람의 발길을 불러들인다.

광장의 중앙으로 걸어간다.

전승기념비를 중심으로 크게 원을 그리며 깔려있는 검은 빛이 도는 네모난 돌. 나는 광장의 바닥이 어떻게 무엇으로 마감되어 있는지 관심이 많다. 그리고 돌로 마감을 한 바닥이 좋다. 그 바닥의 문양이, 인적이 뜸해진 지금 제대로 눈에 들어온 것이다.

기념비를 둘러싼 원형의 돌바닥은 연한 붉은빛의 넓은 돌들에 의해 수십 개의 사각형으로 분할되어 있다. 그리고 각각의 사각형 속에 검은빛이 도는 네모난 돌이 중심을 향해 원형으로 배열되어 있는 형태다. 색채와 구도와 배열이 참 아름답다.

아름다운 바닥에 발을 디디고 서서 주변을 둘러본다. 마주 보고 서 있는 두 건물의 자태도 다시 보인다. 자랑하지 않아도 자랑이 되는 것을 알고 있는 당당한 여유가 느껴지는 모습이다. 반원형으로 지어진 참모본부 건물이 광장을 얼마나 우아하게 두르고 있는지를. 그리고 에르미따쥐 박물관의 담녹색, 금색, 흰색의 단순한 조합이 어떤 아름다움으로 빛날 수 있는지를.

'한 번 봐서 어찌 알겠는가.'

맞선을 보러 다니던 시절에 어머니가 늘 했던 말이다.

다시 궁전광장에 섰을 때 그 말이 생각났다. 정말 진면목은 수도 없이 보아야 제대로 파악될지도 모르겠다. 그런데 관광 여행은 단 한 번으로 끝나는 경우가 허다하다. 우린 무얼 보러 다니는 걸까. 단순히 보지 못했던 것을 보는 것만으로 목적을 이루었다고 만족했던 건 아닐까. 그게 무슨 의미가 있을까. 아니 도대체 무얼 보았단 말인가. 진면목을 보지 못한 채로 말이다. 얼마나 많은 것들이 본 것으로 둔갑해 있을까. 제대로 알지도, 제대로 보지도 못한 채로 기억 속에 존재할까.

중국 음식점, 하얼빈

저녁은 외식하기로 한다.

외식의 최고 고민은 식당 선택!

중국 음식점이 당첨되었다. 우리나라에서 먹던 맛과 같은 맛은 아니겠지만 그래도 생판 모르는 러시아식보다는 낫겠지? 그런 심정으로 선택되었다. 일상이 지겹다 하면서 여행을 떠나고, 낯선 곳에선 또 익숙한 맛을 찾는다. 인간은 참 웃기는 종족이다.

한국식 중국 음식점과 다를 것이란 건 어느 정도 예상하고 들어왔지만 요리를 고르는 것도 쉽지 않다. 그래도 한자를 좀 읽을 줄 알고 영어도 병기되어 있어 원하는 요리를 찾아낸다. 요리를 모르면 음식에 들어간 재료를 보고 고르는 것도 좋은 방법이다. 적어도 먹지 못하는 것을 고르는 실수는 피할 수 있다. 요리에 들어간 재료를 일일이 살펴보느라 시간이 엄청 걸린다.

목이 말라서 맥주도 곁들인다. 한 병을 넉 잔으로 분배한다.

목마를 때 한 모금의 맥주는 몹시 상쾌하다. 알다시피 하늬와 높새는 술 체질이 아니어서 웬만해선 술에 덤비지 않는다. 그저 분위기를 맞추느라 마시는 시늉만 하고 있을 뿐. 그런 그녀들도 시원하게 할당된 잔을 비운다. 손목을 손수건으로 묶은 부상자 갈매도 잔을 높이 들고 기분을 낸다. 어떻게 술이 달지? 그런 표정이다. 나도 첫 모금이 제일 맛있다. 그 다음부턴 쓰다. 안주 없인 계속 마시기가 괴롭다. 하지만 오늘은 한 모금이 길었다. 꿀꺽꿀꺽 맥주가 들어갔다. 정말 목이 말랐던 모양이다. 길었던 급수가 끝나고 반이 비워진 잔을 테이블에 내려놓는데 힘이 풀린다. 아니 기분이 풀어진 건가?

어찌되었건 좋으면 그만 아닌가!

지난밤의 절망적이던 상황이 떠오르며 기분이 급상승한다.

이렇게 모두 모여서 외식을 할 수 있으니 얼마나 다행인가. 그 사고가 평범해 보이는 이 모든 일상을 깨뜨릴 수도 있었다. 병원에 입원했거나 뼈라도 부러졌다면 말이다. 아니 뼈가 부러졌으면 깁스를 하고 다닐 수 있었을라나? 그것도 예삿일이 아니다. 적어도 꼼짝없이 한 달은 그러고 다녀야 하는데 여행 내내 엄청 불편할 것이다. 깁스를 한 채로 다니는 것에 익숙해져야 하고, 그 상태로 비행기를 타고 집으로 가야 하고. 생각만으로도 고개를 흔들게 된다. 적어도 지금은 날마다 나아지리란 희망이 있지 않느냐고. 불편한 대로 조금씩 움직일 수도 있고 말이지.

좋으면 그냥 즐기면 되지 왜 그런 생각을 하고 있는지 모르겠다. 그러면서도 생각을 멈출 수가 없다. 사실은 나름의 방식으로 기분을 내고 있는 중이다. 아무도 눈치 못 챌 상상을 하면서. 하긴 그들의 생각도 나는 모른다. 말하지 않아도 아는 것은 감정의 변화 정도이지 생각은 알 수가 없다.

그들은 무슨 생각을 하고 있을까. 아니 발설하지 않는 어떤 생각을 갖고 있을까. 어떤 생각은 드러내고 어떤 생각은 담아두는 것일까. 생각나는 대로 말로 다 뱉어내는 사람이 있을까.

여기는 쌍뜨뻬쩨르부르그에 있는 중국 음식점.

음식점에 앉아 있는 한국 여자 네 명.

그들의 생각을 궁금해 하기 전에 그 인연부터 궁금해 하는 게 순서가 아니냐고 누군가 묻는 것 같다. 인연의 비밀을 알게 된다면 얼마나 소중한지도 알게 될 것이라고. 정말, 어떤 인연으로 만나 머나먼 타국 땅 낯선 음식점에 같이 앉아 있게 된 걸까.

술이 좀 들어간 탓인가.

눈앞이 자꾸 몽롱해진다.

너무나 익숙한 씨스뜨라의 모습이 눈을 깜박이는 순간 낯설어지기도 한다. 아니 어쩌면 모습이 낯설어지는 게 아닐지도 모른다. 모습은 의식이 만들어낸 환영이라 했다. 낯설어지는 것은 그들의 모습이 아니라 그들의 의식일지도. 내가 모르는 그들의 의식이 낯선 것일지도. 술기운으로 몽롱해진, 이성의 포장이

해제된 의식이 본질을 엿보고 있는지도. 너무 시각에만 의존해 살았던 탓으로 우리 모두는 본질을 놓치고 살고 있는지도 모르겠다.

〈단상 1〉 : 미술품 수집과 감상할 권리

　중국 음식점에서 외식을 하고 돌아와 에르미따쥐 박물관에 대한 정보를 찾아 읽었어. 이틀을 이어 보고 나니 궁금한 것이 많아졌기 때문이야. '러시아 여행 가이드북'을 뒤지고 인터넷에 있는 자료도 찾았지. 하지만 시원스럽게 궁금증이 해결되진 않았어. 궁금증이란 것이, 해결되는 동시에 또 다른 궁금증을 낳거든. 하지만 또 다른 궁금증에 대한 답은 찾기가 힘들었어. 좀 더 전문적인 내용이란 증거겠지. 더 이상 알고 싶으면 학자적인 근성이 필요할 것 같았어. 하지만 난 그런 근성이 없어. 대체로 좀 궁금한 채로 사는 편을 택하지. 물론 늘 그렇진 않아. 다시 말하면 모든 궁금증에 학자적인 태도를 취하진 않지만 필요한 경우엔 집요하게 덤비기도 해. 내 일과 관련된 경우엔 말이야.

　개인 성향을 말하자면 문화건 문물이건 즐기는 쪽이지 파헤치는 쪽은 아니야. 사실은 정보를 수집하고, 파악하고, 진위를 가려내는 능력이 부족하다고 해야겠지. 직관적으로 감상하고 상상하는 쪽이 즐겁고 말이지. 그래서 지식적인 차원에서 시작해 의식적인 상상으로 끝나는 경우가 많아. 에르미따쥐에 대한 궁금증도 결국 그렇게 끝나고 말았어. 정보를 찾아 정리하다 주관적인 의식 세계로 넘어가버린 거지.

　개인의 취향에서 시작되어 국가의 재산으로 남게 된 에르미따쥐.

　에르미따쥐의 미술품 수집은 뾫뜨르 대제의 딸, 엘리자베따 빠블로브나 여왕에 의해 시작되었다. 그 후, 예까쩨리나 2세에 의해 본격적으로 아름답고 귀한 유럽의 미술품이 수집된다. 예까쩨리나 2세는 독일 출신으로 16세 때 뾰뜨르 3세와 결혼해 러시아로 오게 되었지만 쿠데타로 남편을 몰아내고 자신이 황제가 된다. 황제가 된 그녀는 러시아에 유럽문화를 들여와 러시아를 강대국으로 만들고자 하는 욕망이 있었다. 미술품 수집도 그 욕망의 일환이라고 볼 수 있다고.

하여튼 황제로 즉위한 예까쩨리나 2세는 독일의 그림 수집상으로부터 엄청난 명화를 사들인다. 그리고 그걸 보관하기 위해 겨울궁전 옆에 별관을 짓고 이름을 에르미따쥐라고 명명한다. 그러니까 에르미따쥐 미술관은 그녀로부터 시작되었다고 해야겠다. 예까쩨리나 2세 이후에도 여러 황제들이 미술품을 수집했고, 보관할 공간을 마련하기 위해 건물을 증축했다. 그래서 겨울궁전과 별관을 합쳐 5채가 이어진 지금의 에르미따쥐 박물관 모습이 탄생한 것이다.

황실의 수집품이자 재산이었던 에르미따쥐 미술품은 1917년 혁명 이후 국가에 귀속되고 러시아제국이 붕괴되면서 국립박물관이 된다. 그리고 국가는 문화유산 보호라는 명목으로 '국가에 대한 양도 법령'을 제정하고 일반인이 소장하고 있던 모든 미술품을 국립박물관에 수용하게 되면서 지금의 거대한 박물관으로 자리 잡는다.

여기에서 궁금증을 해결하기 위한 탐색은 끝나고 말았어.

'개인의 소장품을 국가의 이름으로 가져간다고?'

그 의문이 나를 놓아주지 않았거든.

의문이 생기는 순간 주관적인 의식 세계로 넘어가 버린 거지. 그리고 아까도 말했지만 이게 내 성향이라 어쩔 수가 없어. 그래서 내가 소설을 쓰게 되었는지도 모르지. 지극히 주관적인 상상의 세계에 빠져버리는 성향 말이야.

여행기는 처음이야. 여기저기 여행을 꽤 다녔지만 여행기를 쓰고 싶은 생각이 들진 않더라고. 자질이 없으면 욕구도 없는 모양이야. 대신 여행이 동기가 된 소설은 많아. 감동과 느낌이 소설의 재료가 되긴 했지만 보고 들은 것이 여행기로 탄생하진 않더라고. 정보를 정리하고, 파악하고, 객관화시키는 재주가 없는 거지.

도대체 이렇게 여행지 정보가 없는 여행기가 세상에 있을까 싶어. 그런데 여정을 따라 행로를 밝히고 길 안내를 할 자신은 죽어도 없을 뿐 아니라 너무 하기도 싫은 거지. 쓰는 재미가 없어서 말이야. 작가 자신이 재미없게 쓴 글은 독자에게도 재미가 없을 거라고 생각해. 그러니 재미없는 작업은 하지 않는 것이 맞지 않겠어. 어차피 독자를 상대로 글을 쓰는 작가라면 말이야.

물론 재미만 추구하고 힘든 걸 기피한다는 뜻은 아니야. 재미있는 것이 힘들지 않다는 의미는 더구나 아니지. 힘이 들지만 재미가 있어야 힘든 것도 계속할 수가 있거든.

이미 반 이상을 끌고 왔으니 한 번은 끝까지 가볼 생각이야. 물론 여행기가 갖추어야 할 덕목이 아주 부족한 여행기가 되고 있다는 건 알아. 내 취향과 재주에서 벗어난 일인 건 확실히 알겠더라고. 이걸 왜 시작하게 되었을까. 날마다 그 생각을 하면서 작업을 하고 있어.

아마 다른 여행과 다른 무엇이 있긴 있었을 거야. 정확하게 그게 무엇인지 아직도 잘 모르겠어. 쓰다 보면 그 이유를 알게 될 수도 있지 않을까. 그런 기대도 하고 있어. 글이라는 것도 생명이 있어서 스스로 방향을 잡아가기도 하거든. 시작은 작가가 하지만 과정은 작가 혼자만의 작업이 아니더라고. 소설을 쓰면서 깨닫게 되었어. 그리고 모든 글은 비슷한 운명 공동체 속에 있지 않을까 싶어.

변명이 길었어.
이왕 변명도 늘어놓았으니 마음 놓고 주관적인 샛길로 빠져볼까 해.

러시아 혁명은 역사로 배웠고, 나름 이유가 있다고만 생각했지. 황실 재산이 국유화된 것까지도 말이야. 어찌되었건 황실은 혁명의 원인을 제공했고, 혁명은 성공했으니까. 하지만 개인의 소장품은 경우가 너무 다르다는 생각이 들었어. 더구나 미술품 애호가들의 미술품 사랑은 끔찍할 정도라는 말을 들었거든.

국가의 이념이 바뀌었다는 걸 모르는 건 아니야. 공산주의 이념도 배워서 알고 있지. 재산의 사유화를 부정하고 사회적 공유를 토대로 한다는 것도. 물론 모든 이념이 이상적으로 실현된다는 환상은 없어. 실천의 과정에서 변질될 수도 있고 말이야. 어디까지나 인간이 하는 일이니까. 인간이 하는 일엔 개인의 욕심이 항상 문제로 작용하지. 그런 막연한 인식 속에 이념이 어떻게 정치에 적용되고 어떤 성공과 실패가 있었는지에 대한 깊은 사고는 없었어. 그러니까 어디까지나 지식으로만 머릿속에 있었던 셈이야.

하여간 새로운 이념으로 재무장한 국가가 대대적으로 벌인 일이 충격적이었지. 개인의 소장품까지 가져가 국유화시켰다는 것 말이야.

'개인의 재산을 가져갈 수 있는 권리가 국가에 있다고?'

처음으로 그런 이념에 대해 심각하게 생각을 해본 거야.

그리고 국가의 위력에 대해서도.

사실 국가는 실체가 없잖아. 어떤 것에 대한 권리를 가지려면 가지는 자의 실체가 있어야 하는데 말이야. 국가의 이념이 무엇이건 주체는 국민이라고 하지. 주권이 국민에게 있다고. 그런데 국민에게 무슨 권리가 있다는 것인지 궁금했어. 대신에 실체 없는 국가는 막강한 권력을 가지고 있지 않는가 말이지. 황실과 개인의 소장품을 가져갈 수 있는 권력. 그 권력은 누가 부여한 것일까. 분명한 것은 하늘이 내려준 것은 아니란 거야. 인간 세계의 권력은 인간 세계가 아닌 다른 곳에서 주어지지 않아. 권력 뒤에는 반드시 인간이 있지. '국가'라는 이름 뒤에 숨어있을 뿐. 물론 아주 교묘하게.

보호와 공유라는 좋은 이름으로 포장을 하였지만 개인 소장가 입장에서는 엄연한 탈취일 뿐이지. 개인의 재산과 안목으로 사들인 아끼는 미술품을 힘도

들이지 않고 거두어들일 수 있는 권력. 그런 권력이 정말 터무니없다는 생각이 들었어. 그리고 국가라는 이름 속에 묻힌 개인들의 아픔이 자꾸 떠올랐어. 터무니없는 권력이 자연스러운 흐름을 만들 수는 없었던 모양이야. 그래서 그 이념의 행로가 오래갈 수 없었던 지도 모르겠어.

물론 덕분에 오늘날의 에르미따쥐는 엄청난 볼거리로 유명해졌고 또 누구나 명화를 감상할 수 있는 기회를 가지게 되었지. 황제가 아니라도, 대단한 재력가가 아니더라도 약간의 입장료만 내면 수억의 가치가 있는 그림도 볼 수가 있어. 물론 그 기회 속에 나도 들어 있고.

그렇다 하더라도 정도(正道)가 아닌 것이 정도(正道)가 될 수는 없다는 생각이 들어. 많은 사람들이, 아니 대부분의 사람들이 즐거워하고 덕을 보는 일이라 하더라도 마찬가지야. 어떤 개인의 희생을 강요해서 마련한 것이라면 정당하지 않아. 어쩌면 보이지 않는 권력의 힘은 즐거워하는 다수 뒤에서 점점 거대하게 자라고 있는지도 모르겠어. 그리고 권력이 마련한 화려한 축제의 마당 뒤에는 종종 희생양이 된 개인의 슬픈 그림자가 드리워져 있는지도 몰라.

일곱째 날
5월 8일, 일요일

그리보에도바 운하와 피의 구세주 성당

하늘은 여전히 푸르고 오월의 나뭇잎이 바람에 팔랑거린다.

날씨는 무척 아름다운데 오늘 목적지 이름이 어째 으스스하다.

'피의 구세주 성당'이라니.

목적지만 묻고 아무런 사전 지식 없이 따라나선다.

왜 이렇게 미리 설명 듣는 걸 피하는지 모르겠다.

나에겐 관광도 영화나 소설을 보는 것과 같은 걸까. 영화를 선택할 때도 아주 간단한 정보 외엔 알기를 원치 않는다. 미리 본 친구가 내가 보고 싶어 하는 영화나 소설 이야길 꺼내면 기를 쓰고 막는다. 알고 나면 너무 김빠지는 기분이다. 그런 기분으로 새로운 작품을 맞이하고 싶지가 않다.

나는 새 도화지를 원한다. 아무 밑그림도 없는. 내게 있어 감상할 준비란 바로 그런 것이다. 새 도화지에 나만의 감상을 그려놓고 나서 다른 사람들의 감상을 들어보고 싶은 것이다. 그래야 정말 관점의 비교가 가능한 것 아닌가 싶다. 물론 관점이나 생각의 차이가 궁금해서 그러는 건 아니다. 그냥 선입견 없는 상태에서 오롯이 즐기고 싶다는 편이 정확할 것 같다. 영화를 만든 감독이나 소설을 쓴 작가의 의도를 선입견 없이 감상하고 싶은 것이다.

심지어 어쩌다 줄거리를 알게 되면 결국 보는 걸 포기한다. 그러다 기억조차 아물거릴 때 본 적도 있다. 그래서 한창 유행인 소설이나 영화를 유행하던 당시엔 보지 않고 읽지 않는 경우가 많다. 너무나 유명한 작품들은 그래서 결국 보지 못하고 넘어가는 경우도 있다. 대중매체나 주변인물을 통해 대량으로 흐르는 정보를 완전히 피하는 게 불가능하기 때문이다. 마치 본 듯한 착각에 빠질 정도니까.

숙소를 출발해 10여 분 정도 걸으니 운하가 나온다.

그리보에도바 운하다.

가이드북을 들고 걷고 있던 갈마가 알려준다. 숙소 앞에 있는 모이까 강보다 폭이 넓다. 운하 양쪽으로는 시원하게 넓은 길이 뻗어있다. 이미 꽤 많은 사람들이 길을 오고 간다. 물길을 사이에 둔 풍경은 언제나 마음을 끈다. 물길을 따라 눈길도 간다. 운하는 끝이 아득하도록 멀리까지 곧게 내달린다.

저 멀리 무언가 반짝인다.

성당의 지붕이다. 성 바실리 성당에 대한 감동이 아직 남아 있는 차에 맞닥뜨린 또 다른 충격이다. 무엇이 저리도 예쁜고? 대번에 관심이 활활 불타오른다. 이름이 으스스하다고? 그 느낌도 순식간에 버린다. 햇살에 반짝이며 찰랑대는 물결과 놀라운 조화를 이루며 서 있는 성당이 바로 피의 구세주 성당(스빠스 나 끄로비)이다.

그리보에도바 운하와 피의 구세주 성당

하지만 아직도 왜 이름이 그렇게 붙었는지 알지 못한 채 그저 감탄만 한다. 지금은 감탄하기에도 바쁘니까. 운하 길을 따라 걸어가는 이유는 오직 성당 때문인 것 같이 되어버린다. 다가갈수록 선명하게 드러나는 다채로운 빛깔과 독특한 지붕 모양. 걸음을 옮길 때마다 저절로 카메라를 들이대게 만든다. 멀리서부터 미리 모습을 드러내놓고 서 있는데도 도무지 매력이 사그라들지 않는다. 아니 바라보며 다가갈수록 놀랍다. 그래서 가까이 가기도 전에 이미 엄청난 사진을 찍고 만다.

멀리서는 몰랐다.

성당 주변에 그렇게 많은 사람이 모여 있는 줄을.

우리가 걸어가면서 보아왔던 성당의 자태는 옆모습이었다. 정면은 장중하게 좌우 대칭으로 지어졌다. 측면과 참 다른 느낌과 모습이라는 건 정면에 서보아야 알게 된다. 측면의 자유로운 구조가 주는 분위기와 달리 성스러운 느낌이 강하다. 모습과 느낌이 보는 방향에 따라 달라서 그런지 자꾸 성당 주변을 돌게된다. 그런데 사방을 돌면서 보고 또 봐도 성에 차지 않는다. 다시 정면으로 돌아와 보면 또 다른 조각품이 눈에 들어오고 못 보던 그림이 나타난다. 그래서 사람들이 성당을 뱅뱅 둘러가며 보고 있는 모양이다.

보는 순간 성 바실리 성당이 떠올랐다.

무척 닮았다고 생각했다. 아마 다채로운 채색의 둥근 지붕들 때문이었던 것 같다. 하지만 자꾸 보고 있으니 많이 다르다. 특히 느낌이. 성 바실리 성당이 마냥 예쁘고 찬란하고 화려했다면 이 성당은 거룩한 느낌이 지배적이다. 마치 웃음기 없는 미인을 보는 것 같은. 그러나 지붕에 대한 감탄은 비슷하다. 둥근 지붕은 하나하나가 보석처럼 예쁘지만 사실 엄청 커다란 구체다. 그렇게 큰 구체를 그렇게 앙증맞게 보이도록 다듬고 색을 입힌 장인들의 솜씨와 감각이 그저 놀랍다.

관광 인파 속에서 갈마가 사라졌다.

성당을 빙빙 돌며 구경하는 중에 일어난 일이다. 열렬히 사진을 찍다보니 주변에 낯선 사람만 있었다. 그제야 동지들을 찾으려고 두리번거리다 하늬를 발견하고 곧 높새도 만났다. 아니 하늬는 내내 우리를 지켜보고 있었다. 높새는 카메라만 들면 정신없이 돌아다니고, 갈마도 호기심 따라 움직인다. 그리고 나는 구경거리에 꽂히면 주변을 잊어버린다. 그렇게 다소 여행 버릇이 자유분방한 우릴 놓치지 않고 살피는 사람이 하늬다. 내가 하늬를 금방 발견한 것도 그녀가 콩알처럼 흩어져 돌아다니는 우리를 눈여겨보며 가까이 있었기 때문이다. 하늬와 만난 내가 다른 사람의 행방을 묻자 높새가 사라진 쪽을 가리켰다. 조금 전까지의 행적을 보고 있었던 것이다. 하지만 한 사람이 두 사람을 쫓아갈 수는 없는 법. 아무래도 방향 감각이 없는 나를 선택한 모양이었다. 그래서 내 시야에 하늬가 있었던 것이다.

하늬와 나는 높새가 사라진 쪽으로 걸음을 옮긴다. 잠시 후 카메라를 든 높새가 우리 앞에 나타난다. 갈마의 행방을 물었더니 모른단다. 높새를 찾으면 갈마 있는 곳을 알고 있으려니 했다가 좀 난감해졌다. 빙빙 돌면 만나기가 더 힘들 것 같아 한 자리에 서서 기다리기로 한다.

성당 뒤는 공원이다. 공원 담장에 기대어 서서 갈마를 기다린다. 거기서도 높새는 성당을 향하여 카메라를 들이대고 계속 찍는다. 쓸데없는 사진이 쌓이는 게 싫은 하늬는 사진도 신중하게 절제하며 찍는다.

30분이 지난다.

갈마는 어디에 있을까.

혹시 그녀도 어디에선가 우릴 기다리고 있는 건 아닌지.

그러다 갑자기 떠오르는 생각.

어쩌면 성당 안으로 들어갔을지도 모르겠다!

아니다. 융통성 만점인 갈마가 매표소 앞에 줄을 서 있을지도!

성당 내부로 들어가려면 입장권을 사야 했다. 처음 매표소에 도착했을 땐 줄이 너무 길어 엄두가 나지 않았다. 씨스뜨라는 줄이 길면 일단 피한다. 차라리 포기할지언정 햇빛 아래 서 있을 수는 없다. 그래서 먼저 외부를 구경하고 다시 와보자고 했다. 줄이 짧아지면 들어가자고.

우린 부랴부랴 성당 입구 매표소 앞으로 간다.

역시!

그 앞으로 가자마자 갈마를 만난다. 게다가 입장권도 사두었단다. 매표소 앞을 지나가는데 줄을 서 있는 사람이 하나도 없더란다. 그래서 무조건 입장권 4장을 구입했다고. 오랜 친구는 유사시에도 이렇게 통하는 구석이 있다.

갈마 덕분에 우린 바로 성당 안으로 입장한다.

성당 내부의 가장 큰 특징은 모든 벽과 벽화가 모자이크로 장식되어 있다는 것. 모자이크 성화로 채워진 벽을 바라보느라 한동안 또 고개가 고생을 한다. 그리고 비슷해 보이는 성화들. 감동도 없다. 성당 안을 돌아다니며 주마간산할 때는 그랬다. 아름다움이 제대로 눈에 들어오지 않았던 것이다. 하지만 걸작이란 이름이 붙을 때는 다 이유가 있는 법. 제대로 봐야겠다는 생각을 한다. 그리고 고개가 아프니 앉아서 보자 싶었다.

벽면에 붙여놓은 의자에 앉아 뒷머리를 벽에 의지한 채 눈앞에 우뚝 선 그림을 바라본다. 그제야 벽화가 제대로 눈에 들어온다. 그 작은 조각으로 그렇게 넓은 벽면을 빈틈없이 채운다는 것. 그것도 아무런 의미 없는 단순한 작업이 아닌 종교적인 이야기로 가득한 경건하고 아름다운 그림으로.

절대자에 대한 인간의 믿음과 사랑의 표출이 강렬하다.

아름답지만 거룩하게 보였던 성당의 외부는,

이렇게 성스러운 분위기의 내부와 이어져있었던 지도 모르겠다.

$$+++$$

'피의 구세주 성당'은 1881년 러시아 황제 알렉산드르 2세가 폭탄 테러를 당해 피를 흘렸던 자리에 세운 것이다.

황제는 테러로 목숨을 잃었고 뒤를 이은 아들, 알렉산드로 3세는 아버지의 죽음을 기리기 위해 그 자리에 성당을 짓게 된다. 성당의 모습은 모스크바의 '성 바실리 성당'이 모델이 되었고 24년에 걸쳐 지어졌다고 한다. 성당의 본래 이름은 '그리스도 부활 성당.' 사실 이 이름이 성당의 모습과 훨씬 잘 어울린다.

성당 안에 앉아 있을 때도 나는 몰랐다. 성당의 이름이 말해주는 의미를. 그러니 내부에 아직도 남아있다는 피의 흔적을 보지 못했다. 아니 보고도 알지 못했을 것이다. 나중에 가이드북을 보고서야 이름의 의미를 알았으니까. 그리고 그제야 알게 된 사실에 웃었다. 내가 한참동안 서서 보았던 아름다운 정자 같은 것이 있었는데 그 정자 아래가 피의 흔적이 있는 곳이었다는 걸. 묘하게 마음이 끌려서 다가갔던 곳이었다. 네 개의 검고 둥근 돌기둥 위에 화려한 조각으로 장식된 뾰족한 지붕. 기둥 사이 바닥에는 꽃도 놓여 있었다. 왠지 사진을 찍는 것도 주저되어 딱 한 장을 찍었다. 사진까지 찍고도 피의 흔적은 보지 못했던 것이다. 들여다볼 생각은 하지도 않았으니까.

아는 만큼 보인다더니.

그렇다고 내가 미리 공부를 하고 관광을 하게 되진 않을 것 같다.

아는 것만 보일 수도 있으니까. 지식과 정보 속에 감각이 갇히는 건 더 싫으니까. 그리고 지식과 정보는 자료로써 나를 기다려주지만 감각은 그 순간이 아니면 만날 수 없으니까.

성당을 구경하는 것은 힘들다.

아름다운 것이 마냥 좋기만 한 것은 아니다. 사랑하는 것도 힘이 든다. 아름다운 성당을 구경하는 것이 육체와 감각을 너무 지치게 한다는 말씀이다. 더구나 높은 지붕과 높은 천장을 가진 성당은 계속 우러러 보기를 요구하나니. 고개가 결리고, 눈은 아프고, 열정적으로 움직였던 마음은 완전히 파김치다.

누가 시킨 것도 아닌데? 말은 맞다. 시켜서 한 일은 아니다. 스스로 뛰어들었다. 그렇다고 핑계 삼을 대꾸 한 마디 없겠는가. 모든 무덤에도 핑계가 있으니까 말이다. 아기를 돌본 적이 있는 사람은 내 말을 이해하기 쉬울 것이다. 그 일이 얼마나 힘든지도. 아기가 눈앞에 있는 이상 손이 가고 눈이 가게 되어 있다. 아기만 보게 되어 있다. 아기란 존재가 본래 그런 존재다. 오직 귀여운 모습과 안지 않고는 못 배길 보드라운 몸으로 양육자의 관심을 끄는 존재. 안 보이면 몰라도 바로 눈앞에 있는 이상은 스스로 체력과 사랑을 던지게 되어 있다.

피의 구세주 성당이 그랬다.

눈앞에 그런 환상적인 조각과 색채를 두고 모른 척할 수가 없었던 것이다. 자발적으로 체력과 사랑을 바칠 수밖에 없었다. 그래서 성당 내부를 보고 나왔을 땐 절대적으로 휴식이 필요했다. 몸도 마음도.

여름정원과 묘령의 여자

여름정원(레뜨니 싸드)은 피의 구세주 성당 뒤편에 있었다.

성당 뒤에 정원으로 드나드는 출입구가 있지만 정문은 다른 쪽에 있다. 그리고 들어갈 때까지만 해도 넓은 정원을 가로질러 정문이 있는 곳까지 가게 될지는 몰랐다. 그저 좀 쉬려고 들어갔으니까. 하지만 잘 가꾸어진 잔디밭 사이 길을 따라 걷다보니 자꾸 깊이 들어가게 되었다. 그래서 입구 가판대에서 샀던 딸기를 들고 정원의 중심부까지 구경하고 결국엔 예정에도 없던 정문 확인까지 하게 된 것이다. 정문을 들먹이는 이유는 하나다. 생각보다 많이 걸었다는 이야기다. 그리고 특별히 묘사하고 싶을 정도의 특별함은 없는 문이기도 했다. 아, 저것이 정문이구나, 하고 돌아섰으니까.

여름정원은 1704년 뾰뜨르 대제 때 지어졌단다. 서유럽의 공원 같은 넓은 정원을 갖고 싶어서 외국의 건축가와 정원사를 들여와 조성했다고. 지어질 당시엔 곳곳에 이탈리아 예술가들의 아름다운 대리석 조각상들과 분수가 어우러진 화려한 정원이었지만 세월과 전쟁으로 많이 훼손되었다. 그래서 현재 계속 복원 작업이 이루어지는 중이란다. 정원 한쪽에는 황제 가족들을 위한 여름궁전이 있는데 진짜 관광객이 많이 가는 유명한 '여름궁전'은 이곳이 아니라고 한다. 높새 말이 내일 가게 될 곳이 진짜 '여름궁전'이란다.

어떤 장소이건 쓰이는 용도에 따라 분위기가 달라지게 마련이다. 아마 조성될 당시엔 위엄과 권위라는 무거운 화려함에 둘러싸인 적막한 곳이었을지도 모른다. 하지만 현재의 여름정원은 국가의 공식적인 행사 장소가 아니라 시민들이 즐겨 찾는 공원이 되었다.

중심부로 들어가니 사람들이 많다. 대개 휴일을 맞아 놀러 나온 가족들로 보인다. 잔디밭을 뛰어다니는 어린 아이들이 정원을 평화롭게 만든다. 분수정원이라 불릴 만큼 분수가 많지만 아직 물을 뿜어 올리지는 않는다. 6월은 되어야 분수를 올린단다. 분수가 올라가는 모습을 마음으로 그려보며 정원을 거닌다. 한가롭고 편안하다.

정원에 관심이 많은 직장 동료가 했던 말이 생각난다. 방학이 되면 자주 해외여행을 다니던 미술 교사였다. 그녀는 어느 나라에 가든지 꼭 공원을 가본다고. 나라마다 특징이 있어 같은 듯 다르다고 했다. 그녀가 다닌 곳은 주로 유럽이었으니 아마도 유럽의 정원을 말하는 것이었으리라. 내가 시간 여유를 가지고 공원을 다녀본 곳은 프랑스 파리뿐이다. 그리고 지금 보고 있는 여름정원은 파리의 공원들과 닮았다. 서유럽의 건축가와 정원사의 솜씨라서 그런 건지, 아님 미술 교사가 말했던 나라마다의 특징을 내가 몰라서 그렇게 보이는지.

잔디와 분수와 꽃밭을 보고 있는데 갑자기 그녀가 떠올랐다.

아마도 내가 제대로 보지 못하고 있다는 걸 깨달았는지도 모르겠다.

그녀라면 이 정원에서 어떤 말을 할까.

어떤 것에 감탄하고 어떤 특징을 발견할까.

내가 본 유럽의 정원은,

그저 잘 가꾸어진 넓은 잔디밭.

호수를 끼고 있는 잔디밭.

분수가 있는 잔디밭.

그리고 반듯하게 가꾸어진 꽃밭.

이렇게 정리될 뿐이다.

그리고 지금 보고 있는 여름정원의 가장 큰 특징도,

분수가 유난히 많구나, 하는 정도.

정원의 정문까지 걸어갔다가 왔던 길을 되돌아온다.

그리고 다시 가판대가 늘어선 통로를 따라 성당 쪽으로 나온다.

성당 앞은 여전히 관광객으로 붐빈다.

그리고 씨스뜨라도 조금 전의 감정에 다시 휩싸인다. 자동으로 카메라를 꺼내들게 하는 위용. 또 다시 우러러보고 사진을 찍느라 성당을 떠나지 못한다.

그런데 웬 남자가 나에게 다가온다. 손가락으로 누르는 시늉을 하며 러시아 말을 한다. 사진을 찍어달라는 소리로 알고 흔쾌히 대답한다. 근데 이 남자, 내미는 내 손을 거부하고 카메라를 넘겨주지 않는다. 아니 손에는 아무것도 없다. 조금 당황한다. 옆에서 갈마가 웃으며 나랑 사진을 같이 찍자는 말이란다.

뭐라고? 이게 무슨?

말을 알아듣지 못하는 건 그렇다 치고 눈치는 왜 이리 없느냐고.

갈마는 남자가 내게 말을 걸 때부터 알아챘단다. 그 남자는 일행이 있단다. 일행으로 보이는 또 다른 남자가 카메라를 들고 있었는데 몰랐느냐고. 몰랐다. 내가 눈치가 좀 없다. 아니 하나를 보고 있으면 주변이 보이지 않는다. 다가오는 남자만 보였을 뿐이다.

내가 웃지도 울지도 못하고 어정쩡하게 서 있는데 남자가 내 옆에 선다. 갈마의 말이 사실인 모양이다. 대답은 해버렸고 어쩔 수 없다는 마음이 된다.

옆에 선 남자가 손으로 가리키는 쪽을 본다. 정말로 또 다른 남자가 카메라를 들고 저만큼 서 있다. 나는 어색하게 카메라가 있는 쪽으로 향한다. 그리고,

남자의 팔이 내 어깨를 두른다. 아니 두르는 느낌이다. 왜냐하면 팔이 어깨에 닿지는 않았기 때문이다. 몸에 닿은 것은 그의 손가락 끝. 아마 가운데 세 개의 손가락일 것이다. 어깨 조금 아래쪽에 마치 볼펜 같은 걸로 누르듯 손가락 끝이 닿았다. 손바닥도 손가락도 아닌 손가락 끝. 그리고 그 손끝이 떨리고 있었다. 어떻게 그 손을 뿌리칠 수 있단 말인가. 순간 미안한 생각이 들 정도였다. 남자의 눈에는 내가 아름다운 젊은 여자로 보였던 게 분명하다. 그러니 미안하지 않은가. 그는 사실과 다른 환상에 속고 있으니 말이다.

이 나이에 웬 영광이냐, 로 생각하자. 서양인이 동양인의 나이를 잘 알지 못하듯 나도 서양인의 나이가 짐작이 안 된다. 턱수염이 덥수룩한 이 남자도 나보다 연하일 수 있다. 하지만 그는 분명히 나를 젊은 여자로 착각하고 있다. 그렇지 않다면 이 많은 관광객 중 하필 중늙은이를 택할 이유가 없다. 하긴 나의 키와 몸무게는 중학생이다. 유럽을 여행 다닐 때마다 몸집 때문에 오해를 받는 일이 종종 있었다.

나중에 나이를 알면 기절할라나? 아니지. 알 수가 없지. 알 방법이 없잖아. 그래도 사진을 자세히 들여다보다가 실망할 수는 있겠지? 언뜻 보면 아가씨! 자세히 보니 할마씨?

내가 지금 누구 걱정하는지 모르겠다. 처음 보는 이 남자의 실망을 걱정하는 건지, 나의 주름이 만천하에 알려지는 게 걱정되는 건지. 에헤라, 모르겠다. 재밌는 추억으로 삼자. 남자는 지금 관광지에서 묘령의 동양여자와 사진을 찍는 행운을 잡은 것이다. 난 그저 잠깐 모델이 되어주는 걸로 어떤 남자의 아름다운 추억이 되고 있다. 그리고 나에게도 나쁜 추억일리 없다. 좀 황당하긴 하지만.

남자의 동료는 카메라 셔터를 세 번이나 누른다.

나는 줄곧 웃는 모습으로 서 있다.

이왕 이렇게 된 바에 예쁘게 보이자.

그게 여자의 마음인 것이다.

사진을 찍는 시간이 얼마나 걸렸을까. 불과 십 여초? 십 여초 만에 큰 임무에서 벗어난 듯 시원하게 남자와 헤어진다. 임무를 끝낸 나를 보는 씨스뜨라의 표정이 재미있다. 웃겨죽겠다는 얼굴이다. 하긴 우리나라에서라면 결코 일어나지 않았을 별일이긴 하다.

별안간 주어진 임무가 성당에 대한 지극한 관심을 다른 곳으로 돌리게 한 모양이다. 예기치 못한 사건을 겪고 나서 우린 곧 그곳을 떠난다.

식당, 마말리가에 밀린 까잔 성당

"바로 점심 먹으러 가는 거지?"

힘 떨어진 내가 다짐하듯 묻는다.

편안한 곳에 앉아서 시원한 것을 마시고 맛있는 것을 먹고 싶은 마음이 간절하다.

"그래야지."

높새가 건성으로 대답한다. 점심 먹기 전에 가고 싶은 데가 있다는 어투다. 의중을 알지만 나는 그러고 싶지 않다. 그래서 모르는 척 다시 묻는다.

"어디서 먹을 건데?"

"이제 찾아 봐야지."

거짓말. 아침에 분명히 들었다. 숙소를 나오기 전에 브리핑하듯 높새가 하는 말을 들었다. 그 자리에 있지 않았지만 중요한 건 들린다. 목적지에 대한 자세한 정보를 피하는 것이지 일정은 나에게도 중요하다. 어차피 내 다리로 걷고 내 눈으로 보는 거니까. 식당 이름까지 대면서 점심은 외식을 하는 게 어떠냐고 했다. 갈마와 하늬가 좋다고 하는 소리도 들었다. 식당 이름이 기억나진 않지만 가이드북에 소개되어 있는 식당이다. 갈마가 자기도 책에서 봤다고 했으니까. 아마 갈마의 가방에 있는 책의 바로 그 식당 부분은 접혀 있을 것이다. 오늘 목적지가 소개된 다른 페이지와 함께. 흥, 누굴 바보로 아남?

"식당 이름이 뭐지?"

쐐기를 박듯 단도직입, 알고 있다는 걸 알린다.

운하 길을 따라 앞서 가던 높새가 돌아본다.

"무섭다니까. 모르는 것 같아도 중요한 건 다 알고 있어요. 까잔 성당 잠깐 보고 가자. 식당이 어차피 까잔 성당 뒤에 있다니까."

그것도 거짓말. 처음 가는 곳인데 누구 멋대로 잠깐? 가서 볼거리가 많으면 어쩔 건데? 간 김에 다 보자고 할 거면서. 이 말은 속으로 중얼거린다.

높새는 20년이 훨씬 넘은 친구다. 글쎄, 나이 차이가 꽤 나니 친구라는 명칭이 어색하게 들릴지도 모르겠다. 대개 친구는 비슷한 나이대니까. 같이 학교를 다니면서, 같은 해에 직장인이 되면서 친구가 되는 경우가 많으니 그런지도 모르겠다. 하지만 높새와 나 사이를 규정하는 말로 친구보다 적당한 단어는 없어 보인다. 직장에서 처음 만났을 땐 엄청난 선배였는데 강산이 두 번이나 변하도록 가깝게 지내다보니 나이를 잊어먹고 가장 막역한 사이가 된 것이다. 그래서 높새도 나도 서로의 마음이나 취향을 너무 잘 안다. 너무 잘 알아서 편하고 좋은 점도 많지만 너무 잘 알아서 이렇게 도무지 비밀을 둘 수가 없다. 가까운 사이라도 말하고 싶지 않고 들키고 싶지 않은 마음이 있는데 말이다. 그럴 땐 대개 모른 척한다. 평소엔 그렇다. 내가 모른 척하고 있는 것까지 높새가 아는 것 같긴 하지만 그것까진 물어보지 않았다.

하여튼 나는 궁시렁거리면서 포기하고 있다. 그리고 어쩌면 오늘도 굉장히 고단한 일정이 될 수 있겠다, 나름 각오도 한다. 사진을 찍고 그림을 보는 게 큰 취미인 걸 가장 잘 아는 내가 끝까지 우길 수는 없다. 아마 까잔 성당에 가서 꼭 보고 싶은 무엇이 있는 모양이다. 다만 제발 볼 것이 많지 않기를 바랄 뿐이다. 물론 이러는 나도 어떻게 변할지 장담할 수 없다. 누구보다 더 열정적으로 볼거리에 미쳐서 돌아다닐지. 사람의 마음은 순간을 사니까.

"잠깐만 보는 거다?"

그냥 받아들이기엔 왠지 억울해서 볼멘소리를 한다. 높새도 알고 있을 것이다. 어쩔 수 없이 받아들였다는 걸. 아마 속으로 어떤 각오를 하고 있을지도 모른다. 정말 잠깐만 보고 가야지, 같은. 내 체력을 누구보다 잘 아니까. 그러면서도 항상 나를 가장 무리한 일정으로 몰아가는 친구이기도 하지만.

하늬와 갈마는 한 마디도 없다. 높새와 내가 투닥거리거나 말거나 모른 척 그냥 길을 걷고 있다. 그것이 나의 의견을 거부하지 않으면서 높새의 의견에 힘을 실어주는 방법이기도 하다. 그들은 웬만하면 누구의 소망에든 말없이 동참한다. 언제나 딴지를 거는 자는 나다. 어쩌면 내가 항상 한 발 앞서 딴지를 거는 바람에 그럴 기회를 박탈당했을지도 모른다. 어찌되었거나 그들의 인내심을 도저히 따라갈 수가 없다. 말없는 인내심이 놀랍고 존경스럽다.

파르테논 신전?

유명한 서점인 '돔 끄니기' 앞에서 길 건너편에 있는 까잔 성당을 본 첫 느낌이다. 돔 끄니기도 그냥 지나칠 수 없는 역사적인 건물이지만 훗날을 기약하며 들어가지 않았다. 책뿐만 아니라 기념품과 문구류도 갖추어진 우리나라의 교보문고 같은 곳이란다. 그리고 2층에 있는 카페에서 바라보는 까잔 성당이 특히 아름답다고 했다.

우린 서점 앞 횡단보도 신호에 걸려 있었다. 횡단보도 앞에서 돔 끄니기를 바라보며 사랑을 구걸하는 높새의 표정을 난 못 본 척했다. 서점엔 구경할 게 많으니 들어가면 안 되는 곳이었다. 까잔 성당을 하나 추가한 것도 벅찬 마당에.

물론 나도 들어가 구경하고 싶었다. 쌍뜨뻬쩨르부르그에서 가장 아름답고 큰 서점이라지 않는가. 얼마나 다양한 책과 특색 있는 기념품이 있을지, 그리고 실내 장식은 어떠할지 궁금했다. 하지만 지금은 아니다. 결론적으로 말해서 날을 잡아 다시 보러 오자는 것이다. 지친 등에 짐을 하나 더 얹는 건 너무 즉흥적이고 현명하지 못한 처사다. 그런 마음으로 길 건너편에 있는 까잔 성당만을 보고 있었다.

하지만 훗날을 기약했던 돔 끄니기엔 결국 들어가 보지 못했다. 계속되는 일정 속에 자꾸 밀리다 끝나고 말았다. 인연이 거기까지였던 모양이다. 물론 높새는 여행이 끝난 뒤에도 내내 애석해 했다. 돔 끄니기 이야기가 나올 때마다 나도 내심 미안했다. 나만 아니었다면 분명 들어갔을 테니까. 바로 돔 끄니기 앞에 서 있었으니까.

파르테논 신전이라니!

사실은 참 특이한 외관이다. 크고 굵은 둥근 기둥들이 반원형으로 정렬해 서 있는 중앙에 건물 본체가 있다. 그래서 열주들 가운데 연한 하늘색 성당의 지붕이 숲속의 신목(神木)처럼 우뚝 솟아 보이는 모습이다.

그런데 본 적도 없는 파르테논 신전이 왜 불쑥 떠올랐을까. 도열해 있는 기둥들 때문이었을까. 미끈하게 서 있는 열주가 먼저 시각을 지배했으니까. 하지만 열주 구조의 건물은 수없이 많다. 물론 직접 본 것도 많다. 그런데 왜 열주를 보면 파르테논 신전부터 떠오를까. 너무 유명해서? 돌아다니는 사진이 너무 많아서? 텔레비전을 통해서도 수십 번은 더 보았을 영상 때문에?

단지 그런 이유 때문이었을까.

아님 파르테논 신전만이 가진 어떤 특별한 강렬함이 있는 걸까.

까잔 성당

신호가 바뀌고 길을 건너 성당 가까이 간다.

가까이 가니 기둥의 규모가 어마어마하다. 둥그스름하게 곡선으로 도열해 있어 마치 성당 앞 광장을 팔을 둘러 안고 있는 것처럼 보인다. 광장의 중앙엔 분수가 있는 정원이 자리 잡고 있다. 정원 주변으로 가판대가 즐비하고 오고가는 사람들도 많다. 도시의 중심가인 넵스끼 대로에 위치에 있으니 당연하겠지만 자유롭게 개방된 곳이어서 관광객과 신자들로 늘 붐빈단다.

장대한 기둥들 앞에서 사진을 찍으며 잠깐 열정을 불태운다.

그리고 성당 안으로 들어간다. 입장은 무료다. 다리가 아프지만 무료라니 들어가기로 한다. 아마 입장료가 있었다면 난 밖에 앉아 있었을 것이다. 들어가면 본전 생각에 돌아다녀야 하지만 그럴 자신이 없어서다. 기둥들 앞에서 마지막 남은 열정을 불태우고 나니 정말 다리가 아팠기 때문이다.

성당 안은 몹시 붐빈다. 신도와 관광객이 뒤섞여 공기가 답답하다. 알고 보니 결혼식이 진행되고 있다. 하객들까지 합쳐졌으니 오죽 사람이 많겠는가. 성당 안에서의 결혼식 모습이 궁금해서 사람 사이를 헤집고 들어갔지만 얼마 못가 도로 빠져나온다. 덥고, 피곤하고, 미치도록 앉고 싶어서다. 그러는 사이 하늬와 갈마는 사람들 사이를 헤치고 깊이 들어가 보이지 않는다. 난 곁에 있는 높새에게 말을 하고 먼저 성당을 나오고 만다.

밖으로 나와 정원을 둘러친 철책 아래 돌바닥에 엉덩이를 대고 앉는다. 사람 구경이나 하자. 그런 마음이다. 앉아서 한숨도 돌리기 전에 높새가 나타난다.

"왜?"

"사람도 많고……."

"둘은?"

"천천히 구경하고 나오겠지."

"사진 찍을 게 없나 봐?"

"혼자 있으면 그렇잖아."

걱정이 된 모양이다. 혼자 있는 것이. 미안한 생각이 든다. 정말 괜찮은데. 난 이렇게 혼자 앉아 있는 것도 좋아하는데.

하지만 더 이상 아무 말 하지 않는다. 들어가 구경하라고 해봤자 소용없다. 그럴 것 같았으면 나오지도 않았을 것이다. 난 무심하게 앉아 있다. 높새는 내 주변을 맴돌며 카메라를 통해 여기저기 다른 곳을 본다.

얼마 안 있어 갈마가 나온다. 그런데 혼자다. 하늬와 같이 있었던 게 아니었던 모양이다. 결혼식 구경을 하고 있었는데 주변을 둘러보니 아무도 없어 급히 나오는 길이란다. 기다리면 나오겠지. 내가 말했다. 그래봤자 소용없다. 갈마란 여자한테는. 기다리고 있는 것보다 움직이는 걸 택한다. 말은 그렇게 했지만 찾으러 가리란 걸 알고 있었다. 예상대로 갈마는 다시 성당 안으로 들어간다. 그리고 몇 분 후에 하늬와 함께 나타난다. 하늬는 나오자마자 기다리게 해서 미안하다고 한다. 사실 하늬가 미안해할 일은 아니다. 구경을 와서 먼저 나와 앉아 있는 내가 문제였다. 문제가 되지 않으려면 그들이 충분히 구경을 하고 나와 주면 좋은데. 그게 쉽지 않은 모양이다. 우린 일행이니까. 어쩔 수가 없다. 혼자 여행하지 않는 이상 기꺼이 감수해야 할 부담이 되겠다. 그리고 대신 든든함이라는 마음의 평온을 얻는 것이다.

+ + +

식당 '마말리가'는 정말 까잔 성당 바로 뒤편에 있었다.

너무 빨리 나타나 도리어 이상할 지경이다. 가깝다 해도 지름길을 놓치고 헤매다 보면 결코 가까운 길이 아니기 십상이기 때문이다. 낯선 곳에선 흔히 그랬다. 그런데 좀 걸을 각오까지 되어 있는 눈앞에 갑자기 어디선가 뛰어나온 반가운 사람처럼 식당 이름이 눈에 들어왔다.

찾던 곳이 나왔으니 망설임 없이 식당으로 들어간다.

들어서는 순간 귀로 밀려드는 무거운 웅성거림. 크게 떠드는 소리가 아니지만 많은 사람이 모여 있을 때 나는 소리임이 분명하다. 안내를 기다리며 서 있는데, 저 멀리 보이는 곳까지 테이블이 즐비하고 손님들로 가득하다. 크고 유명한 식당이 맞나보다. 그런 생각을 한다.

종업원의 안내를 받아 앉은 자리는 창가.

어떻게 창가 자리가 비었을까. 마침 손님이 떠난 자리인가. 빈 테이블이 거의 보이지 않으니 그런 모양이다. 운이 좋구나. 흡족해하며 시원해 보이는 커다란 등나무 의자에 무거운 엉덩이를 내려놓는다. 갈마와 내가 창을 바라보는 자리에, 하늬와 높새는 창을 등진 자리에 앉는다. 앉아서 창밖을 바라보자니 감격스럽다. 드디어 실내에 앉아 길을 걷는 사람들을 바라보는 처지로 바뀐 것이다. 따가운 햇살 아래 피곤한 다리로 길을 걸을 때면 식당이나 카페 창가에 앉은 사람들이 얼마나 부러웠는지 모른다.

가방을 벗어놓고, 모자도 벗고, 선글라스도 벗는다.

그런데 공기가 좀 답답하다. 아니 자꾸 더워진다. 그리고 선글라스는 도로 낀다. 창으로 비쳐드는 햇살이 너무 눈부신 것이다. 우리나라였다면 커튼을 치는게 당연하겠지만 여기선 어림도 없다. 해외여행을 하면서 참 다르다고 느낀 것. 유럽에선 사람들이 웬만해서 햇빛을 피하지 않는다는 것. 공원에서도, 차 안에서도, 식당에서도. 선글라스로 눈을 보호하는 정도가 끝이다.

창가에 앉은 누구도 햇빛을 불편해하는 기색조차 없다. 그런데 난 지금 몹시 불편해지고 있다. 햇빛 때문에 시원하지가 않은 것이다. 햇빛만 피할 수 있어도 나을 것 같은데, 우리 자리는 햇빛 한가운데에 있다. 들어온 햇살은 실내 온도를 높여 놓았지만 냉방은 하지 않는 것 같다. 하긴 밖의 기온을 보자면 냉방을할 계절은 아직 아니다. 햇살이 따갑다 해도 그늘에만 들어서면 가을 느낌이다. 오래 있으면 한기가 느껴질 정도로. 그렇지만 여긴 실내이고, 손님들로 가득하고, 더구나 끊임없이 뜨거운 음식이 만들어져 나오는 식당이다. 그래서 점점 더워지고 있는 중이다. 한낮의 햇살 속에서.

자리를 옮길 수 없을까. 주변을 둘러본다. 빈자리가 없다. 더워하는 사람도 없는 것 같다. 좀 있으면 괜찮아지겠지. 아마도 걸어오느라 열을 뿜어서 그런 거겠지. 기다려보는 수밖에 없다. 그늘진 곳에 앉은 사람들이 부러울 뿐이다.

갈마와 높새는 메뉴판을 보고 있다. 하늬는 볼 생각이 없다. 작은 글씨 보기가 힘들기 때문이다. 어차피 봐도 모르는 음식이니 주문하는 대로 먹겠단다. 사실 씨스뜨라는 모두 작은 글씨에 슬슬 화가 나는 노안 상태이다. 정도의 차이만 있을 뿐.

노안이 오기 전엔 몰랐다. 우리 사회가 다수를 차지하는 사람들에게 맞추어져 있다는 걸. 소수 의견엔 친절하지 않다는 것을. 설명서와 지도와 안내 책자의 글씨가 그렇게 폭력적일 수 있다는 것을. 돋보기로도 해결되지 않는 글자 크기가 존재한다는 것을. 노안도 장애에 해당된다는 것을. 그래서 어쩔 수 없이 자력 해결이 어려워 의존성이 늘어난다는 것을. 그리고 의존해야 되는 상황에 느끼게 되는 모욕감으로 노년을 인식하게 된다는 것을.

지나치게 예민한 반응인지도 모르겠다. 하지만 모든 반응엔 원인이 있다. 예민한, 이란 말을 빼더라도 마찬가지다. 반응의 이유는 분명 존재한다. 그렇게 노년을 인식하게 되는 사회. 무엇인가 잘못되어가고 있다는 생각을 하게 된다.

아직은 그런대로 자력으로 잘 살아가고 있지만 닥쳐올 미래가 보이는 나이다. 그리고 여든이 훨씬 넘은 어머니는 미래의 증거이기도 하다. 어머니는 이제 많은 것을 타인의 손에 의존하고 있다. 차츰 어린아이로 돌아가는 느낌이다. 필요한 물건을 사다 날라야 하고, 병원엘 모시고 가야 하고, 씻는 것도 도와드려야 한다. 손놀림도 걷는 것도 어눌해졌다. 그런 어머니에게 손발이 되어주는 자식이 없다면, 그래서 혼자 서야 하는 사회라면 어떻게 느껴질까. 사회는 그들을 위한 어떤 대비책을 가지고 있으며 어떤 구조로 대응하고 있을까.

나도 메뉴판을 들여다본다. 그런데 도무지 무슨 음식인지, 무슨 소리인지 하나도 모르겠다. 영어로 된 메뉴인데도 어떤 음식을 먹어야 할지 감도 잡히지 않는다. 내 인생에 처음 접하는 카프카스 지방 전통음식이다.

"가이드북에 나오는 식당이라며? 책 보고 주문해야겠다."

갈마가 책을 꺼내고 내가 정보를 읽는다. 그리고 무조건 책에서 권하는 요리 세 가지를 고른다. 그 요리 이름은 다음과 같다. 샤슬릭, 하르초, 하차푸리. 그리고 음료로는 중국식 차를 주문한다. 그러나 뜨거운 차를 주문하는 게 아니었다. 어떤 나라 음식을 먹을 땐 음료도 그 나라 식으로 주문하는 게 맞는 것 같았다. 그 식당 음식과 차가 궁합이 맞지 않는지, 아님 햇빛이 비쳐드는 실내에서 뜨거운 차가 맞지 않았는지는 지금도 잘 모르겠지만.

주문한 음식이 차례로 나와 테이블을 채우고,

씨스뜨라는 각자의 입맛과 식욕으로 음식을 먹기 시작한다.

내 입에는 음식이 모두 맛있다. 특히 매콤하고 뜨거운 스프, 하르초가 속을 시원하게 풀어준다. 하르초는 고기가 들어있는 스프다. 무슨 고기인지는 모르겠지만 상관없다. 난 음식은 일단 먹어본다. 여행 중에는 더욱 그렇다. 입맛에 맞지 않아도 위장이 거부하지 않으면 통과다. 그리고 입맛은 간사해서 쉽게 변하기도 한다. 여행 중에 살기 위해 먹었던 음식들이 나중엔 일부러 찾는 음식으로 변하는 경우도 있으니까. 그런 걸 보면 입맛은 타고 나는 것보다 길들여지는 것 같다. 지역마다 다른 먹을거리가 존재하듯 다른 입맛으로 길들여지는 것이 아닐까 싶다. 그리고 인류의 이동에 따라 음식도 이동하고 그 지역 생산물에 따라 재료가 조금씩 변하기도 할 것이다. 그래서 재료만 바뀐 같은 요리법이 태어나기도 하고 다시 그 재료에 입맛이 길들여지기도 하고 말이다.

샤쉴릭은 러시아 대표 음식으로 알려져 있는 꼬치구이다. 그런데 이 요리가 원래는 중앙아시아 음식으로 양꼬치 구이였단다. 중앙아시아 지방에선 주로 양을 키웠나 보다. 하지만 이 식당에선 여러 민족의 기호에 따라 닭이나 돼지로도 한다. 우린 돼지고기로 선택. 먹음직스럽게 구워져 나온 몇 조각의 덩어리 고기 옆에 얇게 썬 양파가 같이 나온다. 이렇게 맛있는 걸 하늬는 한 점도 먹지 않는다. 아마 이때부터 속이 좋지 않았던 것 같다. 돼지고기를 좋아하지는 않지만 맛은 보는데 말이다. 결국 속탈이 단단히 난 하늬는 남은 저녁 일정에 참석하지 못하게 된다.

하차푸리는 피자처럼 생겼다. 두툼하고 커서 일단 보기엔 푸짐하다. 그루지아 전통 음식이란다. 맛도 피자와 크게 다를 게 없다. 국물에 빠진 고기를 싫어

하는 높새는 하차푸리에 광분한다. 사실 하르초는 높새가 보기엔 그냥 국물에 빠뜨린 고기 요리다. 삼계탕도 안 먹는지라 예상한 대로다. 그리고 지방과 힘살이 많은 고기도 싫어한다. 그런데 샤쉴릭이 그랬다. 그러니 하차푸리에 집중할 수밖에. 하늬는 하차푸리 한 조각만 먹는다. 피자는 이제 우리나라에서도 흔한 음식이어서 피자와 닮은 하차푸리가 가장 거부감이 덜한 모양이다.

식사가 끝났다.

그 즉시 내 소원은 변한다. 시원한 바람이 있는 밖으로 나가는 것으로.

먹을 때는 그런 대로 견딜 수 있었다. 덥고 답답한 공기를. 그리고 점심을 먹는 동안 다리도 편해졌다. 다리가 편해지니 답답함이 주는 불쾌감이 커져서 참을 수가 없다. 나만 그런가? 속으로 반성도 한다. 다리 아프다고 노래를 하더니 이젠 또 덥다고 나가자고 해야 하나? 식당에 들어오기 전엔 어서 빨리 식당을 찾아 자리에 앉는 것이 소원이었다. 그 소원은 이루어졌고 이제 다른 소원이 생긴 것이다. 물론 먹고 바로 자리를 뜨는 이런 식의 퇴장은 상상하지 못했다. 천천히 먹고 이야기하며 앉아서 창밖을 보는 여유를 꿈꾸었다. 그리고 그 모든 게 지금 여기에 있다. 부족한 것은 단 하나. 쾌적한 온도. 그 하나가 나의 참을성을 시험하고 있는 것이다. 다른 사람은 어떤가? 나처럼 억지로 참는 것인지 참을 만한 상태인지 알 수가 없다.

"나갈까?"

결국 먼저 말을 하고 만다.

높새가 반색을 한다. 더워 죽을 뻔했단다. 그럼 나가자고 하지? 라고 했지만 대꾸는 없다. 대답할 필요도 없는 질문이다. 나의 참을성이 제일 빨리 거덜 났기 때문 아니겠는가.

밖으로 나오니 살 것 같다. 선선한 공기가 그새 그렇게 반갑다.

거리에서 보는 마말리가는 다시 천국으로 바뀐다.

창가 자리에 앉은 손님들의 표정이 더없이 평온하고 행복하다.

우리도 저렇게 보였을까.

보이는 대로 믿을 수 없는 것은 시각적 결함일까. 사고의 결함일까.

마린스끼 극장과 한여름 밤의 꿈

마린스끼 극장은 연한 녹색의 외관으로 짙푸른 하늘을 이고 있다.

"정말 숙소와 가깝네?"

감격에 찬 목소리로 내가 말한다. 전혀 헤매지 않고 곧바로 길을 찾은 덕분이
라고 높새가 대꾸한다. 딱 예상한 시간만큼 걸렸다면서.

극장 앞에는 사람들이 삼삼오오 모여 서 있다. 우리처럼 일찍 온 사람들인가
싶었지만 알 수는 없었다. 그들 모두가 극장으로 들어갈 손님들인지, 우연히 극
장 앞을 약속 장소로 잡은 사람들이 섞여 있는지, 혹은 그냥 극장을 구경하러
온 관광객들도 포함되어 있는지.

현재 시간은 오후 6시. 공연은 7시다.

예매번호를 좌석표로 바꾸어야 한다니 우선 극장 안으로 들어간다. 무척 일
찍 도착한 거라 생각했지만 안으로 들어가니 사람들이 꽤 있다. 매표소에서 좌
석표로 바꾸면서 갈마가 직원에게 묻는다. 예약자 한 사람이 못 오게 되었는데
환불이 되느냐고. 매표소 직원은 그런 상황은 극장 사무실에 가서 물어보란다.
사무실은 매표소 반대쪽에 있었다. 사무실에는 영어로 맞이해주는 직원이 있
다. 관광객 손님이 많은 곳이긴 한 모양이다. 사실 매표소 직원과는 의사소통이
잘 되지 않았다. 어쩌면 이유도 모른 채 우릴 사무실로 보냈는지도 모르겠다.

무슨 말인지 알아듣지 못해서. 사무실 직원과 소통은 시원하게 되었지만 기분은 시원하지 않다. 환불은 규정에 없단다. 결국 아까운 관람권 한 장이 어이없게 죽은 표가 되고 말았다. 사실은 하늬가 같이 못 온 것이다.

　마말리가에서 점심을 먹고 집으로 돌아온 시간은 4시경.

　들어오자마자 하늬는 방 침대에, 나는 거실 침대에 누웠다. 그리고 갈마와 높새는 책상에 앉아 머리를 맞대고 마린스끼 극장 찾아가는 길을 살펴보고 있었다. 난 살짝 잠이 들었다. 눈을 뜨니 하늬가 침대 곁에 와 있다. 수지침을 내밀면서 좀 땄으면 했다. 들어와서 곧바로 손가락을 땄는데 여전히 속이 꽉 막힌 듯 답답하단다. 방에서 잤던 게 아니라 혼자 속을 다스리고 있었던 모양이다. 점심을 먹을 때 짐작은 했다. 단호히 음식 조절을 하는 걸 보고. 그때부터 좋지 않았던 게 분명한데 말을 하지 않았다. 병은 자랑하라 했건만. 여러 사람의 재주와 의견이 모이면 혼자보다 훨씬 나을 수도 있는데. 하늬는 너무 폐를 끼치지 않으려 하는 게 문제다. 아마 오늘도 발레를 보러 가는 일정이 없었으면 혼자 끙끙 앓으며 넘어갔을지 모른다. 공연 시간은 다가오고, 속은 가라앉지 않고, 그래서 급한 마음에 공개를 한 것이 분명하다.

　나는 수지침을 배운 적이 없다. 수지침 관련 책을 한 권 사놓고 독파한 적은 있지만. 하지만 그것도 최근의 일이고 스스로 손발을 딴 역사는 참으로 길다. 어릴 때부터 체하기를 밥 먹듯이 하고 오랫동안 바늘로 손가락을 따 왔다. 더러 한의원에 가기도 했지만 대개 어머니의 바늘이 한의사를 대신했다. 그러다 나이가 들면서 스스로 따게 되었을 뿐이다. 체할 때마다 누구에게 손을 맡기는 것도 번거롭고 한의원을 찾는 것도 일이기 때문이다. 체한 증세를 누구보다 잘 알고 있는 내가 여행지에서 체증을 해결해주는 일이 잦다보니 나에게 손발을 맡기는 일이 자주 생긴다.

나는 하늬를 침대에 앉히고 내가 아는 대로 손발을 따고 피를 낸다.

하늬는 속이 좀 편해졌다며 방으로 들어간다.

좀 누워있으면 낫겠지. 우리 모두는 간절히 그렇게 되길 바랐다. '간절하다.'는 이루어지기 어려운 소원 앞에 붙이는 말이기도 하다. 말은 하지 않았지만 불안했던 건 사실이다. 남은 시간이 얼마 없었기 때문이다. 다행히 속이 가라앉는다 하더라도 그렇게 되기까지 시간이 좀 필요할 것 같은데 말이다.

방으로 들어갔던 하늬가 다시 나와 화장실로 들어간다. 게우고 싶단다. 높새의 표정이 눈에 띄게 어두워진다. 오늘의 발레 공연 예약은 순전히 높새의 공(功)이다. 그리고 우리 모두가 여행의 하이라이트로 꼽은 일정이기도 하다. 하늬도 기대가 컸던지 동생과 언니들에게 자랑을 엄청 하고 왔다고 했었다. 그런데 가장 빛나야 할 시점에 암운이 드리우고 있는 것이다.

초조한 시간이 몇 분 흐른다. 우리는 화장실 문만 바라보고 있다. 드디어 화장실 문이 열리고 하늬가 나온다. 이번엔 하늬 입만 바라보고 있다. 괜찮으냐고 묻지도 못한다. 들어야 할 대답이 두려운 것이다. 하늬가 애써 밝은 목소리로 말한다.

"난 도저히 못가겠네. 괜히 신경만 쓰이게 할지도 몰라. 자꾸 토할 것 같은데 공연 도중에 뛰어나오기도 그렇고. 난 괜찮으니까 재미있게들 보고 오세요."

청천에 벽력이다.

번개가 이미 번쩍이는 걸 봤는데도 천둥소리에 놀란다.

난 듣는 순간 포기했다. 아픈데 구경이 대수냐. 몸이 아프면 아무것도 눈에 들어오지 않는다. 안타깝지만 어쩔 수 없다. 그렇게 정리하고 있었다. 갈마도 그런 얼굴이다. 하지만 체념이 힘든 높새는 어떻게 하든지 같이 가고 싶어 했다.

극장이라도 구경하러 같이 가자.

공연장 밖 의자에 앉아 있으면 되지 않겠느냐.

이제 차츰 괜찮아질지도 모르는데 집에 있으면 뭐하겠느냐.

하지만 하늬는 갈 수가 없었다. 울렁거리는 속으로 어떻게 길을 나설 수가 있겠는가. 길에서 게우기라도 한다면 하늬로선 정말 견딜 수 없는 민폐를 끼치는 셈이니까. 아무리 보아도 갈 상태가 아닌데 체념을 못하는 높새 때문에 입장이 더 곤란할지도 몰랐다. 그래서 내가 높새를 말려야 했다. 속이 울렁거리면 모든 것이 귀찮다고. 누워있게 하는 것이 도와주는 것이라고. 오늘 잘 조리해야 내일은 또 상쾌하게 여행을 계속할 수 있지 않겠냐고.

높새는 나까지 하늬 편에서 말리자 마지못해 받아들인다.

그리고 셋은 무거운 마음으로 집을 나섰다.

남은 기대는 환불이라도 될까, 였지만 사실 큰 기대는 하지 않았다. 그래서 환불이 안 된다는 말을 듣고 나자 맥은 빠졌지만 할 일을 마쳤다는 기분이었다.

입장 시간을 기다리며 극장 안을 구경한다.

매점에도 들어가 보고 화장실도 다녀온다. 매점에는 발레리나 인형들이 많았는데 엄청 비쌌다. 장식이 많은 섬세한 발레복을 일일이 손으로 만들었을 테니 당연하겠다. 예쁘긴 하지만 사고 싶은 마음은 없어 구경만 하고 나온다. 사실 난 장식품을 그다지 좋아하지 않는다. 관광지에서 기념품을 살 때도 얹어 두고 보려고 사는 경우는 잘 없다. 그런 용도로 샀다 하더라도 대개는 곧 서랍 속으로 들어가고 만다. 살 때의 감동은 왜 그렇게 빨리 시들어버리는지 모르겠다.

시간이 다가오자 사람들이 점점 많아진다.

관광객과 현지인은 옷차림에서부터 표가 난다.

현지인의 복장은 남녀 모두 경건하리만치 단정하고 수려하다.

공연장 안으로 들어가 우아하고 아름다운 내부 장식을 보는데 그런 생각이 들었다. 발레를 관람하는 진지한 자세를 보면서도 같은 생각이 들었다. 문화와

마린스끼 극장 내부

예술을 대하는 그들의 마음이 바로 옷차림으로 나타난 것이라고. 한껏 차려입은 복장은 바로 자신들의 문화에 대한 예절인 것이라고. 아름다움에 대한 감탄과 경건함을 그들은 그렇게 드러내고 있는 것이라고.

공연 시간 20분 전에 공연장 문이 개방된다.

출입문은 엄청 많고 출입문 밖에 입장 가능한 좌석 번호가 표시되어 있다. 좌석에 따라 들어가는 입구가 다른 것이다. 그래서 문이 열리자마자 밖에서 대기하던 많은 사람들이 순식간에 극장 안을 채운다. 그렇게 넓은 곳을 눈 깜짝할 사이에 채우는 비밀이 기능적으로 구분된 출입구에 있었던 것이다. 문이 열리자마자 극장 안으로 들어갔는데 사방 천지가 사람이라 깜짝 놀란다. 우리 자리는 1층 4열. 자리를 찾아 앞으로 걸어가는 동안 5층까지의 발코니 좌석에는 이미 관람객이 들어차 웅성거리는 소리가 비처럼 아래로 내려오고 있었다.

같은 목적으로 같은 공간에 모인 군중.

묘한 흥분에 휩싸인다.

여기는 마린스끼 극장.

말로만 듣던, 사진으로만 보던 극장 안에 내가 있는 것이다.

극장 안은 카메라 셔터 소리로 가득 찬다. 공연이 시작되기 전에는 사진을 찍어도 된다. 관광객도 현지인도 극장 안을 배경삼아 사진을 찍느라 분주하다. 우리도 질세라 사진을 찍어댄다. 어디에 카메라를 들이대어도 작품이다. 아름다움이 가슴을 뛰게 하자 안타까움이 다시 몰려온다. 사실 발레도 발레지만 마린스끼 극장에서 발레를 본다는 의미가 더 컸다. 이제 러시아 발레는 우리나라에서도 어렵지 않게 볼 수 있으니까 말이다. 그런데 하늬는 러시아까지 와서 이곳에 오지 못했다. 감정 표현이 크지 않은 갈마조차 하늬가 못 온 것에 한탄한다. 높새는 거의 뛰어나갈 판이다. 전화 걸어서 택시 타고 오라고 할까? 할 때는 정말 그랬으면 싶었다. 즐거운 일도 같이 해야 기쁨이 두 배다.

7시.

불이 꺼지자 일시에 수런거림이 멎는다.

희미한 빛 속에서 오케스트라 연주가 시작된다.

감미롭게 귀를 파고드는 화음.

아름다운 소리들이 극장 안을 가득 채우지만 귀가 아프지 않다. 갑자기 너무 행복해져서 연주를 듣는 것만으로도 감사해진다. 음악회에 가는 이유가 이것이구나. 자주 가야겠다. 그런 결심까지 하게 만든다. 스피커를 통해 듣는 음악은 그냥 소리인 모양이다. 그 소리가 커지면 귀를 아프게 한다. 무용 공연을 보러 갔다가 귀가 아팠던 적이 많았다. 특히 스피커 가까이 있는 자리에선 가슴이 아플 지경이다. 그런 경험이 더 많은 내게 오케스트라 연주는 과분한 선물같이 느껴진 것이다. 아직 발레는 시작되지도 않았는데 너무 감격하고 있다.

우리 자리는 앞에서 네 번째.

막이 올라가고 드디어 신비한 조명 아래 드러난 무대.

발레리나들의 날렵한 몸이 무대 위를 나비처럼 가볍게 날아다니기 시작하는 순간 맨 앞자리를 선택하지 않은 걸 후회한다. 눈물이 날 정도로 감격했는데, 감격의 시간이 너무나 짧게 지나가고 있다. 상당히 앞자리라 생각했는데 아무리 봐도 실패다. 빈자리 하나 없이 꽉 찬 앞줄의 관객이 숲처럼 시야를 가리고 있다. 사람 사이로 공간이 좀 있지 않느냐고? 공간이 있을 수는 있겠다. 내가 그들처럼 크기만 하다면. 그래서 그들의 머리와 내 머리가 같은 높이에 있을 수만 있다면. 크지 않은 좌석은 촘촘하게 붙어 있고 덩치 큰 사람들의 풍만한 몸이 틈도 없이 앞을 막았다. 불행하게도 우리 앞에는 어린애도 하나 없다. 그래서 시종일관 목을 쭉 빼고 이리저리 머리를 기울여가며 힘겹게 발레를 보게 된다.

예매할 때 맨 앞줄도 비어 있었다. 그걸 선택했어야 했다.

그런데 발레를 맨 앞에서 본 적이 있는 경험이 선택을 방해했다.

경험이 역효과를 내고 만 것이다.

자로 잰 듯 정확하면서도 우아한 곡선을 그려내는 동작을 바로 앞에서 보고 싶어 맨 앞자리를 샀고 덕분에 목이 아파 죽을 뻔했다. 아무리 아름다운 동작도 내 몸이 편치 않은 자세로 계속 보고 있기는 힘들었다. 그래서 그저 공연에 푹 빠져 있을 수 없었던 안타까운 기억으로 남아 있다. 모든 극장 구조가 같지 않겠지만 경험이 무서운 것이다. 그때의 경험이 맨 앞자리 선택을 강력하게 막았다. 내한 공연 온 러시아 발레단 공연이었다. 러시아 발레를 직접 보는 것이 소원인 시절도 있었고 그 시절에 본 것이 틀림없다. 이십 년도 넘은 일이지만 당시의 기억이 너무 생생했던 것이 문제로 작용했던 것이다.

그런데 마린스끼 극장 무대 바로 앞은 오케스트라 자리. 그 자리가 무대와의 거리를 어느 정도 벌여놓았으니 맨 앞줄도 고개가 아플 일이 없는 것이다. 처음부터 이미 예매가 불가능했던 자리라면 모르겠지만 던져주는 기회를 외면해버린 격이니 후회막급. 보는 내내 안타까운 후회가 불쑥불쑥 올라왔다.

　공연이 끝나고 밖으로 나온다.

　아직도 해가 있다. 나오면 깜깜한 밤이 기다리고 있을 거라 생각했다가 깜짝 놀란다. 아직도 내 머리는 대한민국 시간 속에 있는 모양이다. 시계를 보니 9시 20분. 우리나라는 까만 밤일 터이다. 극장마다 밤 공연을 할 수 있는 이유가 어쩌면 해가 길기 때문인지도 모르겠다.

　어둡지 않은 것만으로도 마음이 가볍다. 아무래도 어둠 속을 걸어서 집으로 돌아가는 것보다 덜 긴장되니까. 공연이 끝나는 시간을 잘 몰랐기 때문에 어쩌면 어두운 밤거리를 걸어야 할지도 모른다는 예상도 했다. 그런데 밖은 밝았고, 거리엔 아직 사람들로 활기차다.

　이젠 왔던 길을 다시 되짚어 운하 길을 따라 가면 된다. 천천히 걸어도 30분이면 숙소에 도착한다. 날카로운 햇빛도 사라졌으니 걷기에 더욱 안성맞춤이다.

　사실 숙소를 나설 때는 햇살이 여전이 굉장했다. 하필이면 가는 방향이 서쪽이라 눈을 찌르는 해를 마주하고 걷느라 좀 괴로웠다. 운하를 끼고 걸었지만 햇살에 번쩍이는 물을 바라볼 엄두도 내지 못했다. 그리고 마린스끼 극장까지 정확하게 얼마나 걸릴지 아무도 모르는 처지여서 마냥 여유를 부릴 수도 없었다. 가깝다는 것도, 어느 위치에 있다는 것도, 모두 지도를 보고 읽어낸 높새와 갈마의 판단일 뿐이다. 판단의 정확도는 이제 우리의 다리로 직접 걸어 도착해봐야 확인할 수 있었다. 물론 대체로 판단의 범위를 크게 벗어나지 않았다. 하지만 '예외'의 상황에 대비하는 것이 안전대책이다. 우리의 안전대책은 시간을 넉넉하게 투자하는 것. 좀 헤매더라도 공연 시간에 늦지 않아야 했으니까. 그래서

7시 공연을 위해 5시 30분에 집에서 나왔다.

그렇게 일찍 나오고도 지금의 여유와 편안함이 그때는 없었다. 집에 남아 있는 하늬가 마음속에 있었고 불확실한 미래가 앞에 있었으니까. 하지만 하늬에 대한 미련은 접을 수밖에 없게 되었고, 불확실한 미래는 현실로 이루어진 지금, 운하 길은 한결 가벼워진 마음처럼 평화롭게 우리 앞에 놓여 있다.

더 이상 햇살을 되쏘지 않는 다정한 물빛 위로 석양이 물들고,

셋은 천천히 물길을 따라 걷는다.

노을이 지는 하늘을 배경으로 다리에 서서 사진도 몇 장 찍는다.

숙소에 도착할 즈음 날이 어둑해졌다.

어두워진 하늘에 초승달이 날렵하게 걸려 있다.

조금 전에 보았던 발레리나의 몸짓처럼.

'한여름 밤의 꿈'이 꿈처럼 벌써 아련하다.

+++

"어차피 꿈인데요 뭐. 처음엔 같이 못 온 게 얼마나 안타깝던지. 공연 시작할 땐 그 감정이 극에 달해 뛰어나가고 싶더라니까요. 택시 잡아타고 갔다 오는 상상도 막 하면서. 그런데 발레가 끝나고 극장 밖으로 나오는데 갑자기 한없이 편안해졌어요. 격했던 감정이 생각도 안 날 정도로 말이에요. 그냥 꿈이다 싶고. 언제 내가 발레를 보았나? 그런 생각이 들면서요. 사실 보는 순간 흘러가버리잖아요? 그래서 극장을 나오니까 아무것도 아닌 거예요. 그때 그런 생각이 들 대요. 본 것이나 보지 못한 것이나 같은 거다. 어차피 지나고 나면 다 꿈같은 거다. 나는 발레를 보는 꿈을 꾼 것이다. 정말 한여름 밤의 꿈이었다. 제목하고 똑같구나. 그러니까 같이 가셨다 해도 지금 우리하고 같을 거예요. 어차피 벌써

기억나는 것도 없는 걸요."

높새의 감상평이 장황하다.

말은 그렇게 해도 여전히 안타까움이 묻어난다.

속이 편해진 하늬가 웃으며 듣고 있다.

우리가 가고 난 뒤에 먹은 것을 죄다 게웠고 곧 편해졌단다.

하늬의 체중도,

한여름 밤의 꿈도,

그렇게,

꿈처럼 지나갔다.

〈 단상 2 〉 : 여름정원에서 있었던 일

피의 구세주 성당에서 나와 성당 바로 뒤에 있는 정원으로 들어갔어.

특별히 기대하는 볼거리가 있어서 선택한 것은 아니야. 다리를 좀 쉬기도 할 겸 휴식삼아 간 거지. 사실 그날 중요한 관광은 이미 끝난 셈이었어. 저녁 일정이 기다리고 있기 때문에 다른 계획은 잡지 않았어. 있다면 점심 외식 정도. 저녁엔 발레가 예약되어 있었거든. 7시에 공연이 시작되니까 적어도 30분 전까지 가야 한다고 생각하고 있었어. 우리나라에서 극장 홈페이지를 통해 예매했는데, 좌석표는 현장에서 바꾸어야 한다고 하니까.

높새는 숙소에서 20분 정도 걸어가면 될 것 같다고 했어. 물론 확실하진 않아. 지도를 보고 예측을 한 거라서 말이야. 그러니까 시간을 넉넉히 두고 출발을 해야 했어. 하여간 점심 후엔 숙소로 돌아가 좀 쉬었다 가는 걸로 되어 있었어. 그러니까 시간을 봐가면서 정원을 둘러보고 때가 되면 점심을 먹는 일만 남았지. 점심 먹기엔 좀 이르고 다른 곳을 일부러 찾아가 관광하기엔 어중간한 시간이었어. 그러니 코앞에 있는 정원이 시간을 때우기엔 얼마나 알맞은 장소로 다가왔겠어.

　잔디와 나무 사이로 난 길로 빨려 들어가듯 걸어 들어갔지.
　초록이 주는 위로에 곧바로 들뜬 기분이 안정을 찾았어.
　성당 주변의 인파가 꿈처럼 여겨질 정도로 정원은 한산했어. 이곳까지 찾는 관광객은 많지 않은 것 같았지. 사실 우리도 볼거리를 찾아 들어온 곳이 아니라 휴식삼아 들어온 곳이니까. 사람이 드문 정원엔 새 소리가 정말 요란했어. 낯선 사람을 경계하는 신호음처럼 날카롭기까지 하더라고. 그래봤자 무슨 소용이 있겠어. 도무지 위협이 되지 않는 걸. 시끄러운 소리와 야단스런 날갯짓이 오히려 귀엽기만 했어. 위협이 되지 않는 위협. 새들의 지저귐이 높아지고 날갯짓이 분주할수록 점점 편안해지는 이유를 모르겠어. 날아다니던 마음이 안전한 땅 위에 제대로 내려앉는 느낌이었지.
　그리고 안정감이 식욕까지 불러온 모양이야. 간식을 파는 가판대를 그냥 지나치지 못하겠더라고. 더구나 먹고 싶은 것이 저마다 다르니 보는 것마다 사게 되었어. 제일 먼저 만나게 된 가판대에선 설탕을 묻힌 아몬드를 사고, 그 다음엔 딸기와 체리를 샀어. 먹을거리를 들고 공원을 거니는 것 자체가 참 행복하게 다가오는 순간이었지. 하지만 순간이란 말이 존재하는 이유를 곧 알게 되었어. 바로 다음 순간에 약간의 절망감을 맛보게 되기 때문이야.
　그늘 아래 벤치에 앉아 딸기를 먹기 시작했을 때 절망의 순간이 찾아왔어.

　과일에 목말랐던 차에 얼마나 반가웠던 만남이었는지 몰라. 오월의 러시아에서 맛있는 과일을 발견하지 못했거든. 수입산 과일이 슈퍼마켓에 많았지만 맛도 모르면서 종류별로 살 수도 없고 친숙한 사과를 샀지만 맛이 없었어. 그런데 공원 가판대에서 먹음직해 보이는 딸기를 만난 거야. 보는 순간 벌써 마음으론 딸기를 사고 있었지. 누가 뭐래도 아마 사고 말았을 거야. 사실 나 외에 다른 동지들은 큰 관심이 없었어. 설탕 묻힌 아몬드에 몹시 만족했지. 그리고 그건 벤치에 오기 전에 인기리에 동이 난 상태였어. 모두 맛있게 먹었어. 나 빼고는. 난 견과류를 별로 좋아하지 않으니까. 달갑지 않은 맛이 입에 남아 있는 차에 눈에 들어온 딸기가 얼마나 반가웠겠어. 더구나 딸기와 체리를 반반 섞어서 판다니까 그것도 금상첨화였지. 체리도 좋아하거든. 과일이 담긴 통이 제법 크더라고. 그래서 종류별로 두 통을 사기엔 너무 많다 싶었는데 나의 갈등을 눈치 챈 여자가 섞어서도 판다고 하더라고. 물론 서로 눈치로 소통이 된 거지.

그렇게 흡족하게 구입한 과일이 든 투명한 플라스틱 통을 보물처럼 들고 먹을 자리를 찾았어. 먹을 땐 앉아야 하거든. 그래야 맛이 제대로 느껴지는 것 같아서 말이야. 하늬는 어디서 어떻게 먹든지 상관없다는 표정이었고 높새와 갈마는 앉으나 서나 맛이 똑같다고 하지만, 난 집중하고 싶었어. 아니 집중하지 않으면 맛을 모르겠더라고. 어쩌면 내 맛 봉오리가 덜 발달되어 그런 건지도 모르겠어. 훌륭한 목수는 연장을 나무라지 않는다는데 말이야. 분명 어떤 기능이 미숙한 게 틀림없어. 하여간 난 마땅한 먹을 자리를 찾아 한참 공원을 걸었고 마침내 마음에 드는 벤치를 발견한 거야. 바로 옆에 쓰레기통도 근사하게 놓여 있었어.

기대에 부풀어 빨간 딸기 하나를 집어 들었지.

집어 드는 순간 사실 좀 이상했어. 손가락 끝에 느껴지는 물컹한 감촉. 상했나?

믿고 싶지 않은 마음에 일단 딸기의 뾰족한 부분을 한입 베어 물었어. 그런데 단맛이 없었어. 익히 알던 기대했던 맛과 거리가 멀었어. 베어 문 부분은 물컹하지도 않았는데 말이야. 실망이 너무 크면 인정하기도 싫은 법. 높새가 옆에서, 맛있어? 하고 묻는데 고개를 끄덕였어. 아마도 맛있기를 바라는 소망의 끄덕임이었을 거야. 그리고 다시 한입을 더 먹었어. 이 번엔 물컹, 하는 감촉이 혀에 느껴졌지. 도저히 괜찮은 척할 수가 없는 맛이었어. 나는 얼굴을 찡그리며 옆에 있는 휴지통에 뱉고 말았지. 왜? 높새가 내 표정을 읽고는 딸기 하나를 집어 들었어. 요리조리 살피더니 조심스럽게 한입 베어 물더군. 그리고 어찌해볼 수 없는 상황에 종지부를 찍듯 한 마디를 날렸지.

"못 먹는 걸 팔았네!"

높새의 솔직한 발언으로 이제 구매 실패는 기정사실이 된 거야. 차라리 시원했어. 포기해버리기가 쉬워졌지. 빨리 인정을 해야 상황 정리도 빨리 할 수 있으니까. 높새는 내가 들고 있는 통을 가져가더니 딸기 검열에 들어갔어. 어떤 딸기는 한 입 먹히고 버려지고 어떤 딸기는 들려나오자 마자 버려졌지. 맛있네, 하는 것도 가끔 있었지만 난 손대고 싶지 않았어. 높새가 골라서 내미는 것도 거부했지. 물컹, 하면서 느껴지던 맛이 떠올랐거든. 입이 아니라 위장이 거부하는 맛이었어. 그 맛을 다시 보면 속이 이상할 것 같았지. 그리고 괜찮다고 내미는 것도 사실은 온전하지 않았어. 그저 좀 덜 상한 것일 뿐이었어. 사실 몽땅 상품가치가 없는 과일이었어. 반쯤 검열을 하던 높새도 그만 포기했으니까. 체리? 그것도 딸기와 별로 다를 게 없었어.

"버린다!"

높새가 선포하듯 말했어. 그리고 플라스틱 통을 높이 들어 보이더니 쓰레기통에 던져 넣었지.

"살 때부터 이상하더라."

손을 털며 그렇게도 말했지.

"진작 말하지."

"그렇게 좋아하는데 어떻게 그래? 확실한 것도 아니고."

"그래도."

그래도 너무한 것 아닌가 말이지. 한 가지라도 온전했으면 이해하려고 노력이나 하지. 딸기란 것이 워낙 잘 상하는 과일이니까. 하지만 체리까지 그 지경이라니. 모르고 팔았을 수가 없는 상태였지. 그런데 살 때는 어떻게 몰랐을까. 얼마나 교묘하게 잘 진열해 놓았으면 상한 부분을 전혀 보지 못했을까.

내 눈을 현혹하던 딸기가 사라지자 상황이 다시 보이더라고. 그러고 보니 하늬도 갈마도 이 상황에 놀라지 않았어. 나만 완전히 속았던 모양이야. 짐작하고 있었군! 그런 생각이 들기 시작했지. 높새 말대로 내가 너무 덤비니까 말리지 못했던 지도 모르겠어. 사실 하늬는 벤치에 자리를 잡고 앉자마자 공원을 둘러보고 오겠다며 일어났어. 그땐 그냥 먹고 싶지 않은 거라 여겼지. 갈마는 딱 하나를 먹더니 다시는 손길이 오지 않았어. 아마 나처럼 정떨어지는 맛을 봤는지도 모르겠어. 그런데 아무 말도 없었어. 찬물을 끼얹을까봐 그랬을지도 모르지. 그리고 싱싱한 것이 섞여 있을 거라 생각하는지도. 그래서 적어도 몇 개는 맛있게 먹을 수 있기를 바라며 조용히 있었는지도.

허탈했어.

슬프다고 하기엔 그렇지만 울적했던 건 사실이야.

딸기 장수는 알기나 할까.

자신의 행위가 행복의 기운에 재를 뿌렸다는 걸.

'만 원 기부했다고 생각하고 잊어버리자!'

그렇게 생각하고 넘어가는 게 어려운 건 아니야. 하지만 딸기 장수가 남겨준 그런 기운에 휩싸이는 건 정말 싫었어. 잠시라도 말이야. 그 여자는 만 원을 강탈해간 도둑과 다를 바 없을지 몰라. 무늬만 과일장수지 물건을 파는 상인이 아닌 거지. 값에 해당하는 물건을 넘겨주어야 매매가 이루어진 거잖아. 그걸 하는 사람이 상인이고. 그런데 돈만 받아 챙겼어. 정당한 물건 대신 쓰레기를 넘긴 거라고. 어쩌면 도둑보다 더 나쁠 수도 있어. 도둑에겐 적어도 배신감은 느끼지 않거든. 여자는 돈뿐만 아니라 마음도 강탈한 거야. 그녀를 믿고 맛있게 먹을 과일을 샀던 믿음을 말이야. 기분을 엉망으로 흩어놓은 거지.

뇌는 말이야. 행복한 기억보다 나쁜 기억을 더 오래 담아두거든. 그래서 난 여행이 끝나고도 가끔 그 정원이 생각났어. 새소리와 잔디가 떠오르면 어김없이 상한 딸기가 떠올랐지. 그리고 그때의 기분도. 나중엔 새소리도 사라지고 딸기만 떠올랐어. 그러니 그녀가 얼마나 나쁜 짓을 한 거냐고.

정원 산책을 끝내고 나오는 길에 그녀를 다시 보았어.

일부러 가까이 지나가지 않으려고 멀리 돌아서 정원을 나왔어. 그리고 나는 알았어. 그녀도 우릴 보고 있다는 걸. 아니 우릴 알아봤다는 걸. 하지만 안 보는 척 외면하고 있었어. 어떻게 보면 불안해하고 있는 것 같기도 했어. 과일의 상태를 제일 잘 알고 있는 사람은 사실 그녀니까. 혹 환불요구라도 할까 두려웠던지도 모르지. 순순히 환불을 해줄리 없겠지만 어찌하였든 문제가 생기면 장사가 힘들 수도 있을 테니까. 모진 마음을 먹고 공공 기관에 신고라도 한다면 말이야. 물론 그럴 마음은 눈곱만큼도 없었지만.

어쩌다 처음으로 그런 물건을 판 사람은 아니란 생각이 들었어. 그녀는 이미 마약의 맛을 봐 버린 게 틀림없어. 타인을 속이는 구덩이에 사실은 자신이 서 있다는 걸 모르면서 말이야. 속이는 횟수가 많아질수록 구덩이는 점점 깊어질 거야. 그래서 언젠가 깨닫는다 해도 빠져나오기 힘든 상태가 될지도 모르겠어. 커닝에 맛이 들면 힘들게 공부하는 것이 도리어 손해인 것처럼 느껴질 테니까. 쉬운 방법과 나쁜 방법을 구분하지 못하는 어리석음에 빠진 학생처럼 말이야.

장사는 신용이 생명이라는데.

그녀는 얼마나 오랫동안 그 자리에서 장사를 할 수 있을까.

관광객을 상대로 하면 괜찮다 생각하는 걸까.

글쎄, 요즘같이 인터넷이 발달한 세상에……

여덟째 날
5월 9일, 월요일

국가의 전승 기념일과 국민의 추모 행렬

바람이 분다.

맑은 하늘에 부는 바람.

3층 창밖으로 보이는 나뭇가지가 마구 흔들린다.

파란 하늘만 보고 있으면 아무 일도 없다. 그래서 나무가 더 기를 쓰고 있는 것처럼 보인다. 실상을 알려줄 자의 책임을 다하고 있는 모습이다. 사실 기온도 무척 낮다. 현재 기온은 11도. 게다가 바람까지 몹시 부니 체감 온도는 어떨까. 겨울과 다름없을지도 모른다. 지금 당장은 그렇다. 하지만 해가 저렇게 쨍쨍하니 기온은 쑥쑥 올라갈 것이고 집을 나설 때쯤엔 오히려 더위를 걱정해야 될 수도 있다. 하루에도 사계절을 넘나드는 변화무쌍한 날씨 상태를 이젠 어느 정도 알고 있다. 그러니 당장 눈앞에 보이는 현상에 그다지 매이지 않게 된다.

바람이 부는구나.

좀 쌀쌀하네.

영혼 없이 중얼거리며 볼일을 보고 아침을 먹고 나갈 채비를 한다. 그리고 외출옷으로 갈아입을 때 비로소 고민이 시작된다. 어차피 비옷과 스웨터를 챙겨가야 하지만 당장 입고 나갈 옷은 당장의 날씨 상태에는 맞추어야 하니까.

그렇게 고민 끝에 선택한 옷은 그날의 운이다.

성공률이 반이면 예측과 아무 상관없다는 말이다. 그래도 인간이 예측하는 버릇을 못 버리는 이유는 맞아떨어지는 경우에만 집중하기 때문이다. 특히 자신의 예측이 맞았을 경우의 기억은 결코 사라지지 않는 문신과 같다. 심지어 기억을 왜곡하면서까지 멋지게 성공한 것으로 바꾸어놓는다. 반면에 예측이 빗나가면 잠깐 허탈해하면서 곧 잊어버린다. 그러니 저장될 시간도 없이 스쳐가 다시는 돌아오지 않는다. 결국 기억하고 싶은 것만 기억하고 싶은 대로 저장된 기억이 마침내 주인을 멋대로 요리하는 것이다. 아니 기억이 곧 자신인 줄 알고 그 기억에 속고 사는 것이다. 우리가 의식하는 모습은 기억이 만든 환상인지도 모른다.

오늘은 뾰뜨르 대제의 여름궁전(뻬쩨르고프)에 가기로 한 날이다.

10시에 집을 나서 네바 강 선착장으로 향한다. 배를 타기 위해서다. 아무리 생각해도 배가 정답이라고 결론을 내린 것이다. 좀 비싸긴 하지만 시간도 짧게 걸리고 무엇보다 가는 방법이 가장 간단하다. 버스나 지하철은 한 번에 가는 것이 없어 복잡하고 시간도 많이 걸리기 때문이다.

드디어 배를 타보는구나.

운하의 도시에서 내내 운하 갓길을 걸었다.

수많은 배가 지나가는 걸 보기만 했다.

그런데 마침내 배를 탄다.

배를 타고 여름궁전으로 가는 것이다.

왜 '배를 타고 궁전으로 간다.'는 것이 그렇게 멋지게 다가올까.

여름궁전에 대한 기대보다 가는 길에 대한 기대가 더 컸다.

하지만,

계획은 완전히 무산된다.

사실상 실패로 끝난다. 물론 영원한 실패가 아니라 미뤄진 것이지만. 하지만 분명 그 날짜에 맞춘 계획이었고 이루어지지 못했으니 그날의 일정은 실패다. 계획을 잡을 때는 상상도 하지 못했던 일이 일어났기 때문이다. 그것이야말로 완전한 예측 실패가 아닌가.

5월 9일은 러시아 전승 기념일이다. 전승 기념일이라는 건 알고 있었다. 그러나 전승 기념일에 일어날 수 있는 상황을 예측하지 못했다. 그래서 여름궁전행을 포기하고 급하게 행선지를 바꿔야 했지만 실패의 기억은 없다. 잠깐 허탈해하고 잊어버린 것이다. 그래서 누구나 자신의 여행담은 아주 성공적으로 기억되는지도 모른다.

실패가 나쁘다고 한탄하는 것으로 들린다면 오해다. 나는 실패나 성공에 선악을 두지 않는다. 그건 나쁘고 좋은 것의 문제가 아니라 삶을 바라보는 마음의 문제일 뿐이다. 실패나 성공을 날씨의 변화처럼 자연스럽게 받아들일 것인지, 싫어하고 좋아하는 기준을 두고 볼 것인지는 각자의 마음에 달렸다. 단지 그 마음이 상당 부분 기억에 달려있다는 말을 하고 싶은 것이다. 완전치 못한 기억에 말이다. 한때는 나도 기억을 믿었다. 정말 사진처럼 제대로 찍혀 변하지 않는 것으로 알았으니까. 그래서 기억을 믿고, 장담을 하고, 오해를 하고, 화를 내기도 했다. 그렇지만 기억은 사진도 아니고 불변도 아니다. 조작되기도 하고 왜곡되기도 한다.

마음과 기억, 기억과 존재의 관계는 갈수록 수수께끼다.

국민 모두가 거리로 나온 모양이다.

집을 나서는 순간 사람의 물결에 휩싸인다. 그제야 전승 기념일임을 실감한다. 길거리가 북적일 줄은 알았지만 이 정도인 줄은 몰랐다. 그래도 배를 타는 사람들이 그리 많지는 않겠지. 선착장까지만 가면 어떻게 되겠지. 그런 마음으로 사람의 물결에 합류한다. 앞뒤로 빽빽한 사람들에 둘러싸여 있으니 그저 사람 물결이 가는 대로 걸을 수밖에 없다. 네바 강이 가까워지자 인파는 더욱 거대해진다. 우린 네바 강 선착장으로 가야 하는데 인파가 더 이상 움직이지도 않는다. 뚫고 나갈 길은 보이지 않고 어떻게든 길을 찾을 투지도 없다. 갈수록 대단한 인파에 기가 질려 이미 투지가 꺾여버렸을 것이다. 아니면 오늘이 아니면 내일도 가능한 일이라 포기가 쉬웠던 지도 모른다. 어찌하였건 선착장 근처에도 못 가고 발길을 돌린다.

일정을 바꾸어야 했다.

배 타는 것만 포기하면 갈 곳은 얼마든지 있다. 단지 어디를 가든 쌍뜨 시내에서는 인파를 피할 수 없다는 것만 받아들인다면. 그리고 포기하고 나니 다른 나라의 기념일에 섞여 보내는 것도 재미있겠다는 생각이 든다. 일부러 행사에 맞춰 여행을 오는 사람도 있다지 않는가. 그렇게 마음을 바꾸고 인파 속을 걷는다.

우리가 향하고 있는 곳은 토끼섬(자야치 섬).

하늬가 추천한 장소로, 에르미따쥐 박물관과 마주보고 있는 네바 강 삼각주에 위치한 작은 섬이다. 쌍뜨뻬쩨르부르그 건설이 시작된 곳이라니 봐야 하지 않겠냐고, 가이드북에 소개된 이야기를 해 준다. 어디든 무슨 상관이 있겠는가. 추천 장소가 빨리 나온 게 고마울 뿐이다. 우리에게 지금 필요한 것은 목적지니까. 목적지가 정해지자 길도 정해진다. 그리고 이젠 우리도 행사 인파에 섞인 사람들이다. 사람들을 헤치고 나아가는 것이 아니라 어울려 가는 것이다. 기분이 바뀌니 보이는 것도 달라진다.

거리를 행진하는 키 큰 민족.

인파가 굉장하지만 그리 소란스럽지도 않다.

잠깐 혼자 생각에 잠긴다.

어쩌면 참 순하고 순수한 민족인지도 모르겠다고. 오랫동안 억압적인 정책에 시달려왔던 것도, 그 속에서도 예술을 사랑하고 키워올 수 있었던 것도, 순함과 순수함이 보이지 않게 작용한 결과가 아닐까. 사회주의 체제의 강압적인 분위기에서 살았던 잔재 때문인지 모르겠지만 교통도덕도, 보행자도덕도 잘 지켜진다. 파리나 이탈리아 거리로 착각할 정도로 도시 모습은 유럽에 가깝다. 멋쟁이들의 패션 감각도 파리를 떠올리게 한다. 하지만 사람들의 표정은 내가 가보았던 유럽에서보다 한결 부드럽다. 동양인을 보는 시선도 순하게 느껴진다.

겨우 도시 하나를 보고 나라 전체의 모습으로 일반화시킬 수는 없지만 지금의 느낌은 그렇다. 그리고 그 느낌은 중요하다고 본다. 결코 조작되지 않은 모습이기 때문이다. 비록 일부에서 느껴지는 것이라 해도 거짓이 아니므로 가치는 충분하다. 그런 가치를 발견했다는 것만으로도 기쁘다. 마치 오해가 풀린 기분이다. 정말 오해가 있었다면 그건 바로 러시아에 대한 선입견이 아닐까. 나에겐 어떤 민족에 대한 선입견이 있었던 지도 모른다. 억세고 강하다는. 도대체 그런 생각이 어디에서 왔는지 모르겠다. 관심도 없었고 잘 알지도 못했으면서 말이다.

바실리 섬과 라스뜨랄 등대

궁전다리(드바르쪼브 모스뜨)를 건너면 바실리 섬이다.

바실리 섬은 쌍뜨뻬쩨르부르그에서 가장 큰 섬인데 4개의 다리로 다른 지역과 연결되어 있다. 우린 그 다리 중 하나인 궁전다리를 건너온 것이다. 섬이라 하지만 2개의 메트로 역이 있고 핀란드 만에 면해 있어 헬싱키와 발틱 3국으로 연결되는 항구도 있다. 항구는 늘 드나드는 배로 붐비고 유동인구도 많은 어엿한 도시 규모다. 일정에 넣으려고 마음을 먹는다면 하루로는 어림도 없다고 높새가 말했다. 그래서 원래 예정에도 없었단다. 보자니 너무 볼거리가 많고 넣자니 여행 기간이 너무 짧다고. 물론 어떤 곳을 선택하는가는 개인의 취향이지만 바실리 섬은 씨스뜨라에게 간택 받지 못했던 섬이었던 것이다.

그런데 오늘 갑자기 자야치 섬에 가게 되었고 가는 길에 바실리 섬이 있었다. 그리고 궁전다리를 건널 때만 해도 바실리 섬은 어디까지나 거쳐 지나가는 곳이었다. 엄연히 목적지는 따로 정해져 있었으니까.

하지만,

일부러 섬 곳곳을 돌지는 못해도 눈에 들어오는 것까지 피해갈 순 없었다.

아니, 피하기는커녕 열광하고 있다.

우린 지금 자야치 섬으로 가는 중이다. 그런데 어째 일정이 가볍게 끝나지 않을 것 같은 예감이다. 겨우 다리를 하나 건넜을 뿐인데 도저히 그냥 지나칠 수 없는 건축물에 발목이 잡힌다. 궁전다리를 건너는 순간 엄청난 크기의 붉은 기둥에 눈길이 묶인 것이다. 라스뜨랄 등대다. 툭 터진 네바 강을 바라보며 서 있는 두 개의 붉은 색 등대는 너무나 인상적이라 주마간산 격으로 지나칠 경관이 아니다. 아직 가야 할 길이 멀지만 그런 구경거리를 두고 갈 수는 없다. 우리는 관광 중이고 더구나 스스로 만들어가는 일정이니까. 언제든 변경의 자유를 가진.

하늘을 찌르는 등대의 높이는 32m.

태양에 맞서는 강렬한 붉은 색의 둥근 몸체.

붉은 색 몸체에 장식된 독특한 녹청색 조각들.

붉은 기둥을 장식한 거대한 녹청색 조각은 뱃머리 모양과 러시아를 대표하는 강인 볼호프, 네바, 볼가, 드네프르 강을 상징하는 조각이란다. 조각이 상징하는 의미를 잘 알지 못하는 나에겐 그저 멋진 외양 자체가 진실이다. 자국민에겐 어떤 감정으로 다가올지 모르겠지만.

우선은 엄청난 크기에 압도되어 멀리서부터 입을 벌린 채 다가가게 된다. 가까이 가다 보면 그제야 비르줴바야 광장의 아름다운 경관이 눈에 들어온다. 그리고 두 개의 등대는 비르줴바야 광장을 사이에 두고 있다는 것을 알게 된다. 그러니 등대 사이의 거리가 상당하다. 멀리서 보는 것과는 다르게 서로 뚝 떨어져 서 있는 것이다. 그래서 등대를 향하여 다가갔지만 그 사이에 있는 다른 볼거리에 시선을 뺏기는 식이다. 사실 등대에 가까워지면 높이와 크기가 압도하는 바람에 전체 모습은 사라진다. 장식을 좀 더 잘 볼 수 있기는 하지만 그것도 너무 높아 제대로 감상하긴 어렵다. 목도 아프고 눈도 부셔 곧 포기하고 만다. 이

라스뜨랄 등대

미 마음이 새로운 것에 가 있기 때문이기도 하다.

　새로이 시선을 차지한 것은 광장.

　도도한 네바 강을 배경으로 두고 있는 비르쮀바야 광장.

　물과 함께 하는 문명은 항상 더욱 낭만적으로 다가오는 법.

　강을 끼고 있는 광장은 이미 기본 점수가 백점이다. 나머지는 그저 보너스.

　광장의 끝에 서면 절로 환호가 터진다. 드넓은 강폭이 눈을 가득 채우고 가슴으로 뛰어드는 기분이다. 하늘과 맞닿은 저 멀리 어딘가로부터 강이 시작되고 있다. 그리고 강을 사이에 두고 도열한 멋진 건축물들. 햇살에 빛나는 아름다운 건축물들은 보란 듯이 물빛 속에서도 아른거린다. 특히 에르미따쥐 박물관의 우아함엔 탄성도 조심스럽다.

　반대쪽으로 눈을 돌리면 오늘의 목적지인 자야치 섬의 뻬뜨로빠블롭스끄 성당의 황금 첨탑이 눈부시다. 빛의 근원인 태양도, 빛으로 가득한 하늘도, 빛으로 반짝이는 네바 강도, 황금 첨탑의 찬란함을 누르지 못한다.

　바실리 섬의 비르쮀바야 광장에서 보는 뻬뜨로빠블롭스끄 성당의 황금 첨탑이 가장 아름다웠다는 건, 뻬뜨로빠블롭스끄 성당 바로 앞에서 황금 첨탑을 우러러 보고서야 알게 된다. 물론 내 감각의 기준으로 그렇다는 말이다.

　그리고 나의 미적 기준으로, 나만의 이론을 계속 펼쳐보자면 이렇다.

　높이가 있는 건축물을 짓는 건축가라면 멀리서 보이는 모습도 생각할 것이다. 그렇다면, 더구나 건축가들의 미적 감각이 남다르다는 것을 믿는다면, 어느 정도 거리를 두고 보았을 때 가장 멋지게 보일지도 계산할 것이라고. 또 거리에 따라 어떤 아름다움이 어떻게 살아나는지도. 특히 높은 건축물은 가까이보다 멀리서 보는 눈이 더 많다는 것도 계산에 넣을 것이다. 물론 주변의 지형과 지물과의 조화를 생각하는 것은 기본이겠지만, 주변 상황은 나중에 많이 달라졌을 지도 모른다.

뻬뜨로빠블롭스끄 성당을 지을 당시의 주변 모습이 현재의 모습과 얼마나 달랐는지 나는 모른다. 하지만 지금 확실히 말할 수 있는 것은, 내가 서 있는 비르 줴바야 광장에서 바라보는 뻬뜨로빠블롭스끄 성당의 황금 첨탑이 무척이나 아름답다는 것.

사실 이 황금 첨탑을 처음 보는 것은 아니다. 네바 강변으로 나오면 어디서든 눈에 들어올 정도로 높은 건축물이니까. 그래서 쌍뜨뻬쩨르부르그에 도착한 후 몇 번을 봤는지 모른다. 하지만 아름다움을 느끼기에 적당한 거리란 게 있는 모양인지 감탄사는 나오지 않았다. 그리고 너무 가까이 갔을 때도 그랬다.

그리하여,

뻬뜨로빠블롭스끄 성당의 황금 첨탑을 감상하기에 가장 알맞은 곳은,

바실리 섬의 비르줴바야 광장이라고,

나는 감히 못을 박는다.

강변 광장의 아름다움에 취해서,

그렇게 보였다고 해도,

할 말은 없지만.

자야치 섬, 뻬뜨로빠블롭스끄 요새

거의 사막을 횡단하는 기분이다.

그늘 한 점 없는 다리(비르줴보이 모스뜨)를 또 지나고 있다.

눈을 들면 멀리 강을 낀 건축물이 여전히 아름다울 테지만 햇살이 너무하다.

그늘이 있어야 눈이라도 제대로 뜰 수 있을 텐데 말이다. 그리고 비르줴바야 광장에 열광한 후유증으로 다리도 몹시 아프다. 넓은 광장을 이리저리 돌아다니고 네바 강을 가까이 즐긴답시고 강변도로에까지 내려가 설치고 다녔기 때문이다.

그래서 정작 자야치 섬으로 들어가는 짧은 다리를 건널 때는 온전한 정신이 아니었다. 드디어 왔구나, 하는 감개무량 같은 비슷한 감정도 남아 있지 않았다. 감상할 여력이 없었던 나의 촉수가 뻗어간 곳은 오직 그늘과 앉을 자리.

자야치 섬은 화강암 성벽으로 둘러싸인 요새다. 바로 뻬뜨로빠블롭스끄 요새.

뾰뜨르 대제가 스웨덴의 공격을 막기 위해 요새를 짓기 시작했고, 지금의 화강암 성벽은 예까쩨리나 2세에 의해 완성되었다 한다. 이 요새의 내부에 황금 첨탑으로 유명한 뻬뜨로빠블롭스끄 성당과 박물관, 당시의 형무소 등이 있다. 말하자면 성당이든 무엇이든 보려면 일단은 요새 안으로 들어가야 한다는 말씀이다. 하지만 그건 나중 일이다. 사람부터 살고 보자는 심정으로 난 맹렬히 오아시스를 찾는다.

섬으로 들어서니 잔디가 보이고 나무도 있다. 그리고 나무 아래엔 벤치들이 떡하니 놓여있다. 말하자면 공원 같은 곳이다. 그런데 햇빛을 숭배하는 현지인조차 오늘은 그늘 아래 벤치를 차지하고 앉았다. 아니 앉을 자리가 그늘 아래 있었을 뿐인가.

몇 그루의 나무와 몇 개의 벤치를 지나고서야 빈 벤치를 발견한다. 인정사정 볼 것 없이 직선으로 다가간다. 나무가 좀 비껴 있어서 비록 그늘이 짙지 않지만 가릴 처지가 아니다. 난 제일 앞장서서 벤치로 간다. 내가 앞장서는 경우는 아주 드물다. 앉을 자리 찾을 때라야 보여주는 솔선수범이다.

벤치는 나란히 두 개가 놓여있다.

바로 옆 벤치엔 가족들이 있다. 아이들과 노인들이 있는 가족이다. 벤치에 엉덩이를 턱 걸치자 평화가 찾아온다. 평화로운 눈으로 비로소 옆 벤치를 자세히 본다. 아이와 노인만 앉아 있고 장년들은 서 있다. 옆 벤치가 비었는데도 서 있었던 것이다. 노약자만이 벤치가 필요한가? 주변을 살핀다.

공원에도 사람은 많다. 전승 기념일이자 공휴일이라는 것을 다시 실감한다. 어디든 공원이 있는 곳이면 사람들이 있다. 그리고 정말 벤치에 앉아 있는 사람들은 대체로 노인이다. 아니면 아이들이 딸린 가족이거나. 젊은이들은 길을 거닐거나 잔디밭에 앉아 있다. 따가운 햇살을 피해야 하는 노약자만을 위한 벤치에 우리가 앉아 있는 모양이다.

난 넋 놓고 한참을 앉아 있다.

하늬도 그냥 앉아 있다.

갈마는 가끔 일어나 스트레칭을 하고 다시 앉는다.

높새는 앉아서도 카메라를 놓지 않고 무언가를 찍고 있다.

벤치에 나란히 앉은 지 10분이 지나가자 열이 흩어지기 시작한다.

높새가 가장 먼저 카메라를 들여다보며 일어난다. 사진을 몇 장 찍고 다시 돌아와 앉긴 하지만 앉아 있는 시간이 점점 짧아진다. 갈마는 바로 옆에 있는 쓰레기통을 두고 굳이 멀리까지 갔다 오곤 한다. 하늬는 앉아 있긴 하지만 카메라 렌즈를 통해 어딘가를 보고 있다.

그들의 휴식은 이제 충분하다는 얘기다. 하지만 난 아직 쉬고 싶다. 그래서 요지부동 움직이지 않는다. 나마저 어떤 동작을 취한다면 휴식은 끝나고 만다. 조금이라도 다른 행동을 보이면 높새가 이렇게 말할 것이다. "이제 그만 일어나 볼까?" 그 말을 신호삼아 모두 주섬주섬 짐을 챙길 것이다. 그러면 나도 어쩔 수 없이 일어나야 한다. 조금 더 앉아 있자고 해봐야 얼마 가지도 못한다. 휴식의 정적인 분위기가 흩어져 버리면 다시 고요해지긴 힘들다. 어떤 일이든 맥이 끊기면 이어지는 데 시간이 걸리는 것이다. 그렇다고 다시 그 시간으로 돌아가

자며 시간을 끌 수는 없다. 앉아 있자고 이 섬으로 온 것도 아니고 말이다. 아마 그들의 마음은 벌써 성벽을 따라 돌거나 성 안에 있을지도 모른다.

주변의 움직임을 애써 무시한 채 나는 미동도 없이 앉아 있다.

그렇게 억지로 정적을 유지한 시간이 또 10분.

높새는 아예 한 가족을 집중적으로 찍고 있다. 다른 곳으로 한 번씩 카메라를 돌리지만 그건 가짜다. 사람을 상대로 하는 것이라 실례가 될 수도 있기 때문에 취하는 행동이다. 그리고 상대가 거부 의사를 보이면 그만두어야 한다.

젊은 부부는 아들이 셋이다. 여자만 살랑거리는 원피스에 예쁜 모자를 쓰고 있고 남자와 아이들은 군복 차림이다. 대여섯 살 정도의 두 아이는 서서 아이스크림을 먹고 있고, 두세 살 정도의 아이는 유모차에 타고 있다. 유모차 아이도 군복에 군모까지 쓰고 있다. 특별한 모습의 가족이긴 하다. 아이스크림을 먹고 있는 아이들은 자신들을 찍고 있는 카메라를 인식하고 있는 것 같다. 줄곧 이쪽을 보고 있다. 부부는 마주보고 대화를 하느라 모른다. 젊고 아름다운 부부와 인형 같은 아이 셋. 그것도 앙증맞은 군복 차림의. 군복이라는 것만 빼면 패션으로 그다지 나쁘지 않다. 색상도 디자인도. 하긴 전쟁을 염두에 두지 않는다면 군복이면 어떠랴.

아마 높새는 특별한 이 모습을 다각도로 찍어보고 싶은 모양이다. 아니 찍을 것이 더 이상 없다는 신호이기도 하다.

이곳에 앉아서 볼 것은 다 보았다. 그런데 좀 색다른 복장의 가족이 있다. 한 번 찍어놓아 볼까. 심심하고 할 일도 없는데.

이런 기분임이 분명하다. 하지만 대놓고 찍다가 싫은 소리를 들을까봐 괜히 가짜 짓을 한 번씩 하고 있는 것이다.

결국 내가 자진납세를 하고 만다.

"일어날까요?"

자야치 섬(뻬뜨로빠블롭스끄 요새)

그 말에 모두 아무런 의문 없이 짐을 챙긴다. 기다렸다는 뜻이다.

일어나 조금만 걸어가니 강변이다.

강가엔 많은 젊은이들이 햇살을 마주한 채 앉아 있다.

자야치 섬은 네바 강 삼각주에 생긴 섬이다. 그러니 섬 둘레가 온통 강변인 셈인데 강변에서 바라보는 경치는 조금씩 다르면서도 어디서든 일품이다. 어느 위치에서든 네바 강을 따라 지어진 건축물들이 가까이 혹은 멀리서 저마다의 자태를 자랑하고 있기 때문이다. 그리고 지금까지 지나왔던 다리와 건축물의 전체 구조가 보이면서 또 다른 아름다움이 드러난다. 비로소 정말 등대의 자격으로 다가오는 라스뜨랄과 타원형이 분명해 보이는 비르줴바야 광장. 물 아래 발을 감추고 있는 장중한 교각과 다리 난간에서 휘날리는 깃발들. 그리고 다리 아래를 오가는 그림 같은 배.

물 위의 도시가 맞구나.

베네치아와 비교하고 베네치아를 떠올리는 충분한 이유가 있구나.

단지 물과 함께 하는 곳이 아니라 물과 함께여서 아름다운 곳이구나.

그런 감상에 젖어 물의 도시를 바라본다.

물과, 물가의 사람들과, 물 위의 배들과, 물을 따라 이룩된 문명.

아른거리는 물결 때문인지 그 모든 것이 신기루 같다.

요새 안으로 들어간다.

아무 생각 없이 사람들을 따라 가다보니 엷은 노란색 건물이 나타난다.

뻬뜨로빠블롭스끄 성당이다.

성당이 제일 먼저 나타난 것이 문제라면 문제였다. 다른 방향으로 들어왔다면 아마 성당이 나올 때까지는 내가 움직였을 것이다. 요새의 가장 중요한 볼거리가 성당이었으니까. 하지만 성당 앞에 줄지어 앉아 있는 벤치를 보는 순간 운명은 결정되었다. 의자를 보는 순간 또 격렬하게 다리가 아팠던 것이다. 강변을 거닐었고 성 안으로 들어오기 위해 모래사장을 한참이나 돌았기 때문이다. 그렇다 해도 성당이 나타나지 않았다면, 아니 의자가 없었다면, 앉아서 버틸 일은 없었다. 인내심을 발휘하고 힘을 끌어 모아 어떻게든 관광을 이어갔을 것이다.

그러나 바람 부는 햇살 아래 놓인 다정한 나무 의자들을 보는 순간 의지는 와르르 무너지고 만다. 성당 앞은 제법 넓은 광장이다. 텅 비어 있어야 마땅한 광장에 놓인 나무 의자. 그것도 성당을 바라보고 앉아 있기에 좋은 정면 입구 앞에.

앉아서 천천히 감상해!

단순하고 소박한 모양의 의자가 그렇게 속삭인다. 등받이가 없는 긴 의자는 세 사람 정도 앉을 수 있는 길이이다. 그런 의자가 가로로 네 개씩 잇대어 있다. 세로는 열 줄이 넘을 것 같은데 정확히 헤아려 보진 않는다.

마치 성당을 바라보고 앉아 있는 학생들 같이 나란히 놓인 의자들.

그리고 의자에 이미 앉아 있는 사람들.

성당을 바라보거나,

성당을 등지거나,

남녀가 서로 바라보고 있거나,

눈을 감고 햇빛바라기를 하고 있는 사람들.

그 사람들 속으로 걸어 들어간다.

의자를 하나 차지하고 앉는다.

햇살에 따뜻해진 의자에 엉덩이가 닿는 순간 나는 결심한다. 앉아서 짐이나 지키고 있을 것이라고. 박물관이든 성당 안이든 그들만 들여보내고 대신 무거운 등짐이나 맡아 주리라.

갈마와 높새는 내가 앉거나 말거나 상관없이 광장을 돌아다닌다. 아마 의자를 발견하는 순간 내 행동 방향을 짐작했을 것이다. 내 행동에 아무런 의문도 표하지 않는, 망설임 없는 태도가 그것을 말해준다.

나는 햇살을 등지고 하염없이 앉아 있을 태세로 들어간다.

조금 있으니 성당 사진을 찍던 하늬가 옆에 와 앉는다. 아직 속이 편치 않아 아침에도 죽을 먹었다. 나보다 더 앉고 싶은 사람인지도 모른다. 그런데도 내색 없이 돌아다닌다.

하늬와 나는 바람 부는 광장에 한참동안 말없이 앉아 있다.

갈마와 높새는 어디를 돌아다니는 걸까. 광장에 둘의 모습은 보이지 않는다. 도대체 어디를 갔나? 궁금해질 무렵에 성당 옆에서 둘이 나타난다. 어디서 무엇을 읽고 왔는지 성당 안에 볼거리가 많다며 들어갈 것을 권한다. 나는 고민도 없이 마음을 고백한다. 백팩을 벗어놓고 홀가분하게 구경하고 오라고 한다. 조금 섭섭한 눈치지만 곧 포기한다. 그리고 무거운 가방을 벗어놓더니 얼굴이 환해진다. 날아갈 것 같단다. 섭섭한 기분이 상쇄되는 모양이다.

그런데 하늬도 남겠다고 한다. 성당을 많이 봤으니 별로 안 궁금하단다. 높새와 갈마는 좀 황망해하면서 다시 권한다. 우리 중 유일한 크리스천인데 빠지면 되겠냐는 농담을 섞어서. 하늬는 깔깔 웃으며 갔다 오라고 한다. 사실 하늬는 천주교 신자이긴 하지만 오랫동안 냉담중이다.

둘은 어깨도 가볍게 성당 안으로 들어간다.

광장엔 바람이 몹시 분다.

앉아 있으니 햇살 아래에서도 쌀쌀하다.

가방에서 얇은 오리털 점퍼를 꺼내 입는다.

하늬에게도 옷을 하나 더 입길 권한다. 하지만 아직은 괜찮단다.

혼자 두는 게 마음에 걸렸던 모양이다. 움직이는 걸 좋아하는 하늬가 결코 볼 마음이 없어서 결정한 행동은 아니다. 나도 알고 갈마와 높새도 짐작했음이 분명하다. 덕분에 성당으로 들어가는 둘도 마음이 편했을 것이다. 내가 혼자 밖에 있는 것보다.

요새 안으로 들어와 내가 한 일은 그걸로 끝이었다.

의자에 앉을 때 이미 예상했다. 앉는 순간 의욕이 새나가는 게 느껴졌다. 그들이 요새의 역사관이나 감옥 관람을 원해도 난 계속 앉아 있으리라 다짐까지 하고 있었다. 역사관이나 감옥이 그다지 나의 관심을 못 끌었던 것도 이유지만 앉는 자리의 분위기도 이유가 되었다.

건물로 둘러싸인 돌바닥의 광장.

안온하면서도 시원한 공간.

한없이 앉아 있어도 좋을 것 같은 자리였으니까.

+ + +

앉아 있었던 느낌만 선명하다.

나무 의자와 바람과 광장과 옆에 앉은 사람.

그 시간에 성당의 모습은 없다.

모습은 없고 느낌만 남은 뻬뜨로빠블롭스끄 성당이다.

정작 그 앞에서는.

바람의 다리, 뜨로이쯔끼 모스뜨

왔던 길로 가지 말자.

바실리 섬으로 연결된 궁전다리를 버리고 반대편 다리(뜨로이쯔끼 모스뜨) 쪽으로 향한다.

하늬는 자야치 섬에 올 때부터 넓은 네바 강을 가로지르던 그 다리(뜨로이쯔 끼 모스뜨)를 건너고 싶어 했다. 멀리서 봐도 엄청 긴 다리였다. 높새는 그 길이 더 멀다고 했고, 하늬는 다리는 길지만 전체 거리는 더 짧아 보인다 했다. 갈마 는 결정나는 대로 가겠다는 심산이었고, 나는 도통 몰라서 입만 쳐다보고 있었 다. 하지만 우린 그때 궁전다리 쪽에 가까이 있었고 앞장 선 높새의 마음도 궁 전다리였다. 그래서 바실리 섬을 거치는 궁전다리를 건너게 되었다. 다리를 건 너면서도 하늬는 마주 보이는 다리를 가리키며 못내 아쉬워했다. 아무리 봐도 더 가까울 것 같다면서.

하늬의 소원을 풀어주기 위해서가 아니더라도 왔던 길을 다시 가고 싶어 하는 사람들이 아니다. 높새나 갈마도 하늬만큼이나 새로운 길을 좋아한다. 그리고 어차피 섬으로 들어올 때와 반대편에 우리는 서 있고 새로운 길과 다리도 궁금한 것이다. 하늬의 소원과 높새, 갈마의 호기심은 이미 합치되었다. 그 상황에서 나는 질문을 받았다.

왔던 길로 다시 가겠는지, 새로운 다리를 건너고 싶은지.

높새가 물었을 때는 의중이 다 보였다. 분명 새로운 길로 가고 싶은 것이다. 나 빼고 셋 다. 알지만 나도 솔직한 마음을 내비쳤다.

"나? 나는 그냥 가까운 길."

의견을 물었을 때 그렇게 대답했다. 정말 한 걸음이라도 가까운 쪽으로 가고 싶었다. 우린 이미 엄청 걸었고 걸었던 길만큼 또 걸어야 되는 것이다. 어쩌면 새로운 길은 더 걸어야 할지도 몰랐다. 내가 엄살이 아닌 것이, 그날 숙소에 도착해서 걸었던 거리를 헤아려 보니 자그마치 20킬로미터였다.

아무튼 그런 두려움 속에서 어설픈 진심이 나왔다. '그냥 가까운 길'이라는 막연한 대답으로. 어설픈 진심이라 함은 새로운 길로 가자, 는 것과 마찬가지인 대답이기 때문이다. 하늬는 아무리 봐도 새로운 길이 가까울 것이라 했고, 높새와 갈마는 그럴지도 모르겠다고 했다. 그 말은 둘의 마음도 새로운 길로 결정이 났다는 뜻이다. 나는 역시 길에 관해선 깜깜한데 대답을 하라고 한다. 그러니 현명한 대답이 나올 건더기가 아예 없기도 하거니와 결정을 뒤집을 답이 될 수도 없다.

그리고 사실 정답은 아무도 모른다. 씨스뜨라 중 누구도. 그렇지 않은가. 어느 길이 가까운 길일지 걸어본 사람도, 측량해 본 사람도 없으니까. 아무도 모르는 마당에 누가 나서서 굳이 희망을 꺾는 소리를 하겠는가. 그래서 나의 진심도 결코 희망을 덮어버리지 않는 선에서 어설프게 발표가 된 것이다.

자야치 섬을 나간다.

새로운 길을 선택한 것은 물론이다.

섬 밖으로 연결하는 다리를 건넌다. 자야치 섬으로 들어올 때 건넜던 짧은 다리에 비하면 꽤 길다. 그리고 다리 밑을 내려다보다 비밀을 하나 알아낸다.

다리 아래에 통나무를 여러 개 묶어 물 밖으로 삐죽이 나오게 심어 놓은 것이 있다. 그 중 하나의 통나무 묶음 위에 흰 토끼 한 마리가 앉아 있다. 아니 토끼 형상의 조각이다. 크기도 토끼만하다. 정말 토끼와 관련 있는 섬인 모양이다. 가이드북에도 섬 이름에 대한 설명은 없어서 몹시 궁금했다. 토끼섬이란 이름에 대해 우리끼리 온갖 추측을 했었다. 단지 발음만 같고 우리가 알고 있는 토끼와는 관계가 없을 것이라는 등, 정말 토끼가 많이 살고 있었던 섬일지도 모른다는 등. 물론 아직도 정확한 것은 모른다. 풀린 비밀은 하나. 정말 토끼와 관련이 있다는 것.

다리 아래에 앉아 있는 토끼를 증거물로 찍어둔다.

언젠가 이름의 비밀을 파헤치리라 생각하며.

그리고 잠시 후,

우리는 몰아치는 바람과 싸우며,

끝이 없을 것 같은 긴 다리를 마침내 건너게 된다.

바람이 심한 날이긴 했다. 하지만 네바 강을 가로지르는 다리 위의 바람은 광폭하다. 난간 사이로 불어오는 바람에 다리가 들릴 지경이다. 다리 난간에 일정한 간격으로 서 있는 깃발 휘날리는 소리가 날카롭게 귀로 파고든다. 바람이 불어오는 쪽으로는 눈을 뜨고 있기도 힘들어 강물 쪽을 외면하고 걷는다. 날리는 머리카락이 얼굴을 아프게 때리며 눈앞에서 춤을 추는 통에 어지럽기까지 하다.

멀리서 보던 다리와 너무 다르다. 거리를 두고 바라볼 땐 그저 드넓은 강을 가로지르는 멋진 다리였다. 조용하고 장중하게 물 위에 서 있었다. 깃발이 흔들리긴 했지만 나부끼는 깃발은 소리도 없었다. 그저 고요하게 춤추고 있었다.

하지만 아니었다.

다리는 거칠게 존재를 과시한다.

깃발이 펄럭이는 소리와 바람이 지나가는 소리로 온통 뒤덮인 다리. 그 속에서 내 모습도 몹시 거칠어진다. 머리는 산발이고, 옷은 깃발보다 더 현란하게 펄럭인다. 처음엔 옷깃을 잡고 머리를 가다듬었다. 그리고 곧 소용없다는 것을 알게 된다. 바람과 물살에 몸을 맡기고 있는 다리처럼 나도 바람에 저항하는 것을 그만 둔다. 흔들리고 날려보았자 그건 옷깃이고 머리카락이다. 내가 날려가는 것도 아니고 내 마음이 날아가 버리는 것도 아니다.

그저 앞사람을 보면서 걷는다. 걷기 수행하는 기분으로.

드디어 다리의 끝.

거짓말같이 바람이 죽는다. 광폭함이 사라진 바람 속에는 소리조차 없다. 다리를 벗어나서 비로소 지나온 다리를 본다. 엄청나게 긴 다리가 강을 가로지르고 서 있다. 그저 조용하고 장중하게. 다리 위를 건너오고 있는 사람들의 모습도 다리와 닮아 있다. 머리가 흩날리고 옷이 펄럭이지만 여기에선 아무 소리도 나지 않는다. 그들은 그저 바람을 헤치며 걸어올 뿐이다. 보이는 모습은 평온하기까지 하다. 우리도 그렇게 걸어왔을 것이다.

어쩌면 사람은 서로의 모습에 속고 사는 건지도 모르겠다.

아니 서로의 모습에서 위안을 얻는지도 모르겠다.

거리를 두고 보는 풍경은 참 평화로우니까.

+ + +

저녁으로 라면을 먹는다.

높새가 끓였다. 라면만은 남의 손에 맡기지 않는다.

끓이는 모습만 보면 만한전석을 차리는 중이다.

물을 냄비에 붓는 것부터 신중하다. 일일이 컵으로 양을 재어 붓고도 못미더워 지 몇 번이나 뚜껑을 열어본다. 물이 끓으면 스프부터 넣고 감자를 얇게 썰어 넣는다. 다음엔 파, 마늘도 듬뿍. 그리고 고추장을 풀더니 그제야 라면을 넣는다. 라면이 들어가는 순간 잠시 죽었던 물이 다시 끓어오르기 시작하자 끊임없이 젓가락으로 면발을 들어 올리고 내리기를 반복한다. 그래야 면발에 탄력이 있다나? 그래봤자 입에 들어가면 끊어지는 면발이지 뭐. 내가 속으로 중얼거리는 걸 아는지 모르는지 젓가락질이 자못 심각하다. 팔도 아프지 않은가? 보고 있는 것도 지칠 만큼 면발을 휘젓더니 드디어 마지막으로 달걀을 푼다.

거창한 요리쇼 끝에 라면 한 냄비가 탄생한다.

맛은 있었다.

갈마는 짬뽕 맛이 난다며 좋아했다.

그러나 하늬는 여전히 속이 좋지 않아 남은 밥을 묽게 끓여 먹는다.

걱정이 된다. 무슨 힘으로 다닐까 싶다.

내일 아침에는 속이 마술처럼 편안해졌으면 좋겠다.

〈단상 3〉 : 추모의 의미
....

러시아는 연합군의 편에서 2차 세계대전의 승전국이 되었어.

오늘은 그 승리를 기념하는 전승기념일.

1945년 5월 8일 오후 10시 43분, 독일은 항복문서에 서명을 해. 장소는 베를린 소련군 사령부였고, 시차가 두 시간 빠른 모스크바 시간은 5월 9일 0시 43

분. 그래서 2차 세계대전 전승기념일이 유럽 국가에선 5월 8일, 러시아와 옛 소련 국가에선 5월 9일로 서로 다른 날이 되었다고 해. 비록 전쟁에서 승리를 하였지만 당시 소련의 희생은 매우 컸어. 2차 세계대전 중 사망한 소련 인구는 2,700만~2,800만 명. 당시 소련 인구가 1억 6,000만 정도였다 하니 전쟁 중 피해를 입지 않은 가정이 있을까 싶어. 가족의 죽음과 거주지의 파괴 속에 얻은 승리. 그런 비참한 상황을 남긴 승전이 국민들에겐 어떤 의미였을까. 그나마 굴복하지 않았다는 자부심이 슬픔을 견디게 하는 힘이 되어 주었을까. 그렇다 하더라도 가족의 죽음은 도무지 아물지 않을 아픔으로 남았음에 틀림없어. 어떤 보상도 그 아픔을 묻어버릴 수는 없을 테니까 말이야.

승전을 축하하는 공연이나 행사가 그들에겐 어떻게 다가올까.

나라가 들썩이는 퍼레이드와 행사를 보면서 그런 생각이 들었어. 국가는 대외적으로 승리를 자랑하고, 기념하고 싶은 날이겠지. 하지만 국민들에겐 그저 희생당한 가까운 사람들의 죽음을 추모하는 날이지 않을까. 가까운 사람들의 죽음이라는 슬픔을 공유한 전 국민의 결속이, 국가적인 행사를 가능하게 하는 실제적인 힘으로 작용한 것은 아닐까 하는.

아무래도 하루 종일 사람의 물결 속에 있어야 할 것 같았어.

목적지가 다시 정해지고 목적지를 향해 걸어가면서 든 생각이야.

궁전다리를 건너는 인파도 만만치 않았지. 이 사람들은 어디로 향하는 걸까. 목적지인 자야치 섬까지 이렇게 가야 하는 걸까. 사실 다리 난간에 잠깐 붙어서는 것조차 쉽지 않았어. 서 있는 사람 뒤로 줄이 생겨버리니까 말이야. 그래서 강을 바라보며 난간에 서서 좀 쉬고 싶어도 그럴 수도 없었지. 그저 한없이 걸었어. 다리를 다 지나왔을 때에야 숨 돌릴 여유가 생겼으니까.

궁전다리를 건너면 네바 강에서 가장 큰 바실리 섬에 닿게 돼.

넓은 광장에 이르자 사람의 행렬이 흩어지고 우리도 걸음을 늦출 수 있게 되었지. 광장에도 이미 사람은 많았어. 넓은 곳이어서 줄을 이어 걷지 않아도 될 뿐인 거지. 줄에서 벗어난 발걸음이 한없이 처졌어. 속도가 떨어진 발걸음이 자연스럽게 네바 강변 쪽으로 향했지. 넓은 강폭이 한눈에 들어오는 곳에서 걸음을 멈추었어.

멈춘 곳에서 바라본 군중의 행렬.

온 국민이 함께하는 애도의 물결.

남녀노소가 어울린 행진.

손에 꽃을 든 가족들.

사진을 가슴에 안고 걷는 사람들.

흑백 사진 속의 얼굴들은 희생된 사람들의 생전 모습이겠지? 그들은 어떤 사람의 가슴에 안겨있는 걸까. 누구의 아내, 남편. 어머니, 아버지, 아들, 딸이었을 그들은 지금은 누구의 가슴에 안겨 같이 행진을 하는 것일까. 누구의 가슴에 한으로 남게 된 것일까.

100만이 넘는 시민이 굶어 죽어가면서도 지켜냈다는 레닌그라드 봉쇄전.

전쟁 막바지, 베를린 점령 작전에서만 소련군 10만 명이 목숨을 잃었다는데.

1년 365일 전쟁의 희생자가 없는 날이 있을까.

추모의 제가 없는 날이 있을까.

같은 날 희생된 사람들은 얼마나 될까.

얼마나 많은 가정에서 같은 날 추모의 제를 올릴까.

지금,

그 모든 죽음을 애도하는 물결.

슬픔을 같이 하면 반으로 준다고 하는데, 이들의 슬픔은 온 국민의 애도 속에 위로를 받을 수도 있지 않을까. 나만의 슬픔이 아니라는 것으로 위안을 받지 않을까. 같은 하늘 아래 어깨를 맞대고 걸으면서 한을 풀지 않을까.

전쟁은 끝났지만 참담한 일에 대한 기억은 끝나지 않았어. 기억은 상처로 남아 있지. 그 상처를 모두의 기억으로 승화시키는 행사도 필요하겠단 생각이 들었어.

우리는 왜 이런 날이 없을까.

6·25 기념일이 있기는 하지. 3·1운동 기념일도 있어.

그리고 기념식도 열리지. 하지만 기념식이 있는 장소에 관계자만 참석하는 행사가 아니던가. 온 국민이 참여하는, 그래서 서로에게 위안을 얻는 애도의 장도, 조상의 얼을 기리는 가슴 뭉클한 한마당도 아니야. 희생이 개인이나 가족의 일로 끝나버리는 느낌이지. 온 국민이 함께하는 의식이라야 말 그대로 값진 희생으로 남는 것인데 말이야. 전쟁의 희생자나 독립운동의 희생자를 개인의 일로 남겨둘 수는 없잖아. 나라가 기억하고 국민이 기억해야 할 일이지. 물론 기억하고 있다고 말할 수도 있겠지. 기념일로.

하지만 기념일에 우린 무엇을 했을까?

아니 앞으로 무엇을 할 수 있을까?

3월 1일을 떠올렸지.

그리고 온 나라가 꽃을 들고 추모하는 행렬을 그려보았어.

그냥 공휴일이 아니라,

기념식을 하는 날이 아니라,

가족끼리 야유회를 갈 수 있는 날이 아니라,

희생을 아름답게 기억하는 날로.

상상하는 가슴이 벅차올랐어.

1년에 한번쯤 모두가 뜨겁게 울고 웃는 날을 가지는 것.

빼앗긴 나라의 독립을 찾으려다 잃은 목숨을 기리는 행렬.

그들의 죽음은 우리 부모 형제들의 죽음이다.

우린 잊지 않고 있다.

우린 그들이 그리던 자유 독립의 나라에 살고 있다.

그리고 독립을 외치다 죽은 조상의 자손들이 외롭게 조상을 그리지 않아도 되는 나라이다.

서로에게 위로가 되는 날이다.

전 국민이 하나 되는 뜨거운 날이다.

그런 날로 말이야.

엄청난 에너지를 만들어낼지도 모르잖아? 보이지 않는 에너지가 우릴 키워주고 우리의 차원을 높여 줄지도 모른다고. 그래서 어리석음이 저지르는 실수를 줄여줄지도 모르지. 나라를 잃어버린 것만이 실수는 아니야. 국토를 힘들게 하는, 그래서 이 땅에 기대어 사는 수많은 생명들을 힘들게 하는 실수는 지금도 행해지고 있어. 삶의 본질과 멀어지는 정책으로 인간의 본성까지 흔드는 실수도 계속되고 있지. 어리석은 자들의 어리석은 짓이 없었다면 독립 운동으로 희생되는 사람들도 없었을 터이지만 그건 이미 어쩔 수 없는 일. 하지만 어리석은 짓이 계속되는 걸 막아내는 에너지가 이 나라를 감싸고 있어야 하지 않겠어?

아홉째 날
5월 10일, 화요일

배를 타고 뻬쩨르고프로

하늘은 푸르고 바람도 잔잔하다.

창밖으로 보이는 나뭇잎은 자세히 보아야 조금씩 흔들리는 걸 알 수 있을 정도다. 어제의 실패는 마치 오늘의 더 큰 성공을 위해 마련된 하늘의 축복인 것처럼 모두들 좋아한다. 순한 바람과 쾌청한 날씨에 자축하는 분위기다.

오늘은 정말 여름궁전(뻬쩨르고프)으로 간다.

드디어 가는 모양인데 배를 잘 탈 수 있을지 모르겠다. 유명한 관광지니까 '뻬쩨르고프'만 외치면 해결될 거라고 높새는 장담한다. 목적지만 제대로 전달되면 된다고. 하긴 뱃길이야 단조로우니 어디 잘못 갈 일은 없겠지. 나는 몇 번 "뻬쩨르고프"라고 소리 내어 발음해본다.

10시경 집을 나선다.

어제의 인파가 거짓말 같다. 강변의 선착장이 보이지 않을 정도로 길을 메웠던 사람들은 지금 모두 어디에 있는가. 물론 일상으로 돌아가 각자의 일터에 있겠지. 그렇다 하더라도 씨스뜨라만 같은 길에 또 있으니 좀 야릇한 기분이다. 허전한 것 같기도 하다.

웃기지 않는가. 분명 그들과 사는 곳이 다르고 갈 길이 다른 여행자이다. 그들은 그들의 삶이, 우리에겐 우리의 삶이 있다. 어떤 일을 같이 한 적도, 도모한 적도 없다. 굳이 있었다고 억지 주장을 한다면 그들의 기념 공휴일을 거리에서 같이 보낸 것? 같은 하늘 아래 같은 공기를 호흡하며 뒤섞여 있었던 것 때문에? 그것이 이유가 되었는가? 야릇하게 허전한 이 기분은? 하지만 믿을 수 없다. 한적할수록 감각은 더 깊어지고, 경치는 더 살아나던 것을 생각하면 더욱 이상한 현상이다.

하여간, 조용한 거리를 좀 쓸쓸한 기분으로 걷는다.

그리고 그런 기분은 곧 사라진다.

숙소는 선착장과 아주 가깝다.

쓸쓸한 기분이 깊어질 새도 없이 에르미따쥐 박물관 앞 선착장에 도착한 것이다. 푸른 물에 하얀 색으로 떠 있는 배를 보는 순간 쓸쓸함은 설렘으로 바뀐다.

선착장은 조용하다. 여러 개의 매표소 중 한 곳에서 남녀 둘이 표를 구입하고 있다. 우리는 아무도 없는 맨 가장자리 매표소로 가서 거두절미하고 뻬쩨르고프, 라고 말한다. 역시 통한다. 어설픈 우리의 발음에 유창한 러시아 발음이 그대로 반복되어 돌아온다. 우린 심하게 고개를 끄덕이는 것으로 응수한다. 그저 단어 하나를 외쳐놓고는 마치 멋진 웅변으로 나라를 구한 표정이다.

왕복은 1,300루불. 편도는 750루불.

당연히 왕복을 사려고 했다. 그런데 왕복표는 돌아올 배 시간을 지금 정해야 한단다. 그건 정말 어려운 일이다. 정보가 아무리 넘쳐난다 해도 우린 아직 아무엇도 보지 못했다. 직접 가서 볼 때의 감정 시간까지 정할 수는 없다. 본다는 것은 대상과의 만남이고, 만남의 상황은 늘 달라질 수 있는 것이 아닌가. 그 순간의 날씨와, 그 순간의 몸 상태와, 그 순간의 기분과, 그 순간의 대상이 만나는 공간. 더구나 처음 가 보는 공간 속에서 보낼 시간을 정하라니.

그럴 수는 없다.

과감히 돈을 투자하기로 하고 편도 배표를 산다.

야호!

이것이 쾌속선을 타고 달리는 기분이다.

장쾌한 기분과 속도로 45분을 달려간다.

네바 강을 따라 달리던 배가 도착한 곳은 핀란드 만에 위치한 여름궁전의 아래정원 선착장. 강을 달려 바다에 이르고, 바다 선착장에 배를 대고 궁전으로 들어가는 것이다. 이만하면 용궁으로 구경을 온 것이 아닌가 싶다.

선착장은 출렁이는 바다 가운데 있다.

오직 바람과 태양과 물의 향연장처럼.

배에서 내린다.

내리는 순간 빛과 바람과 색채의 세례를 받는다. 태양은 거칠 것 없이 쏟아지고, 바람은 온 바다 위를 달리고, 선착장의 새하얀 난간은 짙푸른 바다 빛에 대비되어 눈부시다. 단순하고 강렬한 느낌이다. 아니 낱낱의 감각이 일어나는 동시에 하나로 섞이는 느낌이다. 희고 푸른 색채와, 뜨거운 햇빛과, 피부를 스치는 서늘한 바람이 하나가 되어 흘러간다.

참으로 특별한 매력이 넘치는 선착장이다.

배에서 내린 다른 승객들도 쉽게 선착장을 떠나지 못한다.

색채와 바람이 주는 감각에 발길이 묶인 모양이다.

마치 큰 배의 갑판처럼 넓고 길게 펼쳐진 선착장.

이륙하는 비행기처럼 달려 나가면 난간의 끝에서 바다 위로 떠오를 수도 있을 것 같다. 바다와 내 몸 사이에 매끄럽고 강한 바람이 지나가며 가슴과 배를 밀어 올려 줄 것이 아닌가. 상상만으로도 즐겁다. 바람이 불어오는 방향을 향하여 팔을 벌려본다. 눈을 감고 있으니 정말 날고 있는 게 틀림없다. 거침없는 바람이 몸의 굴곡을 드러나게 하고, 몸이 채우고 남는 옷자락을 밀어낸다. 목에 묶인 스카프는 해수면과 평평하게 날고 있다.

눈을 뜬다.

바람을 실은 오색 깃발이 눈앞에 펄럭인다.

선착장의 중앙에 서 있는 흰 기둥들에 묶여 있는 깃발이다.

여기는 기껏 궁전으로 가기 위해 배에서 내린 선착장일 뿐.

너무 흥분한 것 아닌가?

깃발처럼 바람에 흔들리던 흥분이 가라앉자 햇살이 몹시 따갑다.

그리고 선착장엔 씨스뜨라만 남아 있다.

같이 배를 타고 온 승객들은 모두 뭍으로 이어진 긴 다리를 건너고 있다.

그제야 우리가 오늘 얼마나 걸어야 할지 감이 오기 시작한다.

아직 여름궁전의 입구에도 가지 못한 것이다.

다리를 건넌 저 어디쯤에 궁전으로 들어가는 길이 있으리니.

긴 다리와, 햇살과, 바람과, 바다가 하나로 출렁인다.

+ + +

배를 타고 여름궁전에 가게 되면 궁전의 아래정원으로 입장하게 된다.

하지만 정원의 문턱은 높다. 그냥 정원이 아니라 궁전 정원인 까닭이다. 매표소를 통과하지 않으면 들어갈 수조차 없다. 선착장에 내려 긴 다리를 건너고 드디어 땅을 밟았지만, 매표소 앞은 입장권을 끊기 위한 손님으로 장사진이다. 배에서 내린 손님들이 모두 그곳에 모여 있는 까닭이다.

도대체 얼마나 대단한 곳일까.

매표소 저 너머에 정원이 있다는데,

세상에 없는 장관이 펼쳐진다는데,

여기는 그늘도 없는 삭막한 곳에 임시 건물 같은 매표소가 줄이어 있을 뿐. 대궁전의 위용이나 우아한 정원의 낌새조차 알아챌 수 없다. 어떤 특별한 것도 보이지 않는다. 어쩌면 결코 볼 수 없도록 해놓았는지도 모르겠다.

선착장과 너무 다른 분위기다.

겨우 다리 하나를 건너왔을 뿐인데 기분은 하늘에서 땅으로 내려앉는다. 삭막한 환경에 처하자마자 색채와 바람과 함께 춤을 추던 기분이 삽시간에 무너지며 남루해진다. 환경이 사람을 어떻게, 얼마나 빨리 변화시키는지 시험을 당하고 있는 느낌이다.

매표구가 꽤 많은데도 줄은 느리게 줄어든다.

매표구에 붙어선 사람들마다 오랫동안 판매원과 이야기를 하고 있기 때문이다. 입장권을 사는 일이 왜 저리 복잡할까. 불평과 궁금증이 뒤섞인다. 드디어 차례가 온다. 우린 너무 간단하다. 손가락 4개를 펴 보이는 걸로 구매가 끝난다. 다른 사람들은 무슨 이야기들을 한 것일까. 말을 못하니 인생살이가 단순해지기도 한다. 사실 물어보고 싶은 것은 많지만 할 수도 없고, 더구나 들을 수도 없다. 무지해서 간단히 끝난 것이다.

아래정원을 보려면 얼마나 긴 시간이 필요한지, 대궁전 입장권은 미리 끊어야 하는지, 혹 통합표를 구매하면 더 싸게 살 수 있는지, 오늘 하루 그 모든 것을 다 볼 수 있는지. 궁금한 것이 많지만 바로 코앞의 정원 입장권만 달랑 사서 들어간다. 아래정원 입장요금은 700루불. 무지한 자들은 미래를 기약할 수 없나니. 나머지 일정은 아래정원을 구경하면서 결정하기로 한다.

드디어 정원으로 입장한다.

정원에 입장하고 난 뒤 제일 먼저 한 것은 간단하게 점심 때우기.

관광지에서 관광객의 편의를 가장 잘 고려한 설비는 휴게 음식점이 아닐까 싶다. 사람들이 유혹당하기 쉬운 위치에 그것은 항상 대기하고 있다.

정원을 보려고 들어오는 사람들이 지나가지 않을 수 없는 장소에 역시 휴게소가 기다리고 있었다. 따가운 햇살 속을 걸어왔고 따가운 햇살 아래 입장권을 끊느라 또 시달렸다. 그런 시련 후에 나타난 시원스러운 그늘. 하지만 그 그늘은 햇빛을 가려주는 가림막을 설치한 휴게 음식점의 그늘이다. 그늘 아래 나무 테이블이 즐비하고 거기에 앉아 무언가를 먹고 마시는 사람들. 그늘도 유혹이고 그들 앞에 놓인 음식도 유혹이다. 금상첨화라 해야 할지, 설상가상이라 해야 할지.

이제 겨우 입장해서 관람하려던 차에 나타난 음식점 앞에서 우린 흔들린다.

점심을 먹기엔 조금 이른, 현재 시간은 12시. 하지만 그냥 지나가면 곧 다시 찾아와야 할지도 모르는 곳. 왜냐하면 우리에겐 점심 도시락이 없기 때문이다. 잠깐의 망설임 끝에 먹고 가기로 한다. 먹을 것에 대한 유혹보다 그늘 아래 의자의 유혹이 사실 컸다. 적어도 나에겐.

각기 다른 종류의 샌드위치와 공동의 샐러드 하나를 주문하는 데 30분이 걸린다. 줄이 길었던 것이 아니다. 우리 앞에 있었던 손님은 남녀 한 쌍. 그들이 쓴 시간이 장장 20분이 넘었다. 심사숙고 주문을 하더니 그걸 몽땅 취소하고 다시 주문하는 것 같았다. 러시아어니 알아들을 수는 없지만 눈치로 알 수 있었다.

그렇지만 급하지도 서두르지도 않는 태도였다. 손님도 주문을 받는 사람도. 우리나라 사람이 뭐든 빨리 처리하긴 하는 모양이다. 나에겐 그런 모습이 낯설고 답답하게 느껴진다. 하지만 여기는 러시아. 마음을 느긋하게 가져보기로 하고 짐짓 먼 곳을 쳐다본다.

우리가 쓴 시간은 10분 정도. 물론 10분도 짧은 시간은 아니다. 우리나라의 패스트푸드 주문 시간을 생각한다면. 그렇지만 이곳에선 누구라도 그렇게 빨리 끝내지는 못할 것 같다. 샌드위치 하나를 주문하는데 골라야 할 것이 적어도 서너 가지. 치즈를 넣을 것인지, 어떤 소스를 선택할 것인지, 햄은 몇 조각을 넣을 것인지 등등. 사진에 보이는 대로 모든 재료를 넣어서 파는 것이 아니라 따로 주문하고 추가비용이 들어갔다. 어찌하였건 우린 네 종류의 샌드위치를 골랐고 하나의 샌드위치를 완성할 때마다 그런 선택의 과정을 거쳐야 했으니까.

그래도 관광지여서 재료를 선택할 땐 영어로 된 차림표를 우리 앞에 놓아주었다. 영어로도 이해가 안 되는 재료가 있을 때는 중간 가격의 재료가 선택되었다. 그건 갈마와 나의 융통성의 합작품이다. 이해될 때까지 설명을 요구할 수도 없고 알아듣는다는 보장도 없다. 먹고 죽기야 하겠어? 그런 판단으로 제법 빨리 재료들이 선택된다. 그렇게 선택된 음식이 차례대로 천천히 나왔고, 접시를 테이블로 다 옮기고 앉았을 때는 그늘과 음식의 유혹은 기억에도 없고 의자에 앉는 즐거움만 남아 있었다.

아, 지친다.

인간의 욕망과 즐거움은 그렇게 시시각각 변한다.

하지만 그 덕분에 즐거움을 주던 의자와도 이별을 고하고 다시 일어나 관광을 계속할 수 있었던 것 아니겠는가.

세상의 모든 분수, 여름궁전 아래정원

선착장에서부터 일직선으로 까마득한 수로가 향하고 있는 곳.

대궁전이다.

수로를 따라 발길을 옮긴다.

실제로 황제 가족의 여름 궁으로 사용될 당시에는 수로로 배가 드나들었단다. 핀란드만을 통해 들어온 배가 바로 이 아름다운 수로를 따라 대궁전 앞까지 가는 것이다. 그러니 수로는 시원하게 폭이 넓고 황제가 다니는 길이니만큼 주변의 조경 또한 수려하다.

수로를 사이에 두고 조성된 잔디밭에,

일정한 간격을 둔 분수들이 줄이어 서서 물을 뿜는다.

완전하게 동그란 하얀 대리석 분수대들이 흐트러짐 없는 줄을 이루고,

높이도 일정한 흰 물줄기를 올리고 있는 모습은,

영원히 돌고 있는 우주의 별처럼 느껴진다.

아무런 움직임이 없는 것 같지만 끊임없는 움직임이 있는 곳.

정중동의 세계.

어항 속 물고기의 지느러미 놀림을 끝없이 보게 되는 것처럼,

하염없이 바라보고 있게 된다.

퍼뜩 정신을 차리고 분수에서 시선을 거둔다.

씨스뜨라의 관람 속도가 너무 다르다.

갈마는 어느새 저 멀리 수로의 첫 번째 다리에 서 있고, 높새는 아직도 수로 입구에서 카메라를 놓지 못한다. 하늬는 카메라 작동에 문제가 있는지 한 곳에 서서 카메라를 들여다보고 있다. 그리고 지금 막 높새가 하늬쪽으로 걸어가기

시작했다. 아마도 어떤 문제를 알아 챈 모양이다. 하늬와 높새는 같은 기종의 카메라를 쓰고 있다. 먼저 구입한 높새가 아마도 사용방법을 더 잘 알 것이다. 같이 문제 해결하는 것을 몇 번이나 보았다.

나는 갈 필요를 느끼지 못한다. 실제적이고 직접적인 이유는 도움을 주지 못하기 때문이고, 심적인 이유는 따로 있다. 기기 작동은 늘 부담스럽다. 특히 내가 사용하고 있지 않은 기기나 새로운 기기를 대하는 나의 방식은 외면하기다. 도울 사람이 아무도 없는 경우라면 사정이 좀 달라지겠지만. 설상가상 요즘은 노안이 상당히 진행되어 세밀한 것은 잘 보이지도 않는다. 그래서 그런지 아는 척하고 들여다보아 줄 인내심조차 금방 바닥을 드러내고 만다.

나이가 들수록 환경에 대한 인내심이 줄어드는 것을 느낀다. 더위도 추위도 참아내기가 힘들다. 그것도 신체적 기능 하락이라는 물리적인 이유 때문인지도 모른다. 그래서 노약자에게 환경은 더 중요하고 예민할 수밖에 없을지도. 궁극

여름궁전(뻬쩨르고프)

적으로 모든 생명체는 살아남기 위해 끝없이 노력하는 유전자의 결합체니까. 거친 환경에서 살아남기 위한 약한 생명체가 참을성을 선택한다면 살아날 확률에서 멀어질 게 분명하다. 굶주린 어미의 젖이라도 빨아야 하는 이기심만이 새끼의 삶을 어느 정도는 보장해 줄 수 있었을 것 아닌가.

이야기가 좀 빗나가고 있다.

수로에서 눈길을 떼고 주변을 훑어보던 나는 과감히 대궁전을 향해 전진하기로 한다. 이 넓은 정원의 초입에 너무 오래 머물고 있었다는 생각이 갑자기 든 것이다. 어차피 다시 뻬쩨르고프에 오진 못한다. 적어도 이번 여행에서는. 아니 언젠가 또 러시아 여행의 기회가 온다 하더라도 이곳을 다시 찾게 될까. 이처럼 넓은 나라에서 같은 곳을 두 번 찾을 이유가 있겠는가 싶은 것이다.

아래정원은 세상의 모든 분수를 다 가진 곳이라 했다.

분수만 돌아본다 해도 몇 시간이 걸릴지 모른다. 많은 분수를 포기한다 해도 아직 대궁전도 있고 위정원도 있다. 대궁전을 사이에 두고 아래정원과 위정원이 위치해 있다고. 위정원에도 놓치기 아까운 분수가 있고 호수와 산책길이 그렇게 아름답다는데.

그런데 아침 10시에 집을 나선 우리가 오후 1시가 넘은 시각에 아직 아래정원의 초입에 있는 것이다. 144개나 되는 분수 중 몇 개를 보았단 말인가. 모두 보겠다는 것이 아니다. 어떤 모양으로 어떤 아름다움을 드러내고 있는지 아직 맛본 것에 불과하다는 사실을 직시해야 한다는 뜻이다. 분수정원이라고도 불린다는 아래정원의 분수는 이제 겨우 시작일 뿐이다.

걸음을 좀 빨리 한다.

수로가 시작되는 곳.

대궁전 앞 대폭포 앞에 이른다.

인공의 폭포답게 인공의 정교함과 화려함을 마음껏 자랑하는 모습이다.

높이 올라앉아 있는 대궁전을 배경으로 자리 잡은 쌍둥이 계단식 폭포가 장엄하다. 일곱 단의 흰 대리석 계단 위를 하얗게 미끄러지는 물. 넓은 계단 폭을 타고내리는 두 줄기 물의 흐름이 그야말로 대폭포를 이룬다.

하지만 규모의 크기만으로 대폭포란 이름을 붙였겠는가. 어쩌면 폭포를 둘러싼 조각상과 장식의 위대함에 붙여진 이름인지도 모른다. 학문이든 예술이든 조예가 깊은 사람 앞에만 붙일 수 있는 대가(大家)에서처럼. 그렇게 말할 수밖에 없는 것이 흐르고, 솟구치고, 떨어지는 물속의 조각상과 장식이 눈길을 더욱 오래 붙들어두기 때문이다.

계단식 폭포를 따라 서 있는 황금빛 인간 조각상들.

그 조각상의 자연스럽고 아름다운 자세.

계단의 높이를 이루는 면을 빽빽하게 채운 부조.

그 부조의 황금빛과 녹색의 고아한 색채.

쌍둥이 계단식 폭포 사이엔 한 무리의 분수가 춤을 추듯 물을 뿜어 올린다. 그 물이 3단의 계단을 따라 흘러내려가며 또 작은 폭포를 이룬다. 쌍둥이 폭포와 같은 방향으로 흘러내리는 작은 폭포. 이렇게 높고 낮은 계단 폭포에서 나란히 떨어져 내린 물은 바로 앞의 동그란 모양의 못에 모여든다. 못 가운데 유명한 삼손분수가 있고, 그 못을 돌아나간 물이 수로를 따라 핀란드 만까지 흘러가는 것이다.

삼손분수는 아래정원의 가장 대표적인 분수라 한다.

그 사실을 모른다 해도 잊을 수 없을 분수다.

폭포에서 떨어진 물이 모여드는 못의 정중앙에 위치하고 있기도 하거니와 규모와 구조와 장식 면에서도 단연 돋보인다. 삼손이 사자의 입을 찢고 있는 형상의 황금빛 조각상은 다른 조각상을 압도하는 힘이 느껴진다. 그리고 작은 황금 조각상들이 호위하듯 삼손 주변을 둘러싸고 있는 모습도 이채롭다. 모든 조각상들이 물을 뿜어 올리고 있지만 특히 삼손이 입을 벌리고 있는 사자의 입에서 뿜어져 나오는 물줄기는 20m 높이로 솟구친다. 그 물줄기의 속도와 높이가 매우 장쾌하다.

물줄기를 좇는 눈이 저절로 같이 솟구쳤다 내려온다.

하늘을 향한 세찬 물줄기가 다시 떨어지며 일으키는 물보라.

하얗게 부서지는 물보라와 힘찬 조각상의 어우러짐이 멋지다.

온통 물보라에 휩싸인 수많은 분수와, 조각상과, 부조.

눈이 부시다.

빛나는 진노랑과, 빛나는 물방울과, 그 빛의 근원인 햇살의 잔치.

노란색은 고흐의 색이었다.

고흐의 그림 앞에서 그런 말을 했다. 이보다 찬란한 노랑은 없을 거라고. 감청 하늘을 휘돌아 흐르는 노란 별빛은 비할 데 없이 찬란했으니까. 그런데 지금, 고흐의 노란 별빛과는 다른 황금빛에 마음까지 부시다. 또 다른 찬란함으로 심정을 흔드는 금빛.

몹시 들뜬 마음은 기억 속의 모든 노랑을 검색한다. 황금 조각상 앞에서 기억들이 춤을 추고 있는 것이다. 그리하여 미얀마의 황금 사원들까지 기억 속에서 불러낸다. 그때까지 가장 빛나는 금빛으로 남아 있던 미얀마의 황금불상과 불탑에 대한 믿음이 흔들리고 있다.

어쩌면 지금,

분수 속의 황금빛 조각상들이,

노랑에 대한 감탄의 순위를 바꿔놓을지도 모르겠다.

어느 쪽으로 눈을 돌리든지, 어느 곳에 눈을 고정시키든지, 그냥 지나치기에 아깝지 않은 곳이 없다. 크고 작은 조각상은 조각상대로, 계단면의 부조는 부조대로 다른 매력으로 완전하다. 그런데 대폭포를 이루는 조각상과 부조가 200개가 넘는다 한다. 그러니 대폭포를 하나의 별천지로 보고 몇날 며칠을 머물지 않는 한 제대로 감상하는 건 무리일 터이다.

시간이 흐르는 것이 안타까울 뿐이다.

대폭포를 떠난다.

아니 대폭포 위쪽으로 올라간다.

폭포 옆으로 사람들이 올라갈 수 있는 계단이 있다.

계단이 끝나는 곳에 대궁전이 자리하고 있다.

계단을 다 오르자 폭포와 수로가 한눈에 들어온다.

대궁전이 위치한 자리에서 보는 아래정원인 셈이다.

대폭포를 이루며 둥근 못으로 흘러든 물이 삼손분수를 돌아 수로를 따라 흐른다. 거슬러 올라왔던 수로를 내려다보니 그 끝은 바다에 닿아 있다. 핀란드만을 향해 일직선으로 흘러가는 수로와 대폭포 주변에 펼쳐진 엄청난 넓이의 기하학무늬 잔디밭과, 꽃과, 분수들.

저 멀리 그림 같은 꽃밭 속을 서성이는 사람들.

물소리가 사방으로 퍼지고,

사람들이 웅성거리고,

마침내 물소리와 사람들 소리가 아련하게 섞인다.

나는 지금 백색소음의 세계,

움직이는 그림 속에 들어와 있다.

아래정원을 돌아다니는 데 3시간이 걸린다.

분수정원이란 별칭은 그냥 얻어진 이름이 아니었다. 분수가 많아서, 모양이 다양하다고 해서 얻을 수 있는 이름도 아니었다. 이곳은 세상의 모든 아름다운 분수를 볼 수 있는 정원이었다. 엄청난 규모의 분수도, 특이한 모양의 분수도, 모두 멋진 조각상과 섬세한 부조를 품고 있는 완벽한 작품들이었다. 그 분수들 중 어느 하나를 무작위로 본다 해도 감탄은 다르지 않을 것 같았다.

난 사실 사람들이 왜 그렇게 분수에 열광하는지 이해하지 못했다. 여행을 다니면서도 분수에 매혹당한 적은 없었다. 그저 바라보는 동안 좀 낭만적인 느낌에 젖을 뿐이었다. 아래로 흐르는 물의 본성을 억지로 거슬러 솟구치게 하는 분수에서 아름다움을 찾지 못했던 것이다.

그런데 지금, 아름다움을 찾지 못한 것이 아니라 아름답지 않은 분수였다는 걸 깨닫는다. 분수가 오로지 물을 위로 솟구치게 하는 장치가 아닌 것을 여름궁전은 보여주고 있다. 낮은 곳으로 흐르는 물의 특성을 이용한 과학과 예술의 합작품이라고 당당하게 외치고 있는 것이다. 그 당당함은 독특하고 아름다운 구조와 모양이 만들어주는 것이라고. 멋진 조각상과 섬세한 부조가 만들어주는 것이라고.

그리고,
분수의 신비를 완성시켜주는 부서지는 물방울.
자연과 인공이 어우러져 만들어낸 연주가 하염없다.

대궁전을 뒤로 하고

대궁전 내부를 구경할까 말까 망설인다.

시간은 이미 4시. 폐관 시간은 6시. 빨리 결단을 내려야 한다.

높새는 무조건 들어가고 싶고,

하늬는 왔으니 보고 가자,

갈마는 봐도 되고 안 봐도 그만.

나는? 심정이 좀 복잡하다.

시간이 넉넉하고 체력이 충분하다면 망설일 이유가 없다. 이미 겨울궁전을 보았고, 그래서 궁전 내부에 대한 기대는 사실 더 크다. 비슷할지 모르나 결코 같지는 않을 아름다움에 대한 욕심이라고나 할까. 장식이나 가구나 그림에 대한.

하지만 시간이 마음에 걸린다. 지금은 체력보다 시간이 더 문제다. 시간이 넉넉하다면 천천히 쉬면서 볼 수 있으니 체력 문제가 얼마간 극복될 수도 있다. 하지만 지금 형편이 그렇지 않다. 어찌하였든 느긋한 관람은 어렵고 스치듯 지나가야 한다면 의미가 없다는 말씀. 그런 관람에 흥미가 없다는 뜻이다. 백번 양보해서 궁전관람이 처음이라면 그렇게라도 보아야겠지만 말이다. 그런 심정으로 나는 망설이고 있다. 그렇지만 생각을 발설하진 않는다. 씨스뜨라는 관광 중이고, 관광은 보는 것이니까. 누군가의 보고자 하는 욕망의 흥이 깨지는 것을 바라지 않는다.

그래서,

아무도 말이 없는 가운데 자연스럽게 대궁전 입장표 사는 줄에 서게 된다. 시간이 늦어서인지 줄은 그다지 길지 않다.

600루불.

겨울궁전을 생각하고 들어갔다가 놀란다. 너무 규모가 작아서이다. 그래서 사람이 많지 않은 데도 줄을 이어 따라가며 봐야 했다. 비교하면 가격도 놀랍다. 예술의 가치가 크기에 비례하는 건 아니지만 자꾸 겨울궁전이 떠오르는 건 어쩔 수가 없다. 더구나 사진도 못 찍는단다.

시간이 모자랄까 걱정했지만 밀려들어갔다 나오니 1시간이 조금 더 걸렸다. 겨울궁전을 본 뒤라 그랬는지, 줄지어 지나가야 해서 그랬는지 특별한 감동 없이 관람이 끝난다. 이미 힘이 빠져 시각이 무뎌져 그런지도 모르겠다. 사진도 못 찍었으니 대궁전을 나서는 순간 아무것도 남아 있지 않게 된다.

허탈해서 그랬을까.

위정원은 포기한다.

사실 폐관 시간도 되어 가고 모두들 배가 고팠다. 간단히 먹은 이른 점심은 이미 소화된 지 오래다. 더 이상 관람을 고집하는 사람은 아무도 없다. 미련이야 있겠지만 밀어붙일 힘이 없는 것이다.

+ + +

귀가길.

수로를 따라 내려오는데 아무도 말이 없다.

몇 시간 전의 환호와 감탄은 이제 추억 속에만 있다.

마침 6시에 출발하는 배가 있어 바로 탈 수 있었다.

배는 물 위를 달린다.

어디까지가 바다고 어디서부터 강인지 모르겠다.

바다와 강이 만나는 경계는 보이지 않는다.

정말 경계라는 것이 있을까. 생각할수록 모호해진다.

언어라는 기호가 모든 현상을 표현하진 못한다. '경계'는 바다와 강이 '만나는 지점'이라는 현상의 완벽한 표현이 아니다. 바다와 강이 만나는 완벽한 경계는 존재할 수 없다. 둘은 비록 다르지만 그렇다고 완전히 다른 물질도 아니다. 그리고 그들의 어떤 부분은 섞여 있으며 같은 공간에 존재한다. 그건 분명하다. 그러니 둘을 갈라놓는 완벽한 경계란 것은 사실 존재하지 않는 것이다. 그러니 '경계'란 언어 자체의 뜻이 이미 모호하다.

의식의 경계는 어떤 것일까.

개체 사이를 갈라놓는 완벽한 의식의 경계는 분명히 존재하지 않는다. 그런 게 있다면 우린 아예 타인의 존재 자체를 의식하지 못할지도 모른다. 강과 바다처럼 분명히 다르지만 서로 넘나들고 있는지도 모르겠다. 그래서 존재를 느끼고 있는지도. 그래서 같이 기뻐하고 같이 아파할 수 있는지도.

그렇다면 하늬와 높새와 갈마가,

지금 가장 바라는 것이 푸짐한 저녁 식사일까.

내 의식이 그렇게 말하고 있으니까.

7시가 조금 지나 숙소에 도착.

짐을 내려놓고 바로 저녁 준비에 들어간다.

설거지를 맡아놓은 하늬는 쉬기로 하고 셋이 나선다.

있는 재료가 몽땅 등장한다. 그래봤자 몇 가지 안 되니 써는 모양과 조리 방법이 다를 뿐이다. 오이, 양파를 채 썰어 무치고, 양파를 덤벙덤벙 썰어 넣고 된장을 끓이고, 토마토를 반달 모양으로 썰어 기름에 볶다가 달걀을 풀어 익혀내고 소금 간을 한다. 그렇게 반찬이 마련되고 갓 지은 쌀밥에 반주로 맥주까지 곁들이니 엄청 푸짐하다.

차려 놓은 밥상 앞에 둘러앉는다.

씨스뜨라의 얼굴에 웃음이 퍼진다.

아, 맛있다.

그리고 편안하다.

아니, 사실은 행복하다.

우리 모두 그 순간 행복했다고 생각한다.

의식의 경계는 존재하지 않으니까.

〈단상 4〉: 권력과 능력

타지마할이 떠올랐어.

여름궁전의 아래정원 입구에 섰을 때 말이야.

멀리 궁전을 향하여 길게 뻗어있는 수로 때문이었을까.

세상에서 제일 화려한 묘인 타지마할로 향하는 길도 물길이었어. 수면에 비치는 하얀 대리석 묘가 눈물처럼 아름다웠지. 슬픔이 느껴졌어. 너무도 유명한 샤자한 왕과 뭄타즈마할 왕비의 전설 같은 사랑 이야기 때문이었는지도 몰라. 아무것도 모른 채 보았다면 어떻게 보였을지 궁금해. 선입견은 때로 엄청나게 다른 결과를 낳기도 하니까 말이지.

그런데 타지마할이 떠오른 이유가 단지 수로 때문이었을까. 오직 긴 수로와 수로 끝에 만나는 아름다운 건축물이란 공통점 때문이었던 걸까. 하지만 그것이 아닌 이유를 찾기 어려웠어. 기억은 그렇게 단순화되기도 하는 모양이야.

여름 나라의 최고의 사치는 물이었는지도 모르겠어.

너무도 편리하게 물을 이용하고 있는 도시 사람들에겐 이상하게 들릴 수도 있겠지. 하지만 관개시설이나 수도가 없던 시절엔 물을 따라 터전을 옮겨야 했고,

아직도 아주 어렵게 물을 구하고 귀하게 쓰고 있는 사람들이 지구상엔 많아. 그리고 모든 생명체에게 물은 언제나 생명과도 같은 존재지. 그 귀한 물을 자신만의 집 안에 둔다는 것은 극도의 사치이며 대단한 권력의 표현일 수도 있지 않았을까 싶어. 물의 가치가 절대적인 위치에 서게 되는 더운 곳에서는 더구나.

더위가 긴 나라인 인도의 타지마할과 러시아 제국의 여름궁전.

물길을 만들고,

물을 흐르게 하고,

하늘 높이 물을 뿜어 올리는 것으로 미적 안목과 힘을 과시한 것이 아닐까.

인공의 넓은 수로 앞에 서서 그런 생각을 했어. 죽은 사람의 궁전과 산 사람의 궁전으로 용도는 달랐지만 절대 권력자가 아니면 꿈꿀 수나 있었을까. 그렇게 인력과 공력이 많이 드는 거대한 규모의 건축과 조경을 말이야. 게다가 완벽한 아름다움까지 갖춘. 물론 권력이 아름다움까지 보장해주진 못하지. 공사를 일으킨 자의 안목이 따라야겠지. 집의 모습은 바로 주인의 안목이니까.

그렇게 본다면 샤자한 왕에겐 뛰어난 예술적 안목이 있었어.

마침 안목이 높았던 왕이 사랑했던 왕비에게 세상에서 최고로 아름다운 묘를 지어주고 싶었던 거지. 왕비에 대한 지극한 사랑의 표현인 타지마할. 어떻게 보면 개인의 사랑을 권력으로 과시한 것이기도 해. 그런 의미에서 뾰뜨르 대제의 여름궁전도 마찬가지가 아닐까 싶어. 아름다움의 추구와 권력의 과시라는 점에서.

아무튼 많은 것을 가진 권력자라 해도 군림하는 것으로 만족할 수는 없는 모양이야. 예술의 존재 이유가 무엇인지를 눈앞의 아름다운 수로가 보여주고 있는 것 같아. 그래서 뾰뜨르 대제는 러시아인에게 특별한 권력자인지도 모르겠어. 예술적인 안목을 갖추었고 자신이 생각하는 아름다움을 땅 위에 구현할 수 있는 권력과 능력도 갖추었으니까. 궁전을 조성하는 설계에 직접 참여하고 분수의 위치까지 정할만큼 뛰어난 건축가이기도 했다니 말이야.

이쯤에서 나의 안목 이야기도 좀 해야겠어.

능력도 재력도 없는 안목이니까 그저 취향이나 취미로 들어주면 좋겠어.

여름궁전을 '북방의 베르사유'라고 한다고. 그만큼 아름답다는 뜻이지. 그건 인정. 하지만 베르사유와 비교할 필요는 없다는 게 내 생각이야. 여름궁전은 베르사유만큼 아름다운 곳이 아니라 그냥 홀로 엄청 아름답고 멋진 곳이거든. 사실 비교는 비슷해야 하는 거잖아. 내가 보기엔 비슷하지 않아. 아주 다른 곳으로 느껴져. 여름궁전을 보는 내내 베르사유가 한 번도 떠오르지 않았어. 아까도 말했지만 타지마할이 떠오른 게 다야. 그리고 타지마할도 잊어버렸지. 정원 속으로 깊이 들어가는 사이에 머리에서 사라졌어. 정말 수로 외엔 닮은 것이 없었나봐.

'베르사유' 하면 이런 것들이 생각나지. 햇빛 속에 앉아 있는 기하학무늬 꽃밭과 잔디. 일정하게 전지한 나무들의 행렬. 엄청나게 굵고 긴 대리석 기둥들이 도열한 궁전. 물론 궁전의 방들은 더없이 화려해서 말문을 막아버려. 그러나 그들은 따로 따로 도도하게 존재해. 나무는 나무대로, 꽃은 꽃대로, 잔디는 잔디대로, 건물은 건물대로 있는 곳이었지.

하지만 여름궁전은 나무와 꽃과 궁전과 분수가 함께 어우러져 있어. 그늘을 골라 정원을 다닐 수도 있었다는 거지. 베르사유에선 꽃을 감상하려면 햇빛 속에 있어야 했어. 잔디밭도 마치 태양빛을 받아 무슨 에너지라도 얻어낼 요량으로 펼쳐져있는 것처럼 보였어. 따로 멋지지만 어우러진 느낌은 없었어. 나라마다 양식이 다르고 취향이 다르겠지만 나의 취향을 말하라면 단연 여름궁전이야.

살고 싶은 곳이었어. 가능하다면 계절이 한 바퀴 돌아가는 동안 살아보고 싶었어. 아침 해가 떠오르는 숲길은 어떨지, 노을이 지는 호수는 어떤 빛일지 보고 싶었어. 여름날의 분수뿐만 아니라 눈 내리는 정원도 궁금했어. 늦가을의 낙엽 지는 산책로는 상상만으로도 숨이 막히더라고.

여름궁전은 나에게 그런 곳이었어.

열째 날
5월 11일, 수요일

차고 신선했던 숲, 빠블롭스끄 공원

날이 흐리다.

준비를 마치고 집을 나설 땐 비도 조금씩 뿌린다. 아예 비옷을 입고 출발한다. 기온도 꽤 낮아서 손을 자꾸 주머니에 넣고 싶어진다. 그동안 날씨가 정말 좋았다는 생각이 든다. 옷을 여미게 하는 찬바람이 부는 거리에서 문득 서글픔을 느낀다. 먹구름이 떠가는 하늘도 멋지고 우중 여행도 운치가 있다는 생각을 하고 있는데 뛰어든 느낌이다. 몸은 차가운 기운이 싫고, 뇌는 시각이 주는 즐거움에 젖어 있는 것인가. 몸의 반응과 의식의 자각이 조화를 이루지 못한 묘한 기분으로 길을 걷는다.

오늘의 목적지는 '황제마을', 정식 지명은 '뿌쉬낀 시.'

쌍뜨뻬쩨르부르그에서 남쪽으로 30㎞ 정도 떨어져 있는 곳으로 '예까쩨리나 궁전'이 중요한 볼거리다. '뿌쉬낀 시'는 러시아 시인, 뿌쉬낀 사후

100년이었던 1937년에 시인을 기리기 위해 바꾼 지명이다. 뿌쉬낀이 태어난 곳도 아니고 열두 살에 이주해 학창시절을 보낸 곳이라는데 지명으로 쓸 정도라니, 러시아에서 뿌쉬낀이 어떤 존재인지 다시 생각하게 만든다.

황제마을을 가기 위해선 대중교통을 이용해야만 한다.

그래서 지금 우리는 전기 기차(엘렉뜨로뽀이스트)를 타기 위해 비쩹스끼 역으로 걸어가는 중이다. 러시아에 와서 생긴 새로운 습관이다. 웬만한 곳은 당연히 걸어가는 것. 택시는 가격 흥정이 부담스럽고, 버스 노선은 잘 몰라서 생긴 자구책이지만 신기하다. 습관은 바꾸기 어렵다는데 그것도 환경에 따라 다른 모양이다. 이것을 두고 적응력이라 하는지도 모르겠다.

20분 만에 역이 눈앞에 나타난다. 예상했던 시간보다 좀 빠르다. 걸음이 빨라진 건지 높새의 GPS가 완벽했는지는 모르겠다. 그러면 뭐 하겠는가. 시간이 맞지 않아 1시간이나 기다려 기차를 타야 했으니. 덕분에 건축된 지 굉장히 오래되었다는 비쩹스끼 역을 매우 꼼꼼하게 구경하는 원치 않았던 복을 누리긴 했다.

+ + +

우리가 내려야 하는 역은 빠블롭스끄 역.

바짝 긴장한다. 잘못 내리면 난감하다. 40분 정도 걸린다 했으니 시간만 재고 있다. 정말 40분이 되어갈 즈음 기차가 정차를 위해 서행한다. 높새는 확실하다고 장담하지만 좀 불안하다. 내리기 위해 일어난 사람들이 통로에 줄지어 선다. 그 중 한 남자와 눈이 마주치자 묻는다. 묻는다고 해봐야 그냥 역 이름을 외치는 것이다. 최대한 상냥한 목소리로 "빠블롭스끄?"라고 묻자 남자가 고개를 끄덕인다. 남자의 끄덕임에 안심하고 짐을 챙긴다.

'황제마을'을 찾는 관광객이라면 대개 예까쩨리나 궁전을 보기 위해서라고.

그런데 우린 지금 다른 곳에 와 있다. 우리가 내린 곳은 빠블롭스끄 역.

예까쩨리나 궁전에서 3㎞ 정도 떨어진 곳에 있는 빠블롭스끄 공원에 먼저 온 것이다. 정확히 말하면 빠블롭스끄 궁전과 공원을 보러 온 것. 특히 광대한 공원의 울창한 숲과 숲길이 너무나 멋지다고 한다. 한적한 숲에서 여유로운 산책을 하고 싶다면 반드시 가야 할 곳이란 정보에 완전히 꽂힌 것이다. 제한된 시간에 황제마을을 찾는 관광객은 대개 예까쩨리나 궁전을 선택하기 때문에 이곳은 관광철에도 비교적 조용하다고.

먼저 이곳을 찾은 이유가 하나 더 있다면, 잘못 찾는 실수를 범할 염려가 없는 곳이라는 점 때문이었다. 역에서 내리면 바로 공원 입구라 했다. 역에서 내려 다시 다른 교통수단을 이용해 와야 한다면 선택을 망설였을 수도 있었다. 처음 오는 곳이고, 더구나 말도 통하지 않는 낯선 나라다. 실수해서 엉뚱한 곳을 헤매고 다닐 경우를 늘 생각해야 한다. 헤매다가 정말 중요한 걸 보는 시간을 잃고 싶진 않았을 테니까. 가장 중요한 목적지는 어디까지나 예까쩨리나 궁전이니까.

기차에서 내리니 공원 입구가 바로 건너편에 보인다.

그리고 정말 조용하다. 그 시간에 입장하는 사람은 우리밖에 없다. 궁전의 공원이 이렇게 한산해도 되는가 싶을 정도다. 입장료는 100루불. 엄청 싸다. 별 볼일 없는 공원이 아닌가 의심하는 마음이 든다. 내가 생각해도 속물이다. 돈으로 가치를 판단하려 들다니. 백화점 직원이 잘못해서 0을 하나 더 붙인 옷이 불티나게 팔렸다는 이야기에 웃었던 사람이 누구던가. 어느 누구도 남에게 돌을 던질 자격이 없는 게 확실하다.

공원으로 들어선다.

차고 신선한 숲의 공기가 온몸으로 밀려든다.

빠블롭스끄 공원

온통 새소리, 바람소리, 그리고 사람을 향해 날아와 코앞에 앉는 비둘기.

비둘기의 비행(飛行)이 바로 눈앞에서 펼쳐진다. 사람들이 나타나면 먹이가 생기는 걸 아는 모양이다. 가방에 먹다 남은 빵이 들어있지만 꺼내지 않는다. 지금은 비둘기들에 둘러싸여 있을 기분이 아니다. 멈추어 있고 싶지가 않다.

발밑에 기분 좋게 닿는 잘 다져진 흙길.

시야 끝까지 줄을 이은 하늘을 찌르는 나무들.

구름 속을 들락거리며 숲 사이로 비껴드는 햇살.

그리고 햇살처럼 쏟아지는 온갖 새들의 지저귐.

멈추어 서면 그 모든 것들도 멈추어 버릴 것 같다. 느린 움직임 속에 그들과 함께 하는 시간. 부드러운 흙길과 청량한 숲의 향기와 새들의 소리는 느리게 걸을 때 가장 선명하게 다가오는지도 모른다.

나무와, 풀꽃과, 새와, 냇물과, 햇살이 사는 곳.

숲 사이를 천천히 흐르는 냇물과 냇가를 따라가는 자작나무 울타리.

그리고 냇물 위를 떠가는 보트 한 척.

보트에 타고 있는 젊은 남녀의 뒷모습이 숲으로 스며드는 곳.

사람도 숲과 하나가 되는 곳.

숲과 하나 되어 걷다 보니 궁전이 나타난다.

예까쩨리나 2세의 아들 빠벨 1세와 황후 마리아 표도로브나가 살았던 빠블롭스끄 궁전이다. 워낙 큰 궁전을 이미 봐서 그런지 그리 크게 보이지 않는다. 사실은 엄청 큰 궁전인데도 말이다. 어차피 크고 작은 건 상대적일 수밖에 없으니 어쩔 수가 없는 것 같다.

64개의 기둥이 초승달 모양으로 서 있는 1층 회랑.

둥글게 도열한 회랑이 감싸고 있는 안뜰 중앙에 빠벨 1세의 동상이 서 있다.

회랑에서 동상을 바라보며 잠시 고민을 한다. 궁전 안을 보게 되면 정작 예까쩨리나 궁전을 볼 시간이 너무 짧아질 것 같아서이다. 하지만 입장하기로 한다. 가이드북에 소개된 내용이 결정적인 역할을 했다.

빠벨 황제 부부가 유럽 여행을 하면서 모은 예술품이 얼마나 많은지, 황제가 죽은 후에도 재능 많은 왕비가 유품을 어떻게 잘 관리했는지, 2차 세계대전 당시에 2년간이나 독일군에 점령당했던 곳이지만 예술품들이 어떻게 지켜졌는지.

그런 역사를 가진 예술품들이 전시되어 있는 곳이란다. 여기까지 와서 그것을 외면하는 것도 죄라는 기분이 들게 하는 내용이었다. 이럴 때 이런 말을 써도 괜찮을지? 펜은 칼보다 강하다!

입장권은 500루불. 사진을 찍으려면 100루불을 더 내란다.

웬만해선 사진 찍을 기회를 포기하지 않는 높새만 촬영권을 산다. 다른 사람은 별 의욕이 없고 또 시간을 좀 절약하자는 계산도 있었다. 아무래도 사진을 찍다보면 시간이 지체되니까.

빠블롭스끄 공원

부드러운 천으로 된 덧신을 신고 궁전 안으로 입장한다.

바닥을 보호하기 위한 것인가 보다. 아무래도 직접적으로 발길이 스치는 곳이라 가장 훼손이 심할 수밖에 없다. 사실 궁전 안은 바닥을 포함해 몽땅 예술품이긴 하다. 그림이나 장식으로 눈이 피곤할 정도다. 딛고 다니는 바닥도 온갖 문양으로 전체와 조화를 이루도록 꾸며 놓았다. 천장이나 벽의 치장에 비해 소홀함이 없다. 하지만 얇은 천이 딱딱한 신발로부터 이처럼 아름다운 바닥을 얼마나 보호해줄까. 어쩌면 덧신을 신는 순간 변하게 되는 마음가짐으로 받는 보호가 더 클지도 모른다. 신발을 덮은 천이 내내 발걸음을 조심시켰으니까.

좀 급한 마음으로 둘러본 궁전의 모습은 나오는 순간 기억에서 사라진다. 나에겐 너무 짧은 관람이었고 감흥이 일어날 여유가 없었다. 감상할 시간이 없는 감상은 아무 의미가 없다는 걸 알면서도 여행 중에는 종종 하게 된다. 그리고 다른 누군가에겐 무척 의미 있는 곳이 될 수도 있다. 순간의 포착이 즐거운 사람도 있고, 특히 높새에겐 사진이 남았을 테니까. 나중에 같이 모여 추억을 더듬는 시간이 있다면 새롭고도 놀라운 이야기를 듣게 될지도 모른다. 누군가에겐 아주 특별했던.

궁전 관람을 끝내고 공원 벤치에서 빵을 먹는다.

비쩹스끼 역에서 사 모았던 빵이다. 시간이 많았던 만큼 많이도 샀다. 기차에서 먹었던 것은 극히 일부였다는 걸 그제야 확인하고 놀란다. 기차에선 빵 봉지를 다 풀진 않았다. 점심으론 이른 시간이라 금방 튀겨냈던 도넛 봉지만 헐었으니까. 각자 먹고 싶은 것을 고르고 계산할 때는 이렇게 많은 줄 몰랐다. 빵은 조그만 위장으로 들어가는데 눈으로 고르니 이런 사태가 벌어진 모양이다.

결국 반도 못 먹고 빵 봉지는 다시 묶인다.

날씨까지 도와주지 않아서 오래 먹고 있을 수도 없었다.

구름이 점점 두터워지더니 바람이 많이 불고 기온이 뚝 떨어졌다.

춥다.

옷깃을 여미고 서둘러 벤치에서 일어난다.

예까쩨리나 궁전

빠블롭스끄 공원을 나와 버스 정류장을 찾아 간다.

예까쩨리나 궁전으로 가기 위해서다. 3㎞ 정도 떨어져 있다는데 길도 모르고 걷는다는 건 어리석은 짓이다. 목적지에 도착해서 걷는 것만으로도 충분하다 못해 넘칠 것이다. 궁전은 넓고 정원은 더 넓다는 걸 이젠 아주 잘 아니까. 사실 궁전은 집의 개념으로 볼 것이 아니라 마을 개념으로 보는 것이 맞을지도 모른다. 황제가 사는 곳이긴 하지만 많은 수행원들의 거처도 함께 있는 곳이다. 그리고 마을처럼 넓은 지역을 점유하고 있기도 하니까.

정류장에 도착했지만 막연하다.

버스 번호와 행선지가 적혀 있지만 눈에 들어오지 않는다. 그래도 할 수 있는 일이라곤 표지판을 보는 일뿐이다. 더듬더듬 읽는 시간이 소득 없이 흘러간다. 누구한테라도 도움을 청해야 할 필요를 느낀다. 책을 펴들고 예까쩨리나 궁전 사진을 보이면서 물어보는 수밖에 없다.

정류장에 서 있는 사람을 살펴보는데 미니버스(마르쉬루트카)가 우리 앞에 선다. 미니버스는 승합차 크기로 우리나라의 마을버스와 비슷한데 메트로 역이 닿지 않는 곳까지 연결해주는 러시아 교통수단이다. 가이드북에서 읽어보기나 했지 타본 적도 없고 어떻게 이용하는지도 모른다.

책을 들고 두리번거리는 모습에 여행객 티가 팍팍 났던 모양이다.

창문이 열리더니 우릴 보고 묻는다. 들리지 않을 땐 눈치라도 있어야 한다. 무슨 소린지 못 알아들었지만 무조건 "예까쩨리나~"라고 합창을 한다. 운전자가 고개를 끄덕이며 타라는 손짓을 한다. 이것이 구세주의 손짓이 아니면 뭐란 말인가. 얼씨구, 하는 기분으로 미니버스에 오른다.

알고 봤더니 이용자 스스로 문을 열고 닫아야 하는데 탈 때는 저절로 열렸다. 아마도 어리바리한 여행객을 위해 안에서 누군가 열어주었던 모양이다. 들어가니 손님들이 옹기종기 앉아 있다. 타는 순간 정다운 가족이 된 느낌이다. 요금은 운전자가 직접 받는다. 차 앞쪽에 요금표가 붙어 있고 구간에 따라 요금이 다르다.

10분도 안 돼 운전자가 "예까쩨리나!"라고 소리친다.

"고맙습니다."

절로 인사가 나온다.

성공적으로 예까쩨리나 궁전에 도착한 기쁨의 표현이다.

그런데 운전자는 우리말 인사를 알아들었을까. 분명 알아들었을 것이다. 눈치로 우리 앞에 차를 세웠던 사람 아니던가. 눈치는 마음을 가진 인류 공통의 소통 방법이니까.

+ + +

저 멀리 황금 지붕이 보인다.

길이 시작되는 곳에서부터 보이는 궁전.

오직 궁전을 향해 가고 있는 길.

길을 따라 걷는 자라면 반드시 바라보게 되는 궁전.

자신만 바라보아야 한다고,

아무리 보아도 흠잡을 데 없다고,

그러니 얼마든지,

멀리서부터 내내 보면서 걷도록,

강요받는 기분의 길이다.

뭐, 그런 기분이 나쁘단 뜻은 아니다. 할 일이라곤 번쩍이는 지붕을 보면서 걷는 일뿐이니까. 흐르는 물을 끼고 걷는 길도 장쾌하고 나무들 사이로 점점 가까워지는 궁전도 이미 황홀하니까.

일직선으로 뻗은 길이 마침내 끝난다.

깨끗하게 정비된 물길을 끼고 있는 위세 당당한 길이었다.

길이 끝나는 곳에서 먼저 공원 입장권을 사야 한다. 궁전에 들어가기 위해서는 반드시 거쳐야 하는 곳이지만 겨울에는 무료란다.

120루불씩을 치르고 공원으로 들어선다.

그 순간 새소리에 섞여 들려오는 선율.

자연의 새소리에 묻혀버리지 않는 아름다운 인공의 선율이다.

일부러 소리를 따라가지 않아도 소리의 근원지와 만나게 되어 있다. 그 길은 궁전으로 향하는 길이고 길목에서 플루트를 연주하는 남자를 보게 된다. 발목까지 오는 까만 옷으로 몸을 감싼 남자의 손에 들린 은색 플루트. 맑고 고운 플루트의 선율이 초록의 잎들을 스치며 하늘로 올라가고 땅에 발을 디디고 서 있는 남자의 상체는 가볍게 박자를 젓고 있다. 남자의 발밑에는 얼마간의 동전과 몇 장의 지폐가 놓여 있고, 남자의 눈은 허공 어딘가를 향해 있다.

그 모습이 아름다웠는지 소리가 아름다웠는지,

모습이 슬펐는지, 멜로디가 슬펐는지 모르겠다.

울컥해지는 마음이었다.

유독 애잔하게 들렸던 이유는 결국 내 속에서 찾아야 할지도 모른다.

그 연주를 연주장에서 들었다면 어땠을까.

남자의 앞에 동전과 지폐가 놓여 있지 않았다면 어땠을까.

나는 지금 멋대로 남자의 처지를 가늠하고 있는 것이다. 나의 잣대로 남의 행복을 재고 있는 것이다. 나의 눈으로 보고, 나의 경험과 기억이 깔린 감정으로 느끼고, 그런 인식체계로 판단하는 것이다. 그리고 남자의 직업을 두고 내가 울컥해질 이유는 어디에도 없지 않은가. 있다면 그건 나의 선입견에 의한 착각이다. 화려한 연주장에서 연주하는 것이 훌륭하다는 선입견. 그래야 성공했다는 선입견. 그래서 그런 곳에서 연주하지 못하면 실패, 라는 유치하고 단순한 판단. 그게 아니라면 무엇이란 말인가. 자신의 감각 기관으로 외부 세계를 판단할 수밖에 없는 인간은 결국 객관적인 눈을 절대 가질 수 없는 것이다.

아름다운 연주를 즐기고 기꺼이 사례하는 사람들을 보며 반성한다.

반성하는 것 외엔 불완전한 판단 체계를 가진 인간이 세상과 화합하는 방법은 없을지도 모른다.

빠블롭스끄 공원이 우리나라의 광릉수목원 같은, 자연스러운 숲의 느낌이 강한 반면에 예까쩨리나 공원은 권력과, 사치와, 인공의 냄새가 물씬 나는 곳이라 해야 할까. 그렇다고 아름답지 않다는 뜻은 아니다. 너무 정갈하고, 반듯하고, 수려해서 아름답다는 말이 먼저 떠오르지 않은 것뿐이다. 특히 궁전 바로 앞의 정원은 한 치의 오차도 없이 반듯이 깔아놓은 수놓인 테이블보를 보는 것 같다. 물론 너무 광대해서 한눈에 들어오진 않지만.

그리고 그런 정원도 그저 들러리라는 듯 예까쩨리나 궁전이 우아하고 화려한 모습으로 서 있다. 궁전의 끝이 아득하게 보일 정도로 장대한 위용에 기가 눌려 잠시 감각을 잃어버린다. 궁전의 길이가 300미터라 하니 머리가 제대로 작동할 리가 없다. 내가 알고 있는 집의 정의를 너무 벗어나 버린 것이다. 차라리 아파트 단지라고 이해하는 편이 속 편하다. 이렇게 말하고 나니 꽤 미안하다. 외양을 너무 무시하고 크기로 단순 비교한 것밖에 되지 않는다. 하지만 의도는 다르다. 하나의 집을, 그렇게 거대한 집을, 창틀 하나, 기둥 하나, 작은 벽면조차 그렇게 흠잡을 데 없이 다듬고, 깎고, 채색한 데 대한 감탄을 강하게 드러내고 싶은 의도였다. 사실은 몹시 아름다운 모습에 압도당했던 것이다.

가까이 서면,

그 끝을 볼 수 없는 장대(長大)한 궁이 거기 있었다.

한눈에 들어오지 않아,

자꾸만 시야를 좌우로 움직이게 하는 궁이 거기 있었다.

바른쪽으로 눈을 돌리니,

황금빛 둥근 지붕이 검은 구름을 이고 빛나고 있었다.

반대로 눈을 돌리니,

흰색과, 황금색과, 담청색의 별스럽지 않은 채색이, 구름을 뚫고 나온 햇살 아래 빛나고 있었다.

아무리 눈길을 멀리 던져도 궁은 거기 있었다.

하늘이 보이는 곳에 궁전도 있었다.

그래서 궁전은,

구름과 하늘을 머리에 이고도 하늘 위에 있는 것 같았다.

궁전 안으로 입장한다.

입장료는 580루불.

예까쩨리나 궁전

사진촬영도 가능하고 비용은 따로 없단다.

단지 유명한 '호박방'만 촬영 금지.

사실 예까쩨리나 궁전은 빠블롭스끄 궁전에 비할 수 없을 정도로 크다. 그러니 구경해야 할 방들도 당연히 훨씬 많다. 그런데 입장료는 별 차이가 없다. 문화재의 가치를 잘 몰라서 드는 생각인지 모르겠지만 궁전 입장료는 크건 작건 비슷하게 받는 것 같다. 유지하고 관리하는 비용이라 생각하면 합리적이긴 하다. 큰 궁전은 관광객이 많은 만큼 유지관리비가 많이 들고, 작은 궁전은 유지비용이 좀 적겠지만 관광객도 적을 테니 입장료를 내릴 순 없을지도 모르겠다. 문화재의 가치를 입장료로 차등을 두지 않겠다는 의미를 품고 있는 것일까. 아니면 다른 깊은 의미가 있는 것일까. 요금 체계가 조금 궁금하긴 하다.

궁전의 방들은 겨울궁전을 떠오르게 했다.

화려하거나,

우아하거나,

아름답거나,

회화적이거나,

예쁘다.

각 방은 그렇게 개성이 뚜렷하지만 치장이 야단스럽다는 느낌은 들지 않는다. 방 하나에 많은 색채가 사용된 것이 아니라 통일감을 주는 색으로 꾸며져 있기 때문이다. 너무나 화려하게 보이는 대연회실도 사실은 흰 바탕에 황금색 장식만으로 되어 있다.

대연회실은 말 그대로 엄청나게 큰 방이다.

오직 황금색으로 화려함의 극치를 살린 방의 비밀은 거울과 창들.

벽면을 장식한 수많은 거울이,

황금촛대의 불빛을 반사하여,

눈부심의 효과를 극대화시키고.

벽을 대신한 줄 이은 창들은,

외부의 정원을 안으로 들여와,

그대로 멋진 그림으로 만들어버리는 것이다.

들어서는 순간 충격으로 그 자리에 서게 되는 눈부신 빛의 잔치.

한참동안 가만히 서 있어야 그곳이 방이란 인식이 생기고, 황금빛 조각과 장식이 눈에 들어오고, 거울에 비치는 촛대의 불빛이 보이고, 천장을 뒤덮은 그림에 비로소 놀라고, 그리고 수많은 창들이 보이기 시작한다. 사실 방은 벽이 아니라 수많은 창들로 밖의 정원과 분리되어 있다고 해야 할지도 모른다.

워낙 천장이 높은 방이라 창들도 위아래 이층 구조로 되어 있다. 아래의 창문이 세로로 더 길게, 위의 창은 마치 다락의 창처럼 짧다.

창으로 다가가면 놀라운 일이 일어난다. 눈앞에 초록의 아름다운 정원이 펼쳐진다. 저 멀리 별궁들도 보이고 숲도 있다. 대연회실을 오직 황금색과 흰색만으로 치장을 끝낸 이유가 거기 있는 모양이다. 창밖에 온갖 색채가 있고 흰색의 창틀이 그 그림을 완성시키는 것이다.

예까쩨리나 궁전은 원래 예까쩨리나 1세의 여름 별장으로 지어지기 시작한 것이라 하니, 연회실 또한 여름철에 맞게 설계된 것이리라. 창밖에 보이는 아름다운 정원이 건축가의 의도와 안목을 설명하고 있는 듯하다.

드디어 '호박방'이다.

이름을 너무 많이 들었다. 궁전에 관한 정보 중 개별 방에 대한 설명이 이만큼 넘치는 경우는 보지 못했다. 저절로 귀에 익게 될 정도로. 그래서 마치 호박방을 보기 위해 궁전 안으로 들어왔는가? 하는 착각이 들었을지도 모르겠다. 호박방이 바로 앞에 있다 하니 그리던 친구를 기다리는 심정이 되니 말이다.

기다림이 좀 길어지고 있다. 관광객이 밀려 있는 것이다. 다른 방에서는 볼 수 없던 현상이다. 얼마나 아름답기에 방을 떠나지 못하는가. 기다리는 시간이 길어질수록 기대감도 커진다. 사진을 못 찍는다는 것이 오히려 편하게 다가온다. 열정적으로 집중하고 오직 눈에만 담아가리라.

드디어 방 안으로 들어선다.

두근거리는 마음으로 '호박'님들을 맞이한다.

'미쳤다.'

호박방은 미쳤다. 방 전체가 '호박'이란 보석으로 도배가 된 방이다. 그냥 벽지를 바르듯 해 놓은 것이 아니다. 호박편으로 그림을 양각하고 호박편으로 여백을 장식한 방이다. 어떻게 보석으로, 보석을 조각하고, 자르고, 편을 떠서 벽 전체를 치장할 생각을 했단 말인가. 무슨 목적으로, 어떤 재력으로, 어떤 마음으로.

하지만 엄청나게 돈과 노력을 들인 곳이라는 것은 알겠지만 다른 방들보다 아름답진 않다. 그렇게 많은 호박들로 그렇게 정교하게 꾸민 것이 놀라울 뿐이다. 놀라운 것이 모두 아름답지는 않으니까. 호박 하나가 박힌 반지나 목걸이는 아름다울 수 있다. 하지만 온통 누르스름하고 불그스름한 방은 그리 상쾌하지 않다.

그리고 지금 보고 있는 방은 18세기 초에 만들어진 방 그대로가 아니다. 원래의 호박방은 2차 세계대전 당시 궁전을 점령한 독일에 의해 호박편이 다 뜯겨져 나갔다고. 그 후 24년에 걸친 복원작업을 거쳐 2003년에 공식적으로 개방된 방을 지금 보고 있는 것이다.

결코 아름답지 않은 놀라운 방을 보면서 또 권력과 재력을 생각하지 않을 수 없었다. 독일이 뜯어간 호박은 어떤 재력이며, 어떤 권력일까. 다시 복원한 러시아의 호박방은 재력의 상징일까, 권력의 상징일까. 아름답다고 이름난 '호박방'이 내 눈에는 결코 예술품으로만 보이진 않는다. 예술보다는 공허한 권력과 사치가 먼저 보이는 방이었다.

예까쩨리나 궁전 대연회실 창밖으로 보이는 정원

+ + +

화려함에 절은 눈이 피곤하다.

밖으로 나오니 비가 부슬거리고 엄청 춥다

숲과, 호수와, 별궁을 그냥 두고 가야 하는가.

정원은 궁전으로 향하는 길에 스치듯 보았던 것뿐인데 날씨가 심상찮은 것이다.

우선 행장부터 다시 꾸리기로 하고 궁전 앞에 있는 건물 처마 아래로 뛰어든다. 궁전에 들어갈 때는 겉옷과 짐을 모두 맡겨야 했기 때문에 가방이 좀 뒤죽박죽이다. 백팩의 지퍼를 열자 크로스백이 구겨진 채 맨 위에 도사리고 있다. 크로스백을 꺼내고, 오리털 파카를 찾아 입고, 그 위에 크로스백을 맨다. 그리고 비옷을 입는다. 모자까지 쓴다. 머리가 선득했기 때문이다. 백팩에 방수 덮개를 씌워 등에 매는 것으로 재정비가 끝난다.

시간과 날씨가 허용하는 만큼 정원을 둘러보기로 하고 그곳을 떠난다.

흩뿌리는 빗속에서도 궁전의 위용은 여전하다.

돌아볼 때마다 감탄하게 만드는 모습으로 그곳에 있다.

궁전을 뒤로 하고 풀밭 사이로 난 길을 따라 무작정 걷는다.

씨스뜨라의 손엔 이젠 안내 책자도 없고, 머리엔 어떤 계획도 없다.

눈앞엔 그저 비를 맞아 생기가 넘치는 풀밭과, 들꽃과, 숲이 있을 뿐이다. 궁전이 멀어지자 다른 관람객도 만나지 못한다. 오솔길엔 우리뿐이다. 길을 따라 초록이 부르는 대로 걷는다. 길이 끝나는 곳에서 호수를 만난다. 호수는 말없이 사람을 맞아들인다. 호숫가에서 조각상 남자를 만난다. 막 원반을 던지려는 자세다. 불편한 자세로 영원히 그렇게 서 있어야 하는 남자다. 움직이지 않는 조

예까쩨리나 궁전

각상 옆에 서서 호수를 바라본다. 수면에 떨어지는 빗방울이 조용히 호수와 운명을 같이 한다. 호수 가운데 나무가 무성한 섬이 있다. 섬에는 붉은 집도 있고 하얀 집도 있다. 어떤 용도의 집인지 궁금하지 않다. 아무도 묻지 않는다. 그냥 보기에 아름다울 뿐이다.

하늘과,

나무숲과,

풀숲과,

조각상과,

집과,

씨스뜨라를,

하나로 버무리는,

비가,

하늘에서 흩뿌리고 있지만 소리는 없다.

고요함이 그 모든 것을 다스리고 있다.

버스를 타고 집으로

비는 그치고 바람만 분다.

조용한 정원을 뒤로 하고 거리로 나온다.

이제 집으로 돌아가는 일만 남았다.

5분도 걷지 않아 버스 정류장에 도착했지만 또 막연하다.

이번엔 '짜르스꼬예 셀로 역'으로 가는 버스를 타야 한다. 여기서 가장 가까운 역이라는데 몇 번을 타야 하는지도 모른다. 어쩔 수 없이 표지판을 살핀다. 그런데 힘들게 글자를 읽을 필요가 없어진다. 눈앞에 또 미니버스가 나타난 것이다.

펄쩍 뛸 듯이 반갑다.

경험이 얼마나 무서운지. 망설일 것도 없이 뛰어가 외친다.

"짜르스꼬예 셀로!"

세상에! 단박에 성공이다.

운전자가 타라고 손짓을 한다. 너무 잘 풀려도 이상한 것이 인생인지 기쁘면서도 신기하다. 이번엔 스스로 문도 열고 아주 자연스럽게 탑승한다. 운전자에게 요금을 지불하고 요금표도 자세히 살펴보는 여유를 가진다. 한 사람당 32루블씩인데 이것이 기본요금이다. 그러니까 우리가 가는 역이 아주 가깝다는 의미이기도 하다.

10분쯤 달려 짜르스꼬예 셀로 역에 도착한다.

아침에 기차를 탔던 비쩹스끼 역 가는 표를 산다.

마치 버스처럼 오는 대로 타면 된다. 퇴근시간이라 그런지 플랫폼엔 사람들이 꽤 많다. 기차를 기다리는 남녀노소의 현지인과 섞여 있으니 묘하다. 그들의 일상생활 한 부분에 들어와 있는 것이다. 물론 어디까지나 그건 내 기분이다. 그들이 보고 있는 씨스뜨라는 아주 이질적이리라. 그들의 일상과 동떨어진 아주 먼 존재로 보일 게 틀림없다. 모습과 행색이.

주변 사람들과 다른 모습으로 산다는 것은 어떤 것일까. 해외 입양아들이 느끼는 감정이 이와 비슷할까. 물론 해외로 입양된 사람들의 입장은 우리와 많이 다르다. 모습만 다를 뿐 그들과 같은 문화를 누리고 같은 국적으로 살고 있다. 하지만 모습이 마음속의 생각까지 보여주진 못한다. 내용과 형식의 불일치. 그런 기분이 아니었을까. 그래서 같은 모습의 뿌리를 찾고 싶은 것이 아닐까. 친부모나 친척을 찾으러 모국을 방문하는 이유도 거기에 있지 않을까. 소수의 입장으로 산다는 것은 항상 얼마간의 역경을 각오해야 되는 건지도 모르겠다. 인류의 영혼이 온전히 영혼으로 맺어지기 전까지는.

기차가 온다.

키 큰 사람들에 섞여 기차에 오른다.

기차를 타기 전에 미리 약속한 대로 씨스뜨라는 각자 앉을 자리를 찾아 간다. 어차피 같이 앉기는 힘들겠다 싶어서였다. 좀 붐비지만 나도 자리를 잡고 앉을 수 있었다. 칸막이 없는 긴 나무 의자는 2~3인용인 모양이다. 손님이 없을 때야 굳이 셋이 붙어 앉을 필요가 없겠지만 셋도 불편할 정도는 아니었다. 물론 덩치가 큰 사람들이라면 문제가 다르겠다.

내가 기차 안으로 들어서자마자 보이는 맨 앞자리엔 여자 둘이 앉아 있었다. 그들은 나를 보더니 얼른 양쪽으로 물러가 중간자리를 비워주었다. 두 여자 사이에 자리를 잡고 앉아 주변을 살핀다. 일행은 모두 자리에 앉았는지 서 있는 사람 중엔 보이지 않는다. 작은 동양인이라 어디든 끼어 앉은 모양이다.

오른쪽에 앉은 여자는 내내 책을 읽고 있다.

손은 거칠고 얼굴은 까맣게 탔는데 책 든 모습이 고결하다.

인터넷 강의에서 러시아어 교사가 했던 말이 생각난다. '러시아인은 예술을 무척 사랑하고 어디서나 책을 읽는 민족'이라고 했다. 몇 년간 러시아에서 유학을 하면서 알게 된 사실 중 하나란다. 나도 지금 그 말을 실감하고 있다. 여행 열흘 만에.

30분쯤 달려 종착역인 비쩹스끼 역에 도착한다.

높새가 트롤리버스(뜨랄레이부스)를 타고 숙소로 가보자고 한다. 17번 버스가 숙소 앞을 지나가는 걸 몇 번 보았고, 그리고 아침에 기차 타러 역에 왔을 때 17번이 지나가는 걸 봤단다. 그러니 17번 버스는 씨스뜨라의 숙소와 비쩹스끼 역을 연결해 주는 버스임이 분명하다.

트롤리버스는 지붕 위에 기다란 연결선이 전깃줄에 걸려 있어 전력으로 움직이는 버스다. 그래서 시내 도로 위를 보면 전깃줄이 복잡하게 얽혀있는 걸 볼 수 있다. 씨스뜨라는 트롤리버스도 오늘이 처음이다.

번호를 확인하고 무조건 탄다. 버스의 중앙 문으로 타니 안내원인 듯 보이는 아주머니가 돈을 직접 받는다. 요금을 모르니 넉넉하게 100루불 지폐 2장을 내밀며 취띠리!(4명이오) 했더니 아주머니가 손가락 2개를 들어 보인다. 잔돈이 필요하다는 걸로 알아듣고 동전 지갑을 열어 아주머니 앞으로 내민다. 그녀는 지갑 안에서 10루불 동전 2개를 가져가고 100루불 지폐 1장을 도로 내 준다. 서로 말을 알아듣지 못하는 데도 희한하게 소통을 한다.

만족한 기분에 젖어 앉아 있는데 안내원 아주머니가 우릴 보고 이렇게 말한다.

"아뜨꾸다 브이"

무슨 뜻인지 모르겠다. 아주머니는 몇 번이나 같은 말을 반복한다. 그것도 또박또박 아주 천천히. 분명 알았던 러시아말이었다. 필요한 회화라며 외운 기억도 있다. 그런데 까맣다. 그저 발음만 귀에 익다. 씨스뜨라는 서로 쳐다보며 아무 대답도 못한다.

버스에서 내리고 나서야 생각났다. 하지만 회화에서 뒤늦은 답은 모르는 것과 같다. '어느 나라에서 왔느냐'는 뜻이었다. '야 이즈 까례이(나는 한국에서 왔어요)'라고 답했어야 했는데……. 러시아에서 유일하게 회화다운 회화를 해볼 수 있는 기회를 놓친 것이다. 아깝다!

겨우 하나를 알면서 그 하나를 못써먹어 안타까운 내가 웃는다. 아는 것이 적을수록 자랑하고 싶은 마음이 큰 모양이다. 아이들처럼 말이다. 무엇이든 자랑하는 것이 아이들이다. 심지어 많이 먹어 배가 부른 것까지 자랑한다. 엄마 앞에서 옷을 들추고 배를 쑥 내미는 아이들. 자랑하고 싶은 마음이 큰 만큼 희망도 클 것이 분명하다. 그들을 보고 있으면 삶이 희망으로 가득하다. 그래서 아이들의 자랑은 기특하게 보이고 북돋아 주고 싶은지도 모르겠다.

속으로 껄껄 웃는다. 내가 잠깐 잘하고 싶은 욕망에 차있었던 모양이다. 그 기분이 나쁘진 않다. 모든 걸 알아버리고 나면 참 심심할 것 같다. 도무지 나설 일도, 자랑할 일도, 간섭하고 싶은 욕망도 없을 것 아닌가?

+++

처음으로 버스를 타고 집으로 돌아온 날이다.
그리고 여행의 마지막 날 밤이기도 하다.
인생의 마지막 날 밤도 알 수 있을까.
내가 계획한 인생이라면 알 수 있을 텐데.

그렇다면 누가 계획한 인생일까.

나는 지금 어느 지점을 통과하고 있는 것일까.

시간이 마련해 놓은 끝없는 경험 속을 흘러가고 있는 기분이다.

〈단상 5〉: 비쩹스끼 역에서

10시경에 집을 나왔어.

일부러 시간을 정하지 않는데도 외출 준비를 끝내고 나면 대개 10시.

여자 4명이 차례로 화장실을 다녀오고, 화장을 하고, 아침을 먹고, 채비를 하는 데 걸리는 시간이 거의 일정한 모양이야. 아니면 씨스뜨라 안에서 자연스럽게 규칙 비슷한 것이 생겼는지도 모르겠어. 그런 규칙이 일정한 소요 시간을 만들어내었을 수도 있지 않겠어.

아침잠이 없는 하늬가 제일 먼저 일어나 화장실을 사용해. 하늬 다음엔 갈마가 들어가지. 하늬와 갈마는 아침에 머리를 감고 높새와 나는 저녁에 머리를 감는 습성을 갖고 있어. 그러니까 머리 말리는 시간 때문에 순서가 저절로 그렇게 잡힌 건지도 모르겠어. 갈마가 화장실에 들어갈 때쯤 높새와 내가 일어나 아침 준비를 시작하지.

아침상에 앉는 넷의 모습은 언제나 같아. 머리손질부터 화장까지 마친 하늬, 기초화장만 한 갈마, 일어난 상태 그대로인 높새와 나. 아침식사가 끝나면 하늬와 갈마가 뒷정리를 맡고 높새가 화장실로 들어가. 나보다 화장하는 시간은 길고 화장실 사용시간은 짧지. 마지막이 나야. 내가 아침 볼일을 좀 오래 보거든. 마지막으로 들어가지만 외출 준비는 같이 끝나. 화장하는 시간이 짧은 것도 이유겠지만 신기하게 행장은 재빨리 꾸리지.

이렇게 자세히 적고 나니 우리가 아주 조직적으로 움직인 듯한 생각이 들어.

아무튼 잘 만큼 자고 아침도 챙겨 먹으며 서두르지 않고도 이 정도이면 환상의 팀이 아닌가 싶어. 자연스럽게 생긴 규칙 속에 개인의 생활 습관이 스며있고 말이야. 다시 말하면 개인을 고려한 규칙이라고나 할까.

목적지는 '황제마을'이야.

대중교통을 이용해야 했어. 전기 기차를 타기 위해 비쩹스끼 역으로 가야 했지. 지난 밤 조사한 바로는 30분 정도 걸으면 될 것 같다는데 역시 정확한 것은 아무도 몰라. 버스를 타는 것보다 기차가 편리하다는 결론을 내리고 역으로 가는 중이지만 무엇을 타게 될지도 알 수 없었지. 기차 시간이 맞지 않으면 버스를 타야 할 수도 있다고 했어. 버스로 가든 기차를 타든 비쩹스끼 역으로 가야 한다는 것만 알고 있었어.

역은 예상보다 가까워서 20분 만에 도착했어. 도착하고 나니 역을 찾는 건 쉬운 일이었음을 알게 돼. 전기 기차를 타야 하는데 표를 구매하는 곳조차 찾지 못하고 헤맸지. 아무리 봐도 장거리 열차표 파는 곳만 있었어. 역무원과도 말이 통하지 않아서 역사 안을 엄청 돌아다녔어.

궁하면 통한다고, 헤매다 보니 역의 구조가 눈에 들어왔고, 드디어 역사 2층에 있는 매표소를 찾게 되었어. 2층 뒤편은 바로 기차를 타는 탑승구로 이어졌지. 그리고 탑승구 가까이에 따로 있는 조그만 매표소에서 빠블롭스끄 역으로 가는 표를 구입할 수 있었어. 9시 55분 기차는 이미 떠난 뒤였고, 우리는 12시 15분발 기차표를 샀지. 요금은 한 사람당 52루블. 1시간 이상이나 기다려야 하지만 결과가 확실한 기다림을 선택한 것이야. 버스를 타면 더 빠를 수도 있겠지만 결과에 확신이 없었어. 방법도 모르고 헤매는 시간이 1시간을 넘길 수도 있잖아? 불확실한 결과에 그렇게 힘을 빼기가 싫었던 것이지.

1시간가량 역에서 시간을 보냈어.

길게 보였던 시간이 짧을 지경으로 분주해졌던 이유는 콘택트렌즈 자판기 때문이었어.

기차표 구매가 끝나자 역은 구경거리로 다가왔어. 남은 시간도 넉넉해서 아주 느긋했거든. 여느 역사와 마찬가지로 빵집도 있고, 잡화점도 있고, 카페도 있었지. 그런데 처음 보는 희한한 걸 발견한 거야. 콘택트렌즈 자판기였지.

최초 발견자는 높새. 사실 높새는 러시아에 렌즈 자판기가 있다는 정보를 이미 알고 있었어. 기차역에 있다는 것도. 그래서 자판기를 자세히 살폈던 거야. 그런 정보를 몰랐다면 무심코 지나갔을 확률이 높은 것이, 음료수나 커피 자판기와 별로 다르지 않았거든. 모양과 크기까지 말이야.

나는 운동할 때 가끔 일회용 콘택트렌즈를 착용해.

씨스뜨라 중 근시 안경을 써온 사람은 나뿐이야. 중학교 때부터 써야 했어. 다른 동지들은 안경을 낄 필요가 없는 복을 타고났는데 노안이 오는 바람에 요즘은 많이들 불편해졌지. 돋보기를 갖고 다녀야 하니까 말이야. 그래도 선글라스는 마음대로 고르고 쓸 수 있으니 난 그것도 부러워. 나 같은 사람은 선글라스에도 도수를 넣어 맞추어야 하거든. 두꺼운 렌즈 때문에 무겁기도 하고 쉽게 바꾸지도 못하지. 그리고 나 역시 노안이 오는 바람에 평소에 쓰는 안경은 다초점으로 바뀌었어. 비용도 많이 들지만 렌즈를 바꿀 때마다 적응 시간이 필요하고 여러 모로 불편해. 하여튼 그들은 콘택트렌즈를 착용해본 적도 없지. 아무런 필요 없는 신기한 물건일 뿐이야.

높새가 여행준비로 검색을 하다 이 사실을 발견했지. 내가 가끔 콘택트렌즈 쓰는 걸 알고 있으니까 나한테 알려주더라고.

신기하지?

우리나라 절반 가격이라는데?

블로그에 글 올린 사람도 신기해서 한 통 샀다는데?

마치 보물섬을 발견한 듯 눈을 빛내면서 러시아 가면 사보라고 했어. 나는 그런다고 했고.

그러고 나서 난 까맣게 잊고 있었어. 높새는 역을 구경할 때부터 자판기를 살펴보고 있었고 말이야. 그러다 정말 렌즈 자판기를 찾은 거지.

내가 관심을 보이자 심심하던 차에 모두들 달려들었어. 셋 다 기기에는 관심이 많거든. 구매하려는 목적보다 기기 사용을 해보고 싶은 거야. 그런데 구매할 사람까지 있으니 얼마나 잘된 일이겠어. 글자를 몰라도 눈치로 얼마든지 가능하다며 자신감을 보였어. 하지만 자신감만으론 쉽지가 않았어. 문맹의 답답함을 실감했지. 그래도 포기하진 않았어. 문명 생활의 경험이 문맹을 이길 것이다. 수많은 자판기를 사용했던 경험이 우릴 승리로 이끌 것이다. 뭐 그런 심정이 아니라도 우린 시간이 많았으니까. 이렇게 목적 있는 일이 있다는 것이 고마웠을지도 몰라.

수도 없이 실패했지. 지나가던 역사 청소하던 아주머니가 도와주러 나섰어. 우리가 이해했던 것과 반대로 시도를 하더군. 아무리 봐도 그건 아니었어. 그렇지만 도와주려는 마음을 고려해서 그냥 보고만 있었어. 여러 번 실패하자 고개를 갸웃거리며 스스로 물러나더군.

아주머니가 떠난 뒤 우리가 이해한 대로 다시 시도했지.

마지막이라는 마음으로 말이야.

지폐를 먼저 넣고 원하는 렌즈 번호를 꾹, 눌렀어.

안 되면 말고, 라는 심정으로 자신 있게.

그러자 덜컥, 하고 물건이 아래로 떨어지는 거야.

지금까지와는 다른 소리였지. 물건이 나온다는 것이 거짓말 같았어. 결국 방법이 틀렸던 것이 아니라 버튼을 너무 소심하게 눌렀던 거지. 자신 없는 마음이 손가락에서 힘을 빼앗아버렸던 지도 몰라. 아무튼 경험이 문맹을 이긴 셈이야.

물건이 떨어지는 순간 모두 박수를 치고 좋아했어.

무엇을 위한 박수였을까.

원하던 것을 얻은 기쁨의 박수?

기기 사용에 성공한 쾌감의 박수?

어떤 박수였든 그 순간 하나가 되어 즐거웠어.

그리고 사실 콘택트렌즈를 원했던 사람은 나 하나뿐이었으니,

나의 기쁨을 기뻐해 준 박수였는지도 모르겠어.

뿌듯한 마음으로 콘택트렌즈를 들고 자판기를 떠났어.

행복이란 거, 정말 별것 아닌지도 몰라.

열한째 날
5월 12일, 목요일

러시아 박물관

다시 하늘이 깊은 바다처럼 새파랗게 맑다.

어제의 구름과, 바람과, 비는 어디로 갔는가.

현재 기온은 5℃라는데 실내는 기분 좋을 정도로 쾌적하다.

오늘은 여행의 마지막 날.

아침을 먹고 짐을 꾸리고 숙소를 정리한다.

우리가 탈 인천행 비행기는 밤 11시 30분발.

짐 정리와 청소가 끝나는 대로 외출할 예정이다. 오후 7시에 집주인 세르게이가 공항 가는 택시를 불러주기로 했으니 그 전에만 돌아오면 된다. 오늘의 가장 중요한 일정은 러시아 박물관 관람. 박물관을 찾아 가는 길에 지나게 될 시내 구경은 덤이다.

12시경에 집을 나선다.

햇살이 제법 따갑다. 해가 중천에 있으니 이상할 것도 없지만 그늘과 양지의 차이가 너무 크다. 햇빛 속에선 등에 땀이 밸 정도로 따갑다가도 그늘로 들어가면 금방 차가워진다. 그래서 건물들이 드리우는 그늘 속을 들락거리며 길을 걷는다. 진열창을 구경하면서 천천히 걷다가 기념할 만한 물건이 있으면 들어가 살펴볼 작정이다.

예쁜 샌들이 눈에 띄어 가게로 들어간다. 샌들을 사겠다는 마음보다 가게 내부와 신을 구경하고 싶었다. 목적 없는 구경이 주는 특별한 재미가 있고 또 어차피 오늘의 일정 속엔 그런 여유 시간이 포함되어 있다. 물론 샌들과 인연이 닿으면 살 수도 있었다.

들어선 가게 안은 밖에서 보는 것보다 넓다. 매장은 안으로 길게 자리 잡고 있었고 샌들에서 부츠까지 사계절 신들이 모두 진열되어 있다. 눈에 들었던 샌들부터 살피러 진열창 가까이 간다. 가게 안에 종업원이 둘이나 있지만 누구도 우리에게 신경 쓰지 않는다. 신경 쓰지 않는 것이 아니라 손님에 대한 최대한의 배려인지도 모르겠다. 마음껏 구경하고 신어보라는. 마음대로 해석하고 마음껏 구경한다.

구경만 하고 나간다. 종업원은 나갈 때도 아는 척하지 않는다.

그것도 배려인가?

우리 같은 관광객이 많아서 나름 터득한 방법일까?

관광객이 많은 철엔 그렇게 해서 헛수고를 덜었던 것일까.

가게 주인들은 손님들을 보는 순간 알아채는지도 모르겠다. 단순 구경꾼과 구매자의 차이를.

우리도 그냥 나간다. 마치 아무 일도 없었던 여름 같다.

다음엔 기념품 가게에 들어간다. 정말 사려는 마음으로 들어선 것이다. 주인은 우릴 구매자로 본 모양이다. 카운터 앞에서 웃는 얼굴로 인사를 한다. 그래도 물건을 구경할 땐 결코 가까이 다가오지 않는다. 그건 정말 배려임이 분명해 보인다. 씨스뜨라는 화려한 색채의 작은 기념품들을 몇 개씩 고른다.

시내 구경은 그걸로 끝이 난다.

기념품 가게에서 나와 간식으로 먹은 도넛 때문인지도 모르겠다.

나이가 들수록 시력도 약해진다. 보는 것도 힘인 것이다. 그저 어슬렁거리며 구경하는 데도 눈이 아프고 피곤하다. 그런 참에 앉아서 도넛을 먹었다. 먹고 나니 좀 노곤해져서 돌아다닐 마음이 나지 않는다. 쨍쨍한 햇빛도 한몫을 했을 것이다. 그래서, 간식도 먹었으니 바로 박물관으로 가자고 결정을 내린다.

그런데 길에서 좀 헤맨다.

높새가 방향을 착각하고 있다. 오른쪽인지 왼쪽인지를 모르겠단다. 잘못하면 완전히 반대로 가게 된다. 어쩔 수 없이 방향이라도 물어야겠다고 생각한다. 지나가는 사람은 많지만 선뜻 아무에게나 나서게 되지 않는다. 친절히 대응해 줄 것 같은 사람을 찾고 있는 것이다. 군복인지 경찰복인지 모르겠지만 유니폼을 입은 남자가 다가오고 있다. 인상이 푸근해 보인다. 접근한다.

시도는 대실패로 끝난다.

영어를 전혀 모르는 러시아 남자와 영어를 좀 하는 한국 여자와 러시아 어라곤 인사말 정도밖에 모르는 한국 여자의 대화가 어떠했겠는가. 각자의 언어로 각자의 말만 하다가 어색하게 끝난 것이다. 갈마의 영어는 남자의 귓등으로 날아가는 새소리가 되고, 남자의 말은 우리 귓등을 날아가는 새소리가 되었다. 그리고 내가 몇 번이고 반복한 러시아말은 엉터리였으니. 그래도 얻은 것이 있다면 도움을 주지 못해 안타까워하던 남자의 친절한 마음이라고나 할까.

결국 길거리에서 높새가 큰 지도를 꺼내어 본다.

박물관은 오른쪽이다.

길 끝에서 오른쪽으로 방향을 잡는다. 오른쪽으로 돌아가니 정말 금방이다. 코앞에 두고 헤맨 것이나 다름없다. 찾고 보니 '피의 구세주 성당' 바로 옆이기도 했다. 잠시 허탈감에 빠진다. 그렇게 오래 머물며 열광했던 성당 곁에 있었다니. 사랑에 빠진 남녀가 왜 주변을 의식하지 못하는지, 그 맹목의 집중이 새삼 이해되는 기회가 되긴 했다.

러시아 박물관이라 적힌 건물 앞에서 기념사진을 찍어 둔다. 힘들게 찾은 건물이라 애정이 각별해졌기 때문이다. 그리고 얼른 박물관 안으로 들어간다. 햇볕이 너무 뜨거워 건물 안으로 들어가는 것 자체가 반갑다.

+ + +

한산하다.

450루불.

전시실 안내도를 받아들고 입장을 한다.

겉옷과 가방을 맡기고 안내도를 들여다본다. 생각보다 엄청난 규모에 놀란다. 우린 무슨 근거로 가볍게 생각하고 왔는지 모르겠다. 하지만 이때만 해도 심각하진 않았다. 많이 차린 음식이라고 다 맛있는 건 아니니까. 골라먹으면 되지. 그런 배짱이었는지도. 하지만 배짱도 만만한 상대에게나 통하는 것이다. 만만하긴커녕 엎드려 절을 해도 모자랄 판이었으니.

러시아 박물관은 원래 알렉산드르 3세의 동생 미하일로프의 궁전이었다 한다. 니꼴라이 2세 때 러시아 박물관으로 문을 열었고, 현재는 고대부터 현대까지의 40만 점 이상의 러시아 예술품을 소장하고 있는 곳이다.

40만 점이란 숫자는 내 머리로는 헤아릴 수조차 없는 단위.

우습게 알고 준비조차 변변히 하지 못하고 덤빈 우리는 참패했다.

그만큼 엄청난 전시품을 가진 박물관이었다.

다채로운 색채의 도자기들, 특히 도자기 인형들의 다양한 모습과 생생한 표정을 떠올리면 아직도 억울하다. 좀 더 천천히 감상하지 못한 것이 분한 것이다. 아니 많은 전시실은 그냥 두고 나와야 했다. 2시간이면 되겠지, 하고 입장했다가 그 2배가 넘는 시간을 보내고 나왔지만 박물관을 다 둘러보지도 못했다. 발걸음을 돌리기가 쉽지 않았다. 점심만 잘 먹었더라도, 하는 아쉬움이 얼마나 컸던지.

그래서 정말 실신 직전에 포기하고 돌아섰다.

돌아서면서 마구 결심했다. 러시아에 다시 오면 박물관만 다녀야지. 유명하고 복잡한 에르미따쥐 박물관이 아니라 조용한 박물관들을 찾아다니겠다. 그곳에서 러시아 화가들의 작품을 천천히 봐야지. 하지만 그 결심은 실현 가능성이나 계획도 없는 마구잡이 다짐 같은 거였다. 미련이 많이 남는 곳이지만 그런 곳이 어디 거기뿐이겠는가. 안타까운 마음을 희석시키기 위한 자위였다고나 할까.

볼 것은 많은데 배까지 고픈 이중고를 안고 유령처럼 전시실을 돌아다녔다.

어리석은 짓이었다고? 지당한 말씀이다. 그 상황에 있지 않다면 나도 그렇게 힐책했을 것이다. 많이 본다는 것에 의미를 두지 않는다, 고 큰소리쳤을 것이다.

하지만 그러지 못했다.

보다가 죽더라도 그만 두고 싶지 않을 만큼 강렬한 무엇이 있었다. 특히 현대 러시아 화가들의 그림은 처음 만난 것이다. 눈으로만 보고 지나더라도 보고 싶었다. 기억하지 못해도 상관없었다. 놓치고 싶지 않았고 아까운 생각이 자꾸 들었다. 정말 그림에 끌려 다녔다. 이 그림 앞에 서면 저 그림이 나를 불렀다. 그런 욕심이 아무런 의미도 없다고 말하면서도 그만 둘 수 없었다.

러시아의 대자연이 그림 속에 있었다.

캔버스 가득 바람에 일렁이는 황금 밀밭이 있었다.

색채로 비교되는 민중의 삶과 귀족의 삶이 있었다.

자연과 사람의 어우러짐이 가슴을 가득 채우는 풍경이 거기 있었다.

창밖을 바라보는 여자의 뒷모습이 이야기를 하고 있었다.

그리고 전쟁의 참상이 선연히 느껴지는 그림들.

전쟁의 결정권자는 어디 가고 그 짐은 고스란히 민중이 짊어지고 있는지.

과거에도 지금도.

흰 눈으로 덮인 벌판에 선명한 전쟁의 핏자국,

하얀 눈과 붉은 피의 선명한 대비가 서늘하게 가슴을 베었다.

러시아 박물관에서 만난 그림

예술은 영혼의 통로인 것인가.

고난과 슬픔이 느껴지는 그림이 몹시 아프다.

+ + +

날카롭고 깊은 감정만을 소중히 담은 채로 박물관을 떠난다.

박물관을 나오는 순간 그 감정조차 담아가기 힘겹다.

위장은 맹렬하게 먹을 것을 원한다.

아, 맙소사! 영혼의 양식이 육체의 양식이 될 수는 없다니.

씨스뜨라는 넵스끼 대로에 있는 한국 식당에서 밥을 먹기로 한다.

아무것도 눈에 들어오지 않는지라 곧바로 식당으로 향한다.

러시아 도넛 '삐쉬까'와 한국 음식점 '서울'

러시아 박물관에 가기 바로 전에 도넛을 먹었다.

시내를 구경하다 기념품 가게에 들렀고, 가게에서 나오자 높새와 갈마가 도넛 이야기를 꺼냈기 때문이다.

넵스끼 대로에 러시아 도넛, 삐쉬까를 파는 유명한 가게가 있다. 여행 책자마다 소개가 되어 있어서 쌍뜨에 오는 날부터 이름을 들먹였다. 더구나 넵스끼 대로에 있다. 숙소와 가까워 지나가는 일이 많은 길이었다. 그래서 사실 전승 기념일에 그 가게를 찾아 갔다. 하필 전 국민이 거리로 쏟아져 나온 전승 기념일에 말이다. 사실은 그 인파 때문에 예정했던 뻬쩨르고프를 가지 못했고, 그래서 넵스끼 대로를 지나게 된 것이기도 하지만.

실패의 예상을 전혀 하지 못했던 건 아니다. 늘 사람들이 줄을 서 있다고 했다. 하지만 그날 우린 그 앞을 지나가는 길이었고, 요행을 바라며 가 보았던 것이다. 멀리서도 가게로 가는 길을 알 수 있었다. 붐비는 거리에 웬 줄이 길게 늘어서 있었으니까. 설마, 하고 줄을 따라가 보았더니 정말 도넛 가게가 나왔다. 어림짐작으로 줄은 50미터는 될 것 같았다. 씨스뜨라 중 누구도 그렇게 긴 줄에 매달릴 악착같은 마음은 없었던 모양이다. 망설임 없이 포기했다. 완전한 포기가 아니라 다음을 기약하면서.

그 도넛을 그때까지 먹어보지 못했던 것이다.

맛있다는 음식을 꼭 먹어보고 싶은 갈마와 맛있다는 것을 반드시 먹어야 하는 높새가 잊지 않고 도넛 이야길 꺼냈다. 길을 잘 아는 두 사람이니 좋은 기회를 놓칠 리가 없다. 그 도넛 가게가 근처에 있다는 걸 나만 모르고 있는 모양이었다. 줄이 길지 않으면 먹자고 합의를 보고 가게로 향했다.

다행히 가게 밖으로 이어진 줄이 없다. 가게 안으로 들어가니 카운터 앞에 몇 사람이 있을 뿐이다. 그 뒤에 줄을 서서 가게를 둘러본다. 유명한 가게지만 그리 넓지 않다. 그리고 테이블마다 손님들이 먹고 있는 것은 똑같다. 흰 설탕 가루가 뿌려진 도넛과 희뿌옇게 보이는 커피다. 오직 한 종류의 도넛과 한 종류의 커피만 파는 곳임이 분명하다.

이제 우리 앞으로 한 사람만 있다. 카운터 안쪽 주방에 밀가루 반죽을 하고 있는 남자가 보인다. 즉석에서 계속 반죽하고, 만들고, 튀겨내는 모양이다. 주문하는 사람과 주인아주머니의 행동을 유심히 본다. 도넛은 카운터 아래쪽 어딘가에서 접시에 담아내고, 커피는 카운터 위에 놓여있는 큰 포트에서 따라준다.

드디어 우리 차례다.

손가락으로 카운터 아래(도넛이 있을 것으로 예상되는 곳)를 가리키며 "치쁘리"라고 말하고 포트를 가리키며 "꼬페 드바"라고 말한다. 아주머니는 내 말을 반복하며 고개를 끄덕인다. 도넛 4개와 커피 2잔을 주문한 것이다.

점심이 아니라 간식으로 먹는 것이니 충분할 줄 알았는데 사실 좀 모자랐다. 생각보다 도넛이 너무 작았고, 커피잔도 작았다. 다른 손님들을 보니까 한 사람이 먹는 접시에도 도넛이 수북하다. 몇 개씩 먹어도 부담이 없을 정도로 작은 도넛이었다.

도넛은 입에서 그냥 녹았고, 달고 부드러운 러시아식 커피도 맛있다. 적어서 더 맛있는지도 모르겠다. 너무 허무하게 끝난 것 같아 더 사올까 물었더니 모두들 그만 됐다고 한다. 아침 먹은 지 얼마 지나지도 않았고, 맛본 걸로 족하다고.

그 순간을 후회하는 시간이 바로 앞에 기다리고 있을 줄 모르고 모두들 짐을 챙겨들고 일어난다. 간식도 먹었으니 이제 박물관으로 가는 일만 남았다. 그때까지만 해도 우린 러시아 박물관을 아주 가볍게 생각하고 있었다. 길어봐야 2시간이면 되겠지? 하며 아무도 보장 못할 확신을 주고받았다. 모두들 왜 그런 확신을 갖고 있었는지 모르겠다. 잘못된 확신 위에 야무지게 미래의 계획도 세웠다. 박물관을 보고 나와서 점심을 먹으면 딱 맞겠다고.

도넛을 하나씩만 먹고 들어온 걸 얼마나 후회했는지 모른다.

3시가 지나면서부터 배가 고팠으니 그림이 제대로 눈에 들어올 리도 없었고 어지럽기까지 했다. 몽롱한 상태로 전시실을 유령처럼 끌려 다닌 것이다. 누가 강요한 것도 아닌데 끼니도 거르며 못 나오고 있었으니 분명 우릴 끌고 다닌 자가 있었던 듯싶다.

+++

5시가 지나 마술에 걸렸던 박물관을 벗어난다.

박물관 밖은 아직 햇살이 눈부셔 더 어지러웠다. 그래도 시간으로 치면 저녁을 먹을 시간에 가깝다. 무단히 점심을 저당 잡히고 저녁으로 건너뛰게 된 것이다.

밥 생각밖에 나지 않았다.

씨스뜨라의 꿈이 오직 밥으로 통일되었다. 넷은 아무 말도 없이 높새를 필두로 빠르게 길을 걸었다. 우리의 시야에서 주변의 모든 것은 차단되었다. 마치 경주마의 눈가리개라도 한 것 같았다. 오직 앞만 보며 화가 난 듯 행진했다.

드디어 눈에 익은 한글 간판이 나오자 다리에 힘이 풀린다. 나는 마지막 힘을 짜내듯 식당의 문턱을 넘는다. 안으로 들어서는 순간 맹렬히 요동치는 위장. 익숙한 양념 냄새를 맡은 것은 위장이 요동치고 난 후였다. 음식을 기다린 건 코가 아니라 위장이었음이 분명하다.

그리고 또 익숙한 인사말.

"어서 오세요."

발음이 좀 어색하지만 귀에 쏙 들어오는 우리말이다. 러시아 청년이 인사를 하며 우릴 자리로 안내하곤 사라지고, 젊은 여자 종업원이 차림표를 들고 나타난다. 생김새가 동양인이라 한국인인가 싶었더니 아니다. 한국말 발음이 어색하다. 그녀는 마치 책을 읽듯 주문하는 방법을 일러준다. 손님들이 오면 해야 할 말을 차례대로 외운 듯하다. 할 말이 끝나자 차림표를 하나씩 우리 앞에 놓아주고 테이블 옆에서 기다린다.

차림표에는 먹음직한 음식이 사진으로 나와 있고 영어와 러시아어 위에 큼직한 우리말 메뉴가 적혀있다.

아, 문맹을 벗어난 즐거움이여!

보고도 보지 못하던 어둠을 벗어났도다!

씨스뜨라는 글자를 처음 배우는 아이들처럼 신나게 메뉴를 읽어댄다. 옆에 서 있는 아가씨가 상당히 혼란을 겪었을지도 모르겠다. 주문에 신경 쓰고 있었을 귀에 너무 많은 한국말 메뉴가 엄청 빨리 지나갔을 테니까. 아가씨에겐 여전히 익숙하지 않을 외국어가 말이다. 사실 아가씨는 한국어에 그다지 능숙하지 않은 듯했다. 음식 이름도 매우 천천히 또박또박 발음해야 반색을 하며 반복해 확인했다.

종업원 아가씨를 정신없게 만들면서 씨스뜨라가 선택한 음식은 비빔밥, 탕수육, 순두부찌개.

나물을 좋아하는 나와 하느는 비빔밥, 어린아이 입맛의 높새는 달콤새콤한 탕수육을, 다른 사람이 선택한 것은 피하는 방법으로 다양한 맛을 즐기려는 갈마는 순두부찌개를 골랐다. 한 가지 맛으로도 충분한 하느는 비빔밥만 주로 먹고, 나는 비빔밥을 주인공으로 다른 것도 조금씩 넘본다. 음식도 결코 지루해선 안 되는 높새와 갈마는 주인공이 없는 식사를 하더니 나중엔 탕수육과 순두부 냄비 자리가 바뀌어 있다.

아무튼 밥과 반찬이 있는 신나는 식사 시간이었다. 익숙한 도구와 익숙한 방식으로 먹는 밥은 우릴 활기차게 만들었던 것이다.

밥을 다 먹은 후에 음료수를 주문해 마시면서 그제야 주변을 둘러본다. 손님이 제법 있다. 그런데 우리나라 사람은 없다. 온통 중국말만 들린다. 하긴 거리를 다니다 부딪쳤던 동양인은 거의 중국인이었다. 인구 대국의 중국이 뛰어들면 무엇이든 인해 전술이 되는 것 같다.

배가 부르고 다리도 편해졌다.

창가 자리에 앉은 우린 창밖을 보며 잠시 그냥 앉아 있다. 숟가락을 놓고 나자 왠지 격렬한 전쟁을 치른 느낌이다. 힘을 얻으려고 밥을 먹었던 시간이 힘도 어지간히 잡아먹었던 모양이다. 하긴 힘을 얻으려고 역기를 들지만 그 순간은 정말 힘이 많이 쓰인다. 힘이 들어야 힘을 얻을 수 있다는 만고의 진리는 밥을 먹을 때도 예외는 아니었다.

모든 걸 내려놓은 휴식은 5분을 넘기지 못한다.

누가 먼저랄 것도 없이 주섬주섬 짐을 챙긴다.

일어나야 할 시간이었다.

숙소로 돌아가 마지막 점검을 하고 공항으로 가야 한다.

뿔꼬보 공항으로

오후 6시 50분에 숙소를 나선다.

익숙하게 현관문을 닫고 익숙한 계단을 내려온다.

커다란 열쇠로 문을 여닫는 것이 어려웠던 시간은 언제 끝나버렸을까.

복도와 계단의 패인 홈을 자연스럽게 피하게 된 날은 언제부터였을까.

숙소에 도착한 첫 날.

하늬가 복도의 패인 홈에 걸려 넘어질 뻔했는데.

그 후로 그런 일은 다시없었던가?

처음 아파트에 들어설 때처럼 복도와 계단을 살피며 기억 속을 빠르게 거슬러 가본다. 그래봤자 생각이 잘 나지 않는다. 첫날의 인상만 강렬하게 남아있을 뿐이다. 익숙해지는 순간 습관이 되고, 습관처럼 문을 여닫고, 복도를 지나고, 계단을 내려왔던 모양이다.

떠나는 마당에 유심히 살펴보는 복도가 오히려 새삼스럽다.

그리고 곧 과거를 살피는 시간은 끝이 나고 만다. 보안문을 열고 아파트 밖으로 나오는 순간 현재가 그 자리를 차지해버린 것이다. 어깨에 매달린 짐의 무게가 느껴지고, 마음은 가까운 미래로 달려간다. 집주인 세르게이는 7시에 숙소 앞에 택시를 불러놓고 기다리겠다 했다.

아파트 단지와 외부를 구분하는 큰 문을 나선다.

찻길에 택시와 세르게이가 이미 와서 기다리고 있다.

짐을 택시에 싣고 세르게이와 작별 인사를 한다. 맞이할 때보다 보내는 인사는 더 간단하다. 우릴 보내는 세르게이의 어깨가 왠지 홀가분해 보인다. 하긴 그에게 우린 손님이었다. 손님이 그의 집에 있는 동안은 어떤 요구가 있을지 알 수 없고, 그는 필요한 도움을 주어야 하는 주인이었다. 다시 말하면 손님이 곧 일거리. 택시를 불러주는 일도 그에겐 일이었을 것이다. 픽업 서비스도 민박을 운영하는 사업자의 중요한 일이긴 할 테지만 말이다. 어찌하였든 손님이 무탈하게 지내다 떠나는 순간이 그에겐 하나의 일이 마무리되는 순간이지 않겠는가. 그러니 어깨가 가벼울 수밖에.

뿔꼬보 공항까지는 26km.

러시아의 교통 체증을 실감한다.

도로보다 차가 먼저 늘어나는 나라들이 겪는 과도기 문제가 심각해 보인다. 공산주의 체제를 수정하면서 중국이 겪고 있는 문제이기도 하다. 도로 닦는 작업은 시간이 걸리는 일이지만 차는 돈 있는 개인이 당장 살 수 있는 물건이니까. 묶였던 개인의 욕망이 한꺼번에 터진 것이다. 억제하고 속박하는 체제의 불합리와 부자연스러움이 어떤 무리수를 낳게 되는지를 보여주는 증거 같다.

8시에 공항에 도착한다. 1시간이나 걸린 것이다.

세르게이가 알려주었던 계약된 택시 요금은 800루불. 한국 돈으로 치면 2만 원이 조금 안 된다. 우리나라에서 택시를 1시간이나 타고 가면 요금이 얼마나 나올까. 왠지 미안하고 싸다는 생각이 든다. 물론 우리나라와 비교한 우리의 생각이다. 러시아 기사에겐 일상적인 일이며 합리적인 가격인지도 모른다.

하늬가 기사에게 팁을 주고 싶다며 100루불을 내놓는다. 내내 웃는 얼굴로 공항까지 무사히 데려다주었으니 고맙단다. 공감이다. 1시간이나 택시라는 작은 공간에 같이 있었고 차가 밀려 서 있을 때는 창밖을 보며 무엇인가를 설명했다. 교통 체증이 자기 책임이라도 되는 양 미안해하는 표정으로. 아님 밀리는 도로에서 손님이 지루해할 것을 염려해서 그랬는지도 모르겠다. 하여튼 무슨 말인지 알아듣지 못해도 친절한 마음은 충분히 느낄 수 있었고 덕분에 지루하지도 않았다.

기사에게 고마운 마음만 안고 있는 우리와 달리 하늬는 행동으로 표현했다.

러시아에서 100루불의 가치가 어느 정도인지 잘 모르겠다. 하지만 팁을 받은 기사의 얼굴에 함박웃음이 퍼지는 것으로 가치는 쑥 올라간다. 기사는 신나는 몸짓으로 우리의 가방을 내려주고 큰소리로 인사를 한다. 상대의 기쁨이 우리의 기쁨이 된다. 덕분에 아주 가벼운 발걸음으로 공항 안으로 들어간다.

+ + +

탑승 수속을 끝내고 면세점 구경을 한다.

그런데 물건들 가격이 모두 '유로'로 되어 있다. 러시아 공항인데 '유로'라니. 물론 러시아 돈으로 환산해서 받기도 하지만 좀 놀랍다. 겨우 '루불'에 익숙해졌는데 다시 혼돈에 빠진다. 가격을 보고 '루블'로 환산하느라 눈이 뱅뱅 돈다. 계산대에 가면 계산해주겠지만 그래도 가지고 있는 '루블'에 맞추어 무언가를 사고 싶으니 대충 가격은 알아야 하기 때문이다.

높새와 갈마는 마뜨료쉬까를 사려고 고르는 중이다. 그동안 기념품 가게에서 많이 보았지만 사진 않았다. 비슷한 것이 너무 많으면 고르기가 어렵기도 하지만 어떤 기념품을 살지 결정하지 못했던 것이다. 그러다 면세점까지 와서 보니 마뜨료쉬까 만한 기념품이 없다는 판단이 선 모양이다. 갈마는 어머니께 줄 선물이고, 높새는 자신을 위한 기념품이다.

마뜨료쉬까는 러시아 목각 인형이다. 본래는 농촌에서 어린이 장난감으로 만들어진 것으로 인형을 열면 안에 더 작은 인형들이 겹겹이 들어 있다. 적게는 3개부터 많게는 50개 이상인 것도 있다 한다. 인형의 겉은 화려한 색채로 치장이 되어 있는데 전통 의상을 입고 있는 러시아 농촌 여자의 모습이다. 이젠 세계적으로 유명해져서 러시아에 갔다 오는 사람들이 가장 많이 사오는 기념품이 아닐까 싶다.

나도 10여 년 전 바이칼 호 여행 때 마뜨료쉬까를 하나 샀다. 어머니께 드리는 선물이었다. 인형 속에 인형이 차곡차곡 들어있는 것이 재미있기도 하고 채색이 예뻐서 아주 좋아하셨다. 그리고 어린 조카들도 외가에 놀러오면 그 인형을 잘 갖고 놀았다. 뺐다 끼웠다 하기도 하고 매끌매끌한 인형 머리를 빨기도 하면서.

어머니와 조카들이 그 인형을 가지고 노는 모습을 보면서 노인과 어린아이는 참 닮았다는 생각도 했다. 어린아이는 세상의 모든 것이 신기하고, 삶의 일선에서 물러난 노인에게도 변해가는 새로운 세상이 신기해졌는지 모르겠다.

그 인형은 아직도 어머니 방 장식장 위에 얹혀 있다. 채색은 변하지 않았지만 목각을 열어보면 깨진 부분이 많다. 오랫동안 사랑받으며 수도 없이 배가 열리고 떨어뜨려지기도 했던 상처다.

높새와 갈마는 몹시 심각하다.

마뜨료쉬까를 사려고 마음먹으면 누구나 그렇게 되는 모양이다. 비슷하지만 결코 같지 않은 색채. 같은 모양이지만 결코 같지 않은 얼굴. 포개어진 인형 개수가 많을수록 비싸지기도 하지만 크기와 채색에 따라서도 가격은 천차만별. 그렇게 비슷한 것들이 수도 없이 나열되어 있으니 나중엔 한숨이 난다. 그리고 아주 중요한 점은 일일이 열어보고 사야 한다는 것. 잘 열리지 않는 것이 있을 수도 있기 때문인데 포개져 있는 인형을 다 열어봐야 한다는 것도 보통 일이 아니다.

선택이 쉽지 않을 것 같다.

나는 가게 밖으로 나와 의자를 찾아 앉는다.

하늬는 계속 그들 곁에 남아 인형 고르는 것을 돕고 있다.

다리 아플 텐데. 어깨도 무거울 테고. 백팩이라도 내려놓고 구경하라고 할까. 가서 가방을 받아오면 되겠다. 이런 생각만 하면서 일어나지 않고 있다. 의자에 닿은 엉덩이가 도무지 그럴 생각이 없다. 왜 생각을 뇌가 아니라 엉덩이가 하고 있는지 모르겠다. 그리고 왜 나는 머리가 아니라 엉덩이의 생각을 따르고 있는지.

10분쯤 지났을까. 하늬가 가게에서 나온다. 다리가 아팠나보다. 그런데 옆에 앉은 지 1분도 안 되어 다시 일어난다. 마뜨료쉬까를 하나 사야겠단다. 친한 친구의 무남독녀한테 선물해야겠다고. 미술을 전공한 그 딸이 색채가 예쁘거나 독특한 모양의 기념품을 좋아한다나. 직업상 늘 디자인을 고민해야 하니 그런 모양이다.

하늬가 도로 가게로 간다.

그래도 다행이다. 무거운 백팩은 내려놓고 갔으니.

시간이 흐른다.

그들이 가게에서 나온다. 생각보다 결정이 빨리 난 듯하다. 아니면 앉아서 기다리는 시간이 빨리 지나갔는가. 손에는 봉지가 들려 있고 희희낙락이다. 저렇게도 좋을까 싶다. 선택된 예쁜 마뜨료쉬까를 자랑스럽게 꺼내 보여주며 기쁨을 감추지 못한다.

"정말 비싼 것이 많더라."

"크기가 가격을 결정하는 게 아니더라고."

"포개진 인형 개수가 중요하지."

"특히 금칠한 게 비싸더구만."

"같은 크기라도 색채와 문양이 세밀할수록 더더욱."

"우린 적당한 크기와 적당한 세밀함을 선택했지."

"맞아, 금칠만 하면 뭐해? 너무 작아 잘 보이지도 않는데."

"사실은 금칠하고, 세밀하고, 개수 많고, 큰 게 멋있긴 하더라."

"너무 비싼 게 흠이지."

"그것이 바로 정답."

"하나하나 열어보느라 죽을 뻔했네."

선물 하나를 고르고 난 그들의 수다는 마뜨료쉬까 전문가 수준이다.

힘들게 고르고 마침내 살 수 있어서 그렇게 기뻤던 모양이다.

그들의 재력에 합당한 가격이라 책정하고 쓴 인형의 값은 우리 돈으로 4만 5,000원 정도. 작은 나무 인형의 가격으론 다소 비싸게 여겨질 수도 있지만 다시 생각하면 그렇지만도 않다. 겹겹이 포개지도록 만들어진 우리나라 목기가 엄청 고가품인 걸 생각한다면 말이다.

+ + +

난 계속 의자에 앉아 있기로 한다.

그리고 그들의 짐을 맡아준다. 내 짐에 비하면 엄청 무거운 짐을 맡겨놓은 셋은 한결 가벼워진 몸으로 다시 면세점을 돌아다닌다.

난 될수록 짐을 가벼이 하는 데 목적을 둔 사람이고, 그들은 제대로 여행 준비가 된 사람들이다. 물론 제대로 준비가 된 사람들이 있어 내 짐이 가벼워질 수 있었다. 그러니 가벼워진 내 가방은 그들의 무거운 가방 덕분인 셈이다.

갈마의 가방엔 노트북이 들어 있다. 그게 없으면 여행이 아주 불편하니 누군가는 가져와야 했다. 그리고 노트북은 숙소에 두고 사용했다. 가볍다 해도 그걸 매고 하루 종일 다닐 수는 없었다. 대신에 높새의 가방엔 태블릿 PC가 있다. 그건 길거리를 다니면서 보려고 들고 왔다. 하늬는 항상 보온병을 넣어 다닌다. 거리에서 따뜻한 차가 필요할 때마다 요긴했다. 게다가 사진 찍는 취미가 있는 높새와 하늬는 제법 무거운 카메라까지 가지고 다닌다.

이런 저런 이유로 그들의 가방은 늘 무겁다.

덕분에 난 과한 짐에서 벗어났고 편리하고 편한 여행을 누릴 수 있었다.

그들의 무거운 여행 가방이 지금 내 옆에서 쉬고 있다.

〈단상6〉: 여유가 불러온 엉뚱한 생각

아침 하늘이 정말 예뻤어. 짙푸른 바다빛이었지.

여행 마지막 날 아침은 그렇게 상쾌한 하늘과 함께 시작되었어. 그리고 느긋했지. 말했다시피 우리가 탈 비행기는 밤늦게 출발하거든. 어슬렁거리며 천천히 챙기는 여유가 행복했어. 할 일이 있는 가운데의 여유. 난 이런 것을 좋아하나 봐. 사실, 아주 넘치는 시간을 가졌을 때도 있었어. 하지만 딱히 일 없이 넘치는 시간은 무기력과 통해 있더라고. 적어도 나에겐 그랬어. 일과 여유의 균형. 이것이 늘 문제였지. 어쩌면 그건 모든 인간에게, 아니 현대인에게 주어진 숙제인지도 몰라.

각자의 짐을 챙기면서 숙소 정리도 했어. 우리가 사용했던 침대보와 수건은 세탁기에 돌려서 널고 옮겨졌던 의자와 물건들도 제자리로 돌려놓았지. 깔끔한 높새는 바닥을 청소하고 식기와 개수대도 반짝반짝하게 닦았어. 식기 세척기 속에 때가 낀 채 엎어져 있던 그릇이 윤이 났지. 분명 올 때보다 더 깨끗해졌어. 비록 사용료를 지불한 숙소지만 마치 아는 사람 집을 빌려 쓴 것처럼 흠 잡히지 않도록 청소를 했어. 물론 어디까지나 우리의 정서대로 정리하고 마무리를 한 것이지. 하지만 러시아인의 정서에 우리의 이런 행동이 어떻게 비쳐질지는 모르겠어. 어쩌면 어리석게 보일지도 모르고, 어쩌면 기분이 상할 수도 있겠다 싶어. 자기가 할 일에 함부로 손을 댔다는 불쾌감을 줄지도. 그렇지만 좋은 마음으로 했으니 세상의 기운을 흐리진 않겠지? 그런 생각으로 청소하고 정리했어. 인간의 행동은 결국 자기만족의 표현인지도 모르겠어.

짐을 다 챙기고 청소가 끝난 뒤에도 내겐 또 여유 시간이 있었어.

하늬와 높새가 차례대로 다시 화장실엘 들어갔거든. 어제까지만 해도 벌써 숙소 밖에 있을 시간이었지만 오늘은 달랐지. 달라진 생활 리듬이 생체 리듬도 변화시키는 모양이야. 볼일을 보고 싶다며 하늬가 화장실엘 들어가자 높새도 가고 싶다고 하네. 시간이 좀 걸리겠다 싶어 난 아예 소파에 자리를 잡고 앉았어. 여행 일정을 적어놓던 공책을 들고 말이야.

소파에 앉으면 정면에 창이 있어서 하늘이 보여.

창밖에 서 있는 나무 꼭대기 위로 펼쳐진 하늘이 그림 같았지. 창밖을 보고 있는데 문득 우리가 여행 중이란 생각이 들었어. 생뚱맞게도 말이야. 여행 마지막 날 비로소 여행을 하고 있었다는 생각이 떠오른 거야. 그러고 보니 지금까진 그냥 생활이었더라고. 여행지에서의 생활. 좀 엉뚱한 생각인지도 모르겠어. 그래도 생각을 그만둘 수는 없었어. 창밖을 보며 앉아 있었으니까. 그 자세로 할 수 있는 가장 편하고 자연스러운 것이 시작되었으니까. 그렇게 시간적 여유와 환경적 조건이 딱 맞아떨어지는 때가 생각보다 흔치는 않거든. 그래서 공책을 무릎에 얹어둔 채로 생각을 따라갔지. 그리고 생각은 기록으로 남겨졌어. 정말 여유가 넘치는 아침이었나 봐. 당시의 감상이 제대로 기록으로 남겨진 건 그것뿐이니까.

여행이 끝나고 일주일쯤 지났을 때야.
바로 여행기를 써보겠다고 결심했을 때지. 맨 먼저 한 일은 여정이 기록되어 있는 공책을 훑어보는 거였어. 그러다 그날 아침의 기록을 발견하게 되었고.
간단한 여정만 적혀 있는 속에 지면의 행과 면을 끝까지 채우며 나열되어 있는 글이 도리어 이상하게 보였지. 빽빽하게 적혀 있는 글자들. 일주일밖에 지나지 않았는데도 참 생소하게 보였어. 읽었지. 처음 본 것처럼 말이야. 그리고 정말 이상한 일이 벌어졌어. 읽다 보니 진짜로 처음 보는 글인 거야. 아니, 내가 쓴 글인 건 알겠어. 그건 알겠는데 내 생각을 내가 모르겠더라고. 내가 남긴 글이지만 전적으로 공감되진 않더란 말이지. 하지만 당시엔 분명 의식에 부합되는 생각이었을 거라 생각하니 나도 궁금해졌어.
그때 나는 누구였을까. 어떤 의식에 사로잡혀 있었던 걸까.
아무리 생각해도 의식은 내 소유가 아닌 것 같아. 내가 할 수 있는 모든 의식은 이미 세상천지에 꽉 차 있는 게 아닐까 싶어. 그리고 변하는 상황 속에서 순간순간 접속되고 말이야.
그게 아니라면,

내가 했던 의식이,

다른 시간, 다른 상황에선,

왜 낯설어지는지 어떻게 설명할 수 있을까.

열두째 날
5월 13일, 금요일

집으로
....

만신창이가 된 몸으로 인천 공항에 내린다.

비행기는 거의 만석이었다.

꼼짝없이 한 자리에 갇힌 신세가 정말 괴로웠다. 밤새 좁은 좌석에서 뒤척이며 "다신 타나 봐라."를 잠꼬대처럼 중얼거리는 걸로 위안을 삼았다. 지난 밤 11시 30분에 러시아 뿔꼬보 공항을 출발한 비행기가 인천 공항에 도착한 시간은 다음 날 오후 1시 30분. 밤을 지나왔을 뿐인데 금요일 아침은 사라지고 없었다. 러시아로 갈 때 허락도 없이 늘려주었던 6시간을 역시 말도 없이 가지고 가버린 것이었다.

입국 수속을 마치고 대합실로 나온다.

시원하게 넓은 공간만으로도 행복하다. 답답했던 비행기 좌석이 선사한 선물인가 보다. 몸도 마음도 풀어진 씨스뜨라의 느릿한 걸음걸이가 넓은 공간과 딱 어울려 보인다. 그것도 기분 탓인가.

대합실에 놓여있는 널찍한 의자들이 빈 채로 우릴 반긴다. 무조건 가방을 끌고 의자들이 즐비한 곳으로 간다. 4개씩 연결된 의자 한 줄씩을 차지하고 앉는다. 자리에 포원(抱冤)이 진 사람들 같다. 마치 서식지 경쟁을 하듯 공간을 확보한다.

우선 편하게 앉는 것만으로도 피로감이 좀 덜어진다.

씨스뜨라는 한참동안 정지 화면처럼 앉아 있다. 각자의 영역에.

그리 길지 않은 여행이었지만 아주 큰일을 마친 느낌이다. 모두 무사히 다녀왔다는 사실이 참 고맙게 느껴지는 순간이기도 하다. 씨스뜨라가 걸어 다녔던 러시아 거리는 벌써 아득히 먼 곳이 되었다. 그리고 그 시간과 공간을 함께 했던 씨스뜨라는 지금도 같은 공간과 시간에 있다. 같이 다녀온 것이다. 아무도 시간에 빼앗기지 않고 공간에 남겨두지 않았다. 그래서 하나 더 보태진 추억을 이야기할 수 있게 되었다. 친구란 그래서 할 말이 많은 것이다.

+ + +

대구로 가는 기차는 오후 4시 30분.

여행 전에 예매해 둔 표다. 여유 시간이 많은 셈이다. 하지만 열차 시간을 앞당겨 바꿀 생각은 없다. 적당한 시간에 빈 좌석이 있을지 알 수는 없지만 군이 그런 노력을 하지 않는다. 그래봤자 당긴 시간이 결국 우리의 여유를 모두 가져 갈 것이다. 우리는 화장실도 가고 싶고 양치질도 하고 싶다. 그런 일을 쫓기듯

하고 싶지는 않은 것이다.

많은 짐을 두고 몽땅 자리를 비울 순 없다.

두 사람씩 짝을 지어 화장실도 다녀오고 양치질도 한다.

몸이 개운해진 기념으로 커피도 마신다.

그렇게 천천히 시간을 보내는데 시간은 금방 사라진다.

기차에서는 도시락 2개를 사서 나누어 먹는다.

모두들 정말 오랜만에 기차에서 먹는 도시락이었다. 사실 KTX가 생긴 후론 기차에서 도시락을 먹을 일이 없었다. 무얼 거창하게 먹기엔 시간도 짧고 공간과 분위기도 왠지 도시락과 어울리지 않았다. 그래서 기차와 도시락은 지나간 옛일이 되어버렸다. 꽤 오랫동안. 그러나 여행의 끝이라 그랬는지, 밥이 먹고 싶어서였는지, 빵과 음료로 식사를 대신하기가 싫었는지, 우리 모두는 도시락을 원했다.

도시락이 그렇게 맛있을 줄 몰랐다.

아주 맛있게 먹었지만 아주 행복하진 않았다.

하늬를 두고 셋이 먹었기 때문이다. 탈이 난 하늬의 위장이 비행기를 타고 오는 동안 좀 더 악화되었다. 기내식이 비위에 맞지 않았던 게 원인이 되었던 모양이다. 사실 건강할 때는 문제가 되지 않던 것도 약해져 있을 때는 탈을 일으키니까. 여행을 떠날 때부터 좋지 않았으니 이만큼 여행을 해낸 것도 행운이라 생각해야 될지 모르겠다. 그래도 이제 여행이 끝나는 마당이라 다행이다. 비위에 맞는 음식으로 위장을 다스릴 수 있게 되었으니까.

택시를 타고 집에 도착한 시간은 저녁 8시.

짐 정리는 하지도 못하고 목욕만 한 뒤 그대로 뻗는다.

+ + +

충격적으로 다음 날 오후 2시에 일어난다.

아침은 어디로 갔는가?

지구를 옮겨 다니지 않아도 시간은 뭉텅뭉텅 사라진다.

〈 마지막 단상 〉

여행도 생활이야. 단지 보고 싶은 무엇을, 아니면 보지 못했던 무엇을 보러 다닌다는 목적이 있는 생활일 뿐이지. 무엇이든 반복되면 일상이 되어버리더라고. 여행이 계속되는 동안은 말이야.

하지만 본다는 것은 무엇일까.

새로운 것을 본다는 것이 의식에 어떤 영향을 미치는 걸까.

여행을 떠나기 전과 달라진 것은 실은 마음가짐.

새로운 것을 본다는 의식을 하고 있다는 것.

그게 뭐 어쨌단 말인가.

보이는 게 다르다고 마음이 달라지는가.

보이는 것에 의식이 휘둘릴 필요가 있을까.

왜 보이는 것에 나의 의식을, 행복을 맡긴단 말인가.

무엇을 찾자고 새로운 것을 보러 다니는가.

행복을 위해서라고?

행복이란 감정이 외부에서 주어지는 것이라고?

그게 아니라는 것을 인간은 알고 있어. 감정은 전적으로 인간의 내부에서 일어나는 작용이라는 것을. 그러니까 무엇을 보는 것이 여행의 본질적인 목적이 될 수는 없는 거지. 사실은 보는 것에 나를 내어주는 것이 아니라 나를 보는 누군가의 시선에 나를 내어주는 건지도 몰라. 나를 다른 공간, 다른 환경에 이동시켜 놓음으로써 나를 구경시키는 기쁨에 휩싸이고 싶은 건지도 모른다고. 달라진 환경이 사람이든 자연이든 상관없이 말이야.

익숙한 것을 새롭게 보지 못하는 사람이 늘 여행을 갈망하는지도 몰라. 자신을 새롭게 보지 못하는 사람이 늘 여행을 꿈꾸는지도 모르지. 자신의 상상력이 아닌 주변 환경에 의존해 새롭게 태어나는 기분을 비로소 느끼는지도 몰라. 여행에 미쳐 있는 사람들은……

한 자리에 못 박혀 있는 나무와 풀들은 언제나 신선해. 신선한 안식을 나누어주지. 움직이는 우리가 아니라 항상 제 자리에 있는 초목이 말이야. 그 이유를 생각해보았어. 어쩌면 의식 차이가 아닐까. 식물의 의식은 스스로 늘 새롭고 신선할지도 몰라. 새로운 것을 갈망하는 것이 아니고 말이야. 갈망을 가진 의식은 결코 평온할 수도, 신선할 수도 없을 것 같아. 갈망은 의식을 부패시켜 신선함을 사라지게 하는지도 몰라. 빠블롭스끄 공원이나 예까쩨리나 정원에서의 행복도 그렇게 설명할 수 있을지 모르지. 식물의 신선하고 편안한 의식을 나눠가졌기 때문이라고.

궁전 안의 화려함은 마음을 들뜨게 하는 감탄을 불러오지만 평안을 주진 못했어. 오히려 자꾸만 생각을 하게 만들었지. 인간의 욕심에 대해서. 부와, 욕망과, 권력과, 투쟁에 대해서. 하지만 자연이 주는 감탄은 마음을 본바탕으로 돌려놓는 것 같았어. 마치 흔들리지 않는 진공의 상태처럼. 그렇다고 모든 문명을 부정하는 건 아니야. 마음을 산란하게 하지 않는 것도 분명히 있지. 인간은 그런 것에 '예술'이란 이름을 붙여놓은 것 같아. 예술이 주는 감동은 산란하지 않은 동요며 기분 좋은 설렘이니까. 그림을 보면서 느낀 감정이 그랬거든.

눈을 뜨니 오후 2시.

내가 아주 신선한 곳에 누워 있더라고.

물론 내 방이야.

10년 넘게 써왔던 책상과, 서랍장과, 책꽂이가 날 둘러싸고 있는 곳이지.

하지만 오늘은 이곳이 여행지였어.

여행 온 첫날처럼 아주 새롭게 다가온 거지.

신선하지 못한 건 의식이지 환경이 아닌지도 몰라.

어떤 시인이 말한 것처럼,

날마다 소풍이 되는 건 아닌지 모르겠어.

작가의 말

이 글은 여행을 다녀오고 일주일이 지나서 쓰기로 결정했어.

경험상, 기록해놓지 않은 기억은 아무것도 하지 않은 것과 마찬가지였거든. 물론 본래 이런 생각의 소유자는 아니었지. 그런 경험은 세월이 안겨준 또 다른 훈장 같은 거야.

10년이면 강산도 변한다는 말은, 사람은 당연히 변한다는 말이겠지?

맞아. 많이 변해. 모습이 변하는 건 어쩌면 변화 축에도 못 낄지 몰라. 특히 나이가 들수록 기억의 문제는 심각하게 다가와. 세상에 떠도는, 나이 들어가는 여자에 대한 풍자를 우스개로 듣고 넘어갈 수 없게 되었지. 여자를 비하하는 느낌이 농후한 속된 표현이지만 그냥 웃어지지가 않아. 반박할 수 없는 날카로운 지적이 숨어있으니까 말이야. 그게 풍자의 속성이기도 하고. 특히 '배운×이나 못 배운×이나'란 풍자를 만났을 땐 망치로 얻어맞는 기분이었지. 기억이 모래처럼 새어나가는 것에 실망하고 있던 때였거든. 지금까지 배우고 읽었던 것들이 다 무슨 소용인가 싶더라고. 그래도, 하루아침에 몽땅 지워지는 것이 아니어서 적응을 하며 살아가는지도 모르겠어. 슬프긴 하지만 받아들이게 되더라고. 그리고 지금은 아프게 실감하며 살아가는 중이야.

그렇다고 내가 기억에 집착하고 기어이 기록해두어야 한다고 주장하는 기록 광은 아니야. 사실 이상할 정도로 기록물을 남기지 않는 편이었어. 여행을 다니면서 메모하는 버릇도 없고 기념품을 모으는 취미도 없어. 어쩌면 그렇게 시원하게 털어버리며 다닐 수 있었던 것도 기억을 믿었기 때문인지 모르겠어. 아니, 기억이 쓸 만했기 때문인지도.

그런데 어느 날부터,

방금 읽은 책도, 며칠 전에 본 영화도, 여행을 다녀온 바로 그 다음날에도, 그것들이 제 모습으로 기억에 남아 있지 않았어. 그제야 왜 나이든 교사들이 메모한 쪽지로 두툼해진 교과서를 들고 다녔는지, 학생 이름을 잘못 부르는 실수를 하는지, 절실하게 이해가 되었지.

물론, 영원히 그대로 존재하는 것은 아무것도 없어.

기억에 집착하는 것이나 기록에 매달리는 것은 흐르는 강물을 붙잡으려는 것과 같은 짓인지도 몰라. 하지만 내가 지금 하는 일은 흐르는 강물을 붙잡으려는 것도 물길을 막으려는 것도 아니야. 기억이 아니라 당시의 감정과 느낌을 저장하는 중이거든. 아니 예쁜 단풍을 주워와 잠시 집안에 두고 보듯이, 추억을 천천히 되새기는 일을 하는 것뿐이야. 감정과 느낌의 원천이었던 기억을 기록하면서 추억을 즐기려는 의도라고나 할까.

그리고 그 기록은,

다시 언젠가,

얼마간 기억을 되살려 아름다운 감동을 추억하는 일을 도와줄지도 모르겠어.

또 어쩌면 내 이야기를 읽는 사람들이 있어, 기록 속에서 재미있는 감정을 낚

아낼지도 모르지. 나랑 비슷한 감동에 젖을 수도 있고 위로를 받을지도 몰라. 그런 의미에서 기록은 의미가 되어줄 수 있을 거야. 세상에 쓸모없는 것은 없다 니 말이야. 아니 사실은, 아주 쓸모가 많았으면 하는 욕심도 있는 거지.

사람은 참 재미있는 존재인 것 같아.
누구인지도 모를 사람한테 이렇게 마음을 보내고 있으니 말이지.
마음이 하나인 것은 정말 진리인 모양이야.

---

* 여행 중 러시아 여행 가이드북 《이지 러시아》(서병용 지음, 피그마리온 刊)를 참고했고, 다녀와서 이 책을 쓰면서도 관광지 정보에 대해 도움을 받았다.